„Bücher sind wie Fallschirme. Sie nützen uns nichts, wenn wir sie nicht öffnen."

Gröls Verlag

Redaktionelle Hinweise und Impressum

Das vorliegende Werk wurde zugunsten der Authentizität sehr zurückhaltend bearbeitet. So wurden etwa ursprüngliche Rechtschreibfehler *nicht* systematisch behoben, denn kleine Unvollkommenheiten machen das Buch – wie im Übrigen den Menschen – erst authentisch. Mitunter wurden jedoch zum Beispiel Absätze behutsam neu getrennt, um den Lesefluss zu erleichtern.

Um die Texte zu rekonstruieren, werden antiquarische Bücher von Lesegeräten gescannt und dann durch eine Software lesbar gemacht. Der so entstandene Text wird von Menschen gegengelesen und korrigiert – hierbei treten auch Fehler auf. Wenn Sie ebenfalls antiquarische Texte einreichen möchten, finden Sie weitere Informationen auf www.groels.de

Viel Freude bei der Lektüre wünscht Ihnen das Team des Gröls-Verlags.

Adressen

Verleger: Sophia Gröls, Im Borngrund 26, 61440 Oberursel

Externer Dienstleister für Distribution & Herstellung: BoD, In de Tarpen 42, 22848 Norderstedt

Unsere „Edition | Werke der Weltliteratur“ hat den Anspruch, eine der größten und vollständigsten Sammlungen klassischer Literatur in deutscher Sprache zu sein. Nach und nach versammeln wir hier nicht nur die „üblichen Verdächtigen“ von Goethe bis Schiller, sondern auch Kleinode der vergangenen Jahrhunderte, die – zu Unrecht – drohen, in Vergessenheit zu geraten. Wir kultivieren und kuratieren damit einen der wertvollsten Bereiche der abendländischen Kultur. Kleine Auswahl:

Francis Bacon • Neues Organon • **Balzac** • Glanz und Elend der Kurtisanen • **Joachim H. Campe** • Robinson der Jüngere • **Dante Alighieri** • Die Göttliche Komödie • **Daniel Defoe** • Robinson Crusoe • **Charles Dickens** • Oliver Twist • **Denis Diderot** • Jacques der Fatalist • **Fjodor Dostojewski** • Schuld und Sühne • **Arthur Conan Doyle** • Der Hund von Baskerville • **Marie von Ebner-Eschenbach** • Das Gemeindekind • **Elisabeth von Österreich** • Das Poetische Tagebuch • **Friedrich Engels** • Die Lage der arbeitenden Klasse • **Ludwig Feuerbach** • Das Wesen des Christentums • **Johann G. Fichte** • Reden an die deutsche Nation • **Fitzgerald** • Zärtlich ist die Nacht • **Flaubert** • Madame Bovary • **Gorch Fock** • Seefahrt ist not! • **Theodor Fontane** • Effi Briest • **Robert Musil** • Über die Dummheit • **Edgar Wallace** • Der Frosch mit der Maske • **Jakob Wassermann** • Der Fall Maurizius • **Oscar Wilde** • Das Bildnis des Dorian Grey • **Émile Zola** • Germinal • **Stefan Zweig** • Schachnovelle • **Hugo von Hofmannsthal** • Der Tor und der Tod • **Anton Tschechow** • Ein Heiratsantrag • **Arthur Schnitzler** • Reigen • **Friedrich Schiller** • Kabale und Liebe • **Nicolo Machiavelli** • Der Fürst • **Gotthold E. Lessing** • Nathan der Weise • **Augustinus** • Die Bekenntnisse des heiligen Augustinus • **Marcus Aurelius** • Selbstbetrachtungen • **Charles Baudelaire** • Die Blumen des Bösen • **Harriett Stowe** • Onkel Toms Hütte • **Walter Benjamin** • Deutsche Menschen • **Hugo Bettauer** • Die Stadt ohne Juden • **Lewis Caroll** • *und viele mehr….*

Maximilian Schmidt

Humor

Lustige Geschichten

Inhalt

Der vergangene Auditor.

I.

Im Hofbräuhauskeller in München wurde der Genuß der schönen, lauen Sommernacht mit dem Schlage Zwölf vorschriftsgemäß dadurch abgeschnitten, daß der Genuß des Münchener Nektars durch Einschlagen des Spundes für heute ebenfalls seinen Abschluß gefunden, und da die verehrten Stammgäste an dem runden Tische zum Schwärmen allein nicht gekommen, so verabschiedete sich einer nach dem andern, oder sie gingen partieenweise zurück nach der Stadt über die Brücken, unter welchen der schäumende, grüne Bergstrom den Heimkehrenden eine gute Nacht zurauschte. Und eine gute Nacht konnte es werden. Morgen war ja Sonntag – Ruhetag – Ausschlaftag! Der Regimentsauditor, den wir uns als Opfer dieser wahrheitsgetreuen Erzählung ausersehen und welchen wir auf Schritt und Tritt verfolgen werden, sperrte mit solch seligen Gefühlen die Hausthüre seiner Wohnung auf und stolperte infolge tiefer Finsternis über die zwei Treppen hinauf zu seinen Gemächern. Er kam selten zu so später Stunde nach Hause. Dieses mochte auch dem Pudel der im ersten Stocke wohnenden alten Dame auffallen. Der Pudel war ein treues Tier, die Dame aber ebenso zuwider als häßlich, und ein Begegnen mit ihr hielt der Auditor immer für ein böses Omen. Jetzt bellte der Hund, als ob Räuber und Mörder vor der Thüre ständen. Der Auditor hatte inzwischen seine Hagestolzenwohnung erreicht und stolperte – er mußte sich diese Gattung von Fortkommen selbst eingestehen – in sein Zimmer, wo er erst nach Umwerfen einiger Stühle die Streichhölzchen fand. Noch bevor er Licht gemacht, klopfte es schon von unten herauf, daß sein Stubenboden erzitterte. Es war die alte Madame, welche sich die weiteren Störungen ihrer Nachtruhe verbat. Der Auditor lächelte. Dieses Klopfen war ihm nicht mehr fremd und zum Zeichen, daß er davon Notiz genommen, schlug er mit seinem Stiefelzieher gleichfalls dreimal an den Stubenboden, als wären es gleichsam drei Zeichen der heiligen geheimen Feme.

Bald schlief er den Schlaf des Gerechten, wie dies nur immer in der süßen Nacht vom Samstag auf Sonntag möglich ist. Nach einer anstrengenden Woche voll Arbeit wollte er so recht den biblischen Rat befolgen: sechs Tage sollst du arbeiten, aber am siebenten sollst du ruhen. Er ruhte auch köstlich, bis der Tag graute. Dieser graut aber im Sommer schon sehr bald und mit einem etwas verdrießlichen Gesichte blickte er nach dem Plafond seines Zimmers, über welchem die ein Stockwerk höher wohnenden Insassen auf und ab trabten, als wären sie als Krauteintreter angestellt, so daß das ganze Haus erzitterte.

Es währte nicht lange, da klopfte es auch schon wieder von unten herauf. Die so früh aus ihrem Morgenschlummer gestörte Dame mochte glauben, der Auditor mache auch diesen Spektakel, und ihr Klopfen wurde so hitzig, so vielsagend, daß der Auditor, von oben und unten gleichsam in einem Kreuzfeuer, mit beiden Füßen aus seinem Bette sprang, sich in den Schlafrock warf und zum Fenster eilte. Dasselbe öffnend und an der kühlen Morgenluft sich erquickend, sah er alsbald seine Hausgenossen in Gebirgskostüm mit dem Bergstocke bewaffnet, aus dem Hause treten und leichten Schrittes dem Bahnhofe zu eilen. – Der Himmel war wunderschön blau und – ich mache auch eine Landpartie! war der sofortige Entschluß des aus seinen süßen Träumen gestörten Auditors.

Aber wohin? Er nahm seinen Taschengeschäftskalender zur Hand und suchte den heutigen Sonntag, den 8. Juni, der als der letzte Tag auf der Seite verzeichnet stand; er blätterte um und sah mit Vergnügen, daß der nächste Montag als „Benno, Stadt- und Landespatron" ebenfalls rot verzeichnet war. – Er hatte aus Versehen ein Blatt überschlagen und gar nicht darauf geachtet, daß Benno auf den 16. Juni, also gerade um acht Tage später fiel und nicht auf den nächsten Tag, welcher erst der 9. Juni war.

Der Auditor trabte auch bald in seinem Zimmer auf und ab, dieses und jenes zusammensuchend; denn da sein Bedienter gewöhnlich erst um sieben Uhr kam, so hatte der Auditor für seine Toilette selbst zu sorgen.

Die alte Frau klopfte wohl wieder nachdrücklichst; diesesmal konnte er nicht helfen, die Schuld lag an dem Baumeister, warum hatte er so miserabel gebaut.

Alsbald stand auch unser Auditor im bequemsten Kostüm fertig da und mit dem Schlage fünf Uhr verließ er das Haus, um nach dem ziemlich entfernten Bahnhofe zu eilen. Vorsorglich blickte er zu seinem Fenster empor, ob er es zu schließen nicht vergessen – da, Entsetzen! bemerkte er den alten Klopfgeist vom ersten Stock in furienhafter Erscheinung in Miene und Bewegung am offenen Fenster.

„Recht guten Morgen!" rief sie ihm grollend hinab, dann schlug sie das Fenster mit einem unverständlichen Fluche zu und – wanderte wahrscheinlich wieder ins Bett. Der Auditor aber eilte dem Bahnhofe zu und murmelte für sich selbst: „Das ist fatal, der erste Morgengruß von einem bösen, erzürnten alten Weibe: das bedeutet Malheur!“ – Sein Reiseplan stand alsbald fest. Mit der Bahn nach Oberaudorf, von dort eine Gebirgspartie nach Bayerisch Zell, da übernachten und andern Tages gemütlich über Schliersee wieder zurück. – Der Bahnzug stand schon zur Abfahrt bereit, – und fort ging es, den blauen Bergen zu.– Es war ein herrlicher Sommermorgen. Die Berge grüßten in scharfen, kantigen Umrissen bis zum Bahnhofe herein. Der Auditor suchte den Wendelstein, auf dessen südlicher Abdachung er noch heute herumkrabbeln sollte, und mit wonnigen Gefühlen zündete er sich eine Zigarre an, die er seinem wohlgefüllten Etui entnahm.

Hie und da in Trautweins „bayerischem Hochland“ blätternd, das stets in seinem Reisetäschchen stak, welches er nicht vergessen hatte umzuhängen, dann wieder die näherkommenden Gebirge bewundernd, kürzte er sich die Fahrt nach Rosenheim angenehm ab. Dort angekommen, nahm er ein frugales Frühstück zu sich, aus dessen Materie man hätte schließen können, daß das Taumeln der letzten Nacht nicht infolge eines vorübergehenden Schwindels sondern von einem Kruge zuviel Hofbräuhauskellerbier herkam. „Saure Leber“ hieß seine Parole, und der Schoppen Rheinwein schien seinem Magen wieder zu schmeicheln.

Der nach Kufstein abgehende Zug gab sein Signal und schon führte er den Auditor in südlicher Richtung den herrlichen Innstrom entlang, zu beiden Seiten bewaldete Berge, über welche nackte Felshäupter herabblickten und dem Reisenden die frohe Kunde brachten. daß er in das Heiligtum der Bergwelt eingetreten sei. Neubeuern zur Linken, Brannenburg, das Eldorado der Münchener Künstler zur Rechten, kamen in Sicht; dann engt sich das Thal, und nahe dem Strome und der Hochstraße entlang, eingeschlossen von den mächtigen Gebirgsstöcken des hohen Kaisergebirges und dem zum Stocke des Wendelsteins in sanften Terrassen ansteigenden Mittelgebirge, brauste der Zug der tirolischen Grenze zu.

„Oberaudorf!“ ruft der Kondukteur und unser Auditor verließ das Coupe. Er atmete frische Bergluft. Dieses Gefühl und das Bewußtsein, zwei Tage frei zu haben, bewirkte, daß unser Tourist mit geradezu elastischen Schritten hineinmarschierte in das schöne Gebirgsdorf, um beim „Hofwirte“ sein Ränzchen abzugeben, ein frugales Mittagsmahl zu bestellen und dann die ihm von früher her in angenehmer Erinnerung gebliebenen herrlichen Plätze, den

Calvarienberg mit seiner prächtigen Aussicht, die Ruinen Auerberg und den unvermeidlichen „Weber an der Wand“ zu besuchen. Nach diesem schönen Spaziergange kehrte er in das Gasthaus zurück und nachdem er zu seiner Zufriedenheit diniert, sehnte er sich, Siesta zu halten, die ihm auf dem Sofa eines hübschen Zimmers auch zu teil ward, ohne daß von oben oder unten geklopft wurde.

Es war vier Uhr nachmittags, als er es an der Zeit hielt, seine Fußtour nach Bayerisch Zell über das Gebirge zu beginnen. Die größte Hitze war vorüber und bald nahm ihn ja die kühle Schlucht des Auerbaches auf, dessen tosenden Wasserfall er von der obern Brücke aus lange bewunderte. Dann stieg er den ihm noch wohlbekannten Weg zum Jagdhaus hinan, und mit der ihm eigenen Orientierungsgabe und Trautweins Kärtchen war er zur Grafenherbergalm emporgestiegen, wo sich ihm eine wundervolle Aussicht eröffnete.

Die hübsche Sennerin grüßte ihn freundlich und lud ihn zu einer „Schalen Kaffee“ ein, da eben von einer kleinen Gesellschaft, welche das gleiche Reiseziel mit dem Auditor hatte, ein solcher fabriziert wurde. Dem Auditor war dieses sehr erwünscht, denn der Aufstieg hatte ihm warm gemacht. Er war angenehm überrascht, als er, in die Almhütte eintretend, seine beiden Hausgenossen, die gleich ihm in Oberaudorf den Zug verlassen hatten, in Gesellschaft einer Familie mit zwei Töchtern erblickte. Er erzählte diesen lachend, daß sie die Verantwortung für seine heutige Partie zu tragen hätten, daß er ihnen aber unendlich dankbar sei, ihn unbewußt hiezu bewogen zu haben. Es wurde viel über die alte Madame gelacht, dann wurde gesungen, das herrliche Lied vom „Wendelstoa“ und anderes, man schlürfte den Mokka mit frischem Gebirgsrahm vermischt und war überselig.

„O heiliger Benno!“ rief da der Auditor, „wie froh will ich morgen deinen Namenstag mitfeiern in Geitau und Schliers!“

„Was?“ fragte einer aus der Gesellschaft, „den Bennotag wollen Sie schon morgen feiern? Der ist ja erst morgen über acht Tage.“

„Warum nicht gar,“ entgegnete lachend der Auditor, „wissen Sie gar nicht, daß morgen Benno und Feiertag ist? Glauben Sie, ich könnte sonst noch hier auf der Grafenherbergalm sitzen und gemütlich Kaffee trinken?“

„Sie irren sich,“ versetzte jetzt ein zweiter. „Morgen ist kein Feiertag, Benno ist am 16. Juni und morgen ist bekanntlich erst der 9. Juni.“

„Merkwürdig!“ rief der Auditor, „die Herren Künstler wissen halt nie, wie sie in der Zeit sind. Hätten sie Bureauzwang, wie unser einer, so wüßten sie ganz genau die rotgedruckten Tage im Kalender auswendig, wie ich. Ich will Sie nur überzeugen, daß ich diesesmal recht habe.“

Lächelnd zog er seinen Kalender aus der Tasche und blätterte nach – da, o Schrecken! stand der morgige Tag schwarz auf dem Blatte – der 9. Juni „Primas und Felician“ schwarz – und schwarz wurde es vor seinen Augen, denn nebenbei stand: „Kriegsgerichtliche Verhandlung gegen den Soldaten Johann Pangerer wegen Verbrechens gegen die Subordination um 9 Uhr. Geladen zwanzig Zeugen.“

Der Kalender entfiel fast seinen Händen. „Jetzt ist's recht!“ stammelte er erblassend.

„Mir scheint, es ist unrecht,“ meinte ein anderer; „Sie haben die Woche verwechselt.“

„Alle Teufel!“ fuhr der Auditor auf, „so ist's! Ich muß heute noch nach München zurück!“

„Das wird wohl nicht möglich sein,“ meinte einer der Herren, „es ist jetzt halb sechs Uhr vorüber und der letzte Zug passiert Oberaudorf kurz nach sieben Uhr.“

„Dann kann es noch gehen!“ rief der Auditor. „Es bleibt mir nichts anderes übrig – ich muß nach Audorf zurück. Es wäre entsetzlich, wenn ich das Kriegsgericht versäumte!“ Und der Sennerin ein Geldstück reichend, empfahl er sich von der Gesellschaft und eilte auf dem soeben gemachten Herwege zurück. Sobald er aus dem Gesichtskreise der Alm war, begann er einen Dauerlauf die Schlucht des Auerbaches hinab und zwar mit einer solchen Geschwindigkeit, daß er sich kaum mehr halten konnte und beinahe in den Bach selbst gestürzt wäre, wenn er sich nicht noch rechtzeitig an den herabhängenden Ästen einer riesigen Tanne gehalten hätte, wobei er sich den Daumen der rechten Hand blutig riß.

„Wenn nur diesen Johann Pangerer der Teufel holte!“ rief er wütend aus. „Nu wart! Dir will ich's entgelten lassen!“ setzte er unwillkürlich hinzu. Das ungewohnte Laufen, die Prellung beim Aufhalten, der verwundete Daumen, dies alles bewirkte eine ungewohnte Erregung, er konnte nicht in gleicher Gangart den weiteren Weg verfolgen; den von ihm so viel bewunderten Wasserfall würdigte er jetzt kaum eines Blickes; vorwärts, vorwärts! war seine Parole. Er nahm sich nicht Zeit, nach der Uhr zu sehen; die Sonne stand ziemlich tief, aber die Hoffnung, den Bahnzug noch zu erreichen, gab ihm neue Kraft, und ein Jubelruf ertönte aus seinem Munde, als er endlich das Thal erreicht hatte und Oberaudorf vor ihm lag. Auf dem nächsten Weg schlug er die Richtung zum Bahnhof ein. Aber schon sauste der von Kufstein kommende Zug heran. Noch hoffte er, im Laufschritte die Station erreichen zu können; er winkte, niemand achtete seiner. – Ein Pfiff – und der Zug sauste davon. Unser Auditor kam gerade an, als der letzte Waggon dieselbe verließ. –

Der Expeditor hatte sich bereits in sein Bureau zurückgezogen, ein Halten des Zuges war nicht mehr zu bewerkstelligen. Der Auditor hatte bloß das Nachsehen. Dieses geschah mit einem verzweifelnden Blicke. Was nun beginnen?

II.

Der Expeditor kam dem Auditor zu Hilfe und riet ihm, mit dem morgen früh halb fünf Uhr abgehenden Zuge nach München zu fahren, mit dem er um sieben Uhr vierzig Minuten ankomme. Der Auditor atmete neu auf. Also war noch Hoffnung vorhanden, wenn auch erst morgen, doch noch zum Kriegsgerichte zu kommen. Aber er wollte nicht in Oberaudorf bleiben. Je näher er sich der Hauptstadt wußte, desto beruhigter fühlte er sich; auch war er von dem Laufen so erhitzt, daß es ihm Bedürfnis war, sich noch zu ergehen und er entschloß sich, auf der Landstraße so lange fortzugehen, bis er einen Platz erreiche, von welchem er mit einem Gefährte nach Rosenheim kommen konnte. Er achtete nicht der Nacht, welche ihn bald umgab, rüstig schritt er vorwärts über Flintsberg und Degerndorf und kam gegen zehn Uhr auf der Station Raubling an. Im dortigen Wirtshause machte er Halt.

Da ging es lustig her. Die Veteranen der ganzen Umgegend waren hier zur Fahnenweihe versammelt, im Saale war Musik und Ball, die übrigen Lokale vollgepfropft mit heiteren Gästen.

Ein Übernachten dahier war unmöglich. Der Wirt lachte dem Auditor, als ihn dieser um ein Fuhrwerk nach Rosenheim anging, ins Gesicht.

„Heunt hat neamad Zeit zum Fahr'n," sagte er lachend, „heunt woll'n ma lusti sei'!"

Ein Zimmer zum Übernachten gab es, wie gesagt, auch nicht, und wenn auch, wer würde ihn rechtzeitig wecken?. Er stärkte sich mit Bier und Fleisch und nahm sich dann vor, in Gottesnamen noch den Weg nach Rosenheim zurückzulegen.

Es war schon sehr spät, als er Pang erreichte. Außerhalb dieses Ortes begegnete ihm ein altes Weib, das ihm freundlichst „Gute Nacht“ wünschte.

Es wollte heute schon so sein. Der erste Morgengruß kam von einem alten Weibe, die letzte „Gute Nacht“ rief ihm ebenfalls ein solches zu. Doch er dachte, es möchte hier sein wie bei den Spinnen, und wenn der Morgengruß eines alten Weibes Unglück bringt, so konnte ja der Abendgruß vielleicht Glück bringen. Er fragte deshalb die Alte, wo sie noch so spät herkomme.

„Von Rosenheim,“ war die Antwort, „über's Pangerfilz; da schneid't ma' a guate Stund ab.“

„Durch's Pangerfilz?“ fragte der Auditor. „Kann man sich da bei Nacht nicht vergehen?“

„Bewahr' Gott!“ sagte die Alte, „es is ja jetzt glöckelhell und wenn ma's woaß, so is 's der schönst Weg über Brucken und Steg, der Gaster (Gangsteig) laßt eam nöt aus.“

„Und eine Stunde erspart man?“ fragte der Auditor abermal.

„No' drüber,“ entgegnete die Alte. „Ja, ja, Ös werd's es scho' sehgn. Guate Nacht; a guats Umikemma!“ und sie trippelte mit ihrem Korbe auf dem Rücken weiter.

„Wenn es eine „Rauhnacht“, vielleicht die Johannisnacht wäre, könnte man wahrhaftig glauben, das sei die Frau Percht gewesen,“ sagte der Auditor lächelnd zu sich selbst. „Wenn es eine Hexe, eine Drud wäre, die mich auf Irrwege leitete! Ein wenig Aberglaube, und das Abenteuer wäre fertig.“

In diese Gedanken vertieft, hatte er bereits das Pangerfilz betreten. Es ging anfangs ganz schön dahin, der Fuß- oder Fahrweg war ziemlich breit; bald aber konnte er nur mehr mit Mühe den Weg von dem schwarzen, moorigen Grunde zu beiden Seiten unterscheiden.

Der Auditor hoffte, daß es bald wieder besser fortginge. Wußte er ja, daß hier die Künstler ihre Studien mit Vorliebe machten und so fürchtete er keine Gefahr. Allmählich wurde aber die Unterlage weicher. Es patschte und quatschte unter seinen Füßen bei jedem Tritt und er war jenen dankbar, welche an den bedenklichsten Stellen Bretter gelegt hatten. Braun wie Kaffeesatz zogen sich die Moorwassergräben durch die Gründe. Jetzt kamen Altwasser, über welche hohe Stege führten, dann ein fast unzugängliches Waldgestrüppe und jetzt – jetzt sah der nächtliche Wanderer weder Weg noch Steg mehr. Wohin? Kein menschliches Wesen weit und breit!

„Die Alte, die mir diesen Weg angeraten, war wahrhaftig eine Hexe," sagte der Auditor für sich und er überlegte, was nun weiter zu thun. Vorsichtig schritt er nach der Richtung, wo er den Weg verlor, aber Wassertümpel und Pfützen ließen ihn nur langsam vorwärts kommen, und als er jetzt wieder an einem fließenden Altwasser zu sein glaubte, nahm er sich vor, dem Laufe desselben zu folgen.

Da plötzlich, durch ein Gestrüpp getreten, steht vor ihm ein Haus, ein Licht blendet ihn. Es kommt von einer Öllampe, die auf dem Fenstergesimse der untern Stube steht.

Freudig eilte der Auditor herbei. – Da ist sein Fuß wie gefesselt und sein Auge blickt starr nach der Erscheinung, die sich ihm hier darbietet. Vor dem Fenster sitzt ein steinaltes Mütterlein in einem langen, weißen Hemde, die Hände in den Schoß gelegt und den Kopf auf die Brust gesenkt. Sie schläft. Neben ihr steht ein Spinnrad mit Rocken und das Licht beleuchtet ihr altes, runzeliges, vergilbtes Gesicht.

Der Auditor wußte im ersten Augenblicke nicht, was er aus dieser Erscheinung machen sollte. Die alte Spinnerin aus dem Turme in Dornröschens Schloß, Fausts Gretchen in antiker Auflage und weiß der Himmel, was sich das erhitzte Gehirn des Auditors noch vergegenwärtigte; – er kneifte sich in die Nase, ob er nicht träume – aber nein, er wachte, und was er da sah, war Wirklichkeit.

„Heda!" rief er jetzt endlich, ans Fenster tretend. Sofort schreckte die Alte auf, blies das Licht aus und tiefe Finsternis herrschte ringsumher.

„Heda!" rief er wieder. „Ich bitte um Auskunft."

In diesem Augenblicke hörte er in der Dachluke ober ihm ein Geräusch und deutlich das Knacken eines Flintenhahns. Dem Auditor war es jetzt nicht mehr ganz geheuer. Er fand es für nötig, die weitere Initiative zu ergreifen.

„Ich habe mich verirrt," sagte er; „kann mir niemand für guten Lohn den Weg nach Rosenheim zeigen?

„Ah so!“ ließ sich jetzt eine Mannsstimme aus der Dachluke vernehmen. „Bist nit von der hiesigen Gegend?“

„Nein,“ antwortete der Auditor in möglichst freundlicher Weise, „ich bin aus München und will heute noch nach Rosenheim.“

„So, so, aus der Stadt bist. Wer hat di denn bei der Nacht ins Filz einag'hoaßen?“

„Eine alte Frau, die mir bei Pang begegnete, sagte, ich könnte den Weg nicht verfehlen und ich war so ungeschickt, ihr zu glauben,“ entgegnete der Auditor.

„Dös war die alt Reiserwab'n,“ rief der Mann; „dös Malefizluder hat uns schon mehr solche Leut bei der Nacht g'schickt. Wart, i kimm glei awi.“

Der Auditor setzte sich auf die Bank vor dem Hause und wartete auf den Mann. Es währte lange, lange. Schon glaubte er, der Mann hätte ihn ganz vergessen; doch hörte er im Innern des Hauses auf- und abgehen, Stiefel anziehen; dann erschien in der Wohnstube Lampenlicht und er sah, wie ein großer, kräftiger Bursche, von gedrungener Gestalt der bayerischen Oberländer, mit Hut und Stock vor der alten, nunmehr mit einem Unterrocke bekleideten Frau stand und ihr die Hand zum „Pfüt Gott“ reichte. Die Frau weinte wie ein kleines Kind und machte ihm das Zeichen des Kreuzes auf die Stirne.

Der Auditor konnte die Gesichtszüge des Mannes nicht sehen. Er begriff nicht, was der Bursche von der Alten lang Abschied zu nehmen hatte für die kurze Zeit, wo er ihm als Führer diente.

„So, i bin g'richt,“ sagte jetzt der Mann aus dem Hause tretend. „Gehn ma halt in Gottsnam!“

„Ich werde schon erkenntlich sein,“ entgegnete der Auditor und ging an der Seite des Burschen von dannen. Dieser war sehr schweigsam, der Auditor war aber über dessen vermeintliche Gefälligkeit so entzückt, daß er nicht umhin konnte, ihm seine Dankbarkeit auszusprechen.

„Mein lieber Freund,“ sagte er, „Ihr thut mir einen ungeheuren Gefallen, daß Ihr mich aus diesem Labyrinth hinausführt.“

„Dös kann leicht sein,“ entgegnete der Bursche. „Woaßt zweg'n dir gaang i um die Stund nit durchs Filz, aber i muaß selm in aller Fruah z' Rosenheim sein, weil i mit 'm Frühzug auf Münka muaß. Es hängt gar viel davon ab, daß i den Zug nöt versäum', drum hat mei' Ahndl wachen woll'n, daß i mi ja nit verschlaf. I bin erst spat vom Raublinger Veteranafest hoamkemma und woaßt, da haut ma' halt diermal a bißl über d' Schnur – i mirk's scho', daß i no' a bißl doarkl (unsicher gehe), aber wenn i a Weil geh, wird's scho' besser wern."

„O, ich merke gar nichts," entgegnete der Auditor, „du gehst ja ganz gerade. Gewiß bist du Soldat gewesen, weil du auf dem Veteranenball warst."

„Freili bin i oana," erwiderte der Bursche, „leider Gottes! Sonst hättst mi no' nit dahoam troffen. Aber so hoaßt's auf Münka eini. Der Teufel soll die G'schicht hol'n! Gieb acht, iatzt kimmt a schmaler Steg, der nit viel taugt, über an' Altwasser. Schau nur g'rad für di hin, daß d' koan Schwindel kriegst."

Der Auditor folgte seinem Begleiter etwas ängstlich auf dem hohen schwankenden Gerüste.

„I wünschet mir bloß oans!" rief jetzt der Bursche, auf der Mitte des Steges anhaltend, „daß i den am Kragen hätt', der dran schuld is, daß i heunt auf Münka muaß! Den werfet i eini in Tümpfel, daß er d' Haxen in d' Höh recket. – Der ließ 's Untersuchen bleib'n für Zeit und Ewigkeit."

„Von wem redst denn?" fragte der Auditor den bei der Erinnerung an seinen Feind erregten Burschen.

„Von an' Auditor red' i, der 's Nörgeln nit aufg'hört hat, bis i weg'n Insubordination heunt vor's Kriegsgericht g'stellt und wahrscheinli verurteilt werd'."

„Bist du der Johann Pangerer?" fragte der Auditor schnell und unbedachtsam, dabei von einem gelinden Entsetzen erfaßt.

„Du kennst mi?" fragte der Bursche zurück. „Pangerer Hans hoaß i. Wer aber bist denn du?"

Der Auditor wußte nicht sogleich zu antworten. Jetzt hieß es diplomatisch sein, denn er kannte das ihn erwartende Los. Endlich sagte er: „Ich kenne dich nicht, aber das alte Weib bei Pang hat mir gesagt, daß ich dich hier treffen könnte und daß du mir im Notfalle den Weg nach Rosenheim zeigen würdest."

Man kann sich wohl in die Lage des Auditors hineindenken. Mitten in der Nacht im Pangerfilz allein zu sein mit dem durch vielen Biergenuß rabiaten Burschen, der auf seinen Antrag hin kriegsgerichtlich verhandelt wird. Er verspürte eine Erleichterung, als der Begleiter wieder weiter schritt.

„Dö alte Karnalli!“ sagte dieser. „Woaßt, i hon die alten Leut nit ungern, hon ja selm an' alts Großmuatterl; aber die alt Reiserwab'n nimmt alle Nester in die Auen aus und treibt damit an' Handel, so wern die Singvögel alleweil weniger und nix kann mi mehr ärgern, als so an' arma Vögerl sei' Freiheit z' nehma.“

„Da bin ich ganz deiner Meinung,“ stimmte der Auditor bei. „Einsperren soll man solche Leute, und diejenigen dazu, die solche Singvögel kaufen und zeitlebens einkerkern.“

„Wer bist nacha du?“ fragte der Bursche abermals.

„Ich?“ entgegnete zögernd der Auditor, – „ich bin ein Beamter ans München.“

„Am End aa so a Rechtsverdraaher?“ fragte Hans in scharfem Tone.

„O nein!“ beeilte sich der Auditor zu erwidern, denn sie betraten soeben wieder einen schwankenden Steg – „ich bin angestellt bei – der Post.“

„Bei der Post?“ versetzte Pangerer. „Nu, das laß i mir g'fall'n; aber die Gerichtsherrn mag i nit, nur weg'n dem krummnasigen Auditor, weil der mir gar so aufsässig sein kann.“

„Du thust ihm vielleicht unrecht!“ sagte der Auditor in möglichst gutmütigem Tone. „Jeder thut halt seine Pflicht, so gut er's kann.“

„Wenn's d' mir den guat red'st,“ rief Hans erregt, „nacha laß i di mitten im Filz da stehn und geh alloa meine Weg!“

„Ja, ich weiß ja gar nichts!“ versicherte der Auditor nicht im besten Wohlbehagen.

„Hast koa Zigarrl?“ fragte der Bursche. „I will dir nacha alles dazähl'n.“

Der Auditor beeilte sich, dem Führer alle Cigarren anzubieten, welche sich noch in seinem Etui vorfanden.

„O i dank,“ sagte der Beschenkte, „es langt oane schon. Aber du hast g'wiß aar a Feuer bei dir?“

„Herzlich gern,“ entgegnete der Auditor, seine Wachszündhölzchen hervornehmend; jedoch getraute er sich nicht, dieselben anzuzünden. Er reichte das Schächtelchen dem Burschen und ging voran.

„Ja, die mußt scho' du anzünden,“ sagte dieser, „i versteh mi nit d'rauf.“

Der Auditor war in der peinlichsten Lage. Machte er Licht und wurde dadurch sein Gesicht beleuchtet, so erkannte ihn der Begleiter und was daraus folgen konnte, das wußte er.

„Wenn er nur meine gebogene Nase nicht sieht," dachte er bei sich, „diese könnte mich verraten."

„Probier's nur," sagte er zu dem Burschen, „du hast es gleich los."

„Sei nur du so guat," meinte der Pangerer Hans. „Bleib nur stehn – i möcht' gar so gern a Zigarrl rauchen."

Der Auditor konnte jetzt nicht mehr anders, er mußte stehen bleiben und das Wachskerzchen anzünden. Er war in Todesangst. Mit abgewandtem Gesicht strich er das Kerzchen an und überreichte es mit der rechten Hand seinem Begleiter, während er mit der linken sein Gesicht bedeckte.

„Alle Teufel," rief er, „ist mir der Schwefel in Nase und Mund gefahren!"

„An dem Wachskerzl is ja gar koa Schwefel," lachte Hans. „Du bist a narrischer Kampl!"

Die Zigarre brannte und nun ging es wieder rüstig vorwärts.

„Woaßt," fing jetzt der Pangerer Hans an, „du därfst nit glaub'n, daß i a schlechter Mensch bin, weil i zum Kriegsgericht muaß. I bin a fleißiger Arbeiter im Filz und nur diermal am Sonntag siehg i a Bier. Mei' ganz's Verbrech'n is, daß i an' Unteroffizier, Botsch hoaßt der Bazi, kurz vor i in Urlaub ganga bin, a Watschn geb'n hon. Der Feldwebel is zufällig dazua kemma und hat die Sach anzeigt. I hon den Unteroffizier nit unglückli machen woll'n, sonst hätt' i den Sachverhalt klar g'macht. Die Offizier hätt'n si' aa nit so viel draus g'macht, weil den Botsch koana leiden kann; da hat aber der Auditor die Voruntersuchung g'führt, und hat so lang rumg'schnuffelt an der Sach und war mit mir so sekant, daß i eam aa nit die schönsten Antworten geb'n hon. Die Folg' war, daß 's mi wirkli vor a Kriegsgericht stell'n, und wenn's dem Auditor, dem Sakra nachgeht, sperrn's mi an' etli Monat ein, daß alles kracht. Wer sorgt nacha während der Zeit für mei' alts Großmuatterl im Filzlerhäusl? Die paar Groschen, die ihr z'rucklassen hon, san bal verbraucht und nacha verhungert's, wenn ihr nit die Maler, die öfter bei uns zurikehrn, an' Almosen geb'n."

„Das ist freilich recht traurig," sagte der Auditor, „aber weißt was, ich geb' dir was für deine Großmutter, das kannst du ihr dann von München aus schicken. Die soll in keine Not kommen, wie's auch mit dir geht."

„No schau," rief der Bursche erfreut, „das hon i mir nit denkt, daß die Postbeamten so barmherzige Leut san."

„Was hast du vorhin damit gemeint, als du sagtest, du wolltest den Unteroffizier nicht unglücklich machen," fragte der Auditor. „Jeder ist sich doch selbst der Nächste und wenn du einen Milderungsgrund anzugeben weißt, so sollst du es nicht unterlassen."

„Mein Gott!" erwiderte der Bursche, „i bring nit gern an' andern ins Unglück."

„Nun, mir kannst du es ja sagen, ich bin ja ein Postbeamter," meinte der Auditor.

„Ja, ja, dessel scho', bei Enka oan gilt's Postg'heimnis, dös woaß i von unserm Briefträger. Was der woaß, woaß die ganz Welt. I will dir's sag'n, aber du därfst mi nit verraten und aa nit den Unteroffizier. Die Sach is so. Mein Schlafnachbar, 'n Soldaten Friesinger, is von sein Platz weg a silberne Uhr g'stohln worn, und dös hat neamad anders than, als der Unteroffizier Botsch. Der Friesinger hat 'n bei seiner Schlafstell rumschleicha sehgn und die Markedenterin, der er alleweil schuldi g'wesen is, hat er an demseln Tag zahlt. Dafür aber hat er mi in Verdacht bracht, als wär i der Dieb. Er hat si' einbild't, an' armer Filzler laßt si' alles g'falln. Da kimm i amal an an' Sunnta von der Wach ab und leg mi am Nachmittag schlafen. Mei' Uhrl, dös mir mei' Firmgöd amal g'schenkt hat, hängt ober mein Bett. Koa Mensch war im Zimmer. Auf oamal hör i d' Thür aufgehn und es schleicht si' der Unteroffizier zu mir hin. I stell mi als festschlafet, blinzl' aber dennast und sehg, wie der Kampl in mein Bettgang schleicht und mit an' flinken Griff mei' Uhr in der Hand hat und damit Reißaus nehma will. I aber, nit faul, spring auf, reiß eam d' Uhr aus der Hand und gieb eam a Watschen, an die er no' heunt denkt. In dem Augenblick macht der Feldwebel d' Thür auf.

„Um Gotteswill'n," sagt der Unteroffizier, „mach mi nit unglückli!" Und drauf meld't er dem Feldwebel, er hätt' nit leiden woll'n, daß i schlaf als Zimmertour und i hätt' ihm desweg'n die Watschen geb'n. I hon 'n nit verraten. I bin in Arrest kemma und man hat mei' Ausred, als hätt' i halb im Schlaf g'handelt und den Unteroffizier gar nit glei dakennt, schier gelten lassen; da hat aber der Sakra von dem krummnasigen Auditor so lang einigstiert und im Kreuz und Quer verhört, daß i halt dennast zum Kriegsgericht verwiesen worden bin. Natürli verurteiln's mi. Den Unteroffizier, der mi spater auf die Knie bitt hat, i soll'n nit verraten, woaßt, er is aus a braven Famili, will i nit unglückli machen und für sei' Leb'n schänden, und so muaß i halt in Gottsnam in die hart Nuß beißen – von mir aus

– mei' Ehr leid't nit drunter, aber halt mei' alts Ahnl, um die is mir. – Schau, iatzt is mir's Zigarrl ausganga, muaßt ma schon no' amal a Feuer geb'n."

Der Auditor war in neuer Verlegenheit; er reichte dem Burschen das Feuerzeug hin.

Das geschah wieder mit halb verdecktem Gesichte; der Bursche achtete aber diesmal nicht darauf. Sie kamen jetzt an die Mangfallbrücke und vom Rosenheimer Bahnhof sah man die Gaslichter leuchten.

Der Auditor atmete leichter. Er freute sich schon auf den Augenblick, wo er dem Burschen für seine Begleitung danken konnte. In der Nähe des Bahnhofes angekommen, verabschiedete sich der Filzler, um dort bei einem ihm bekannten Wagenschieber noch einige Stunden auszuruhen.

Der Auditor gab seinem Begleiter einen Thaler, den dieser sich anfangs anzunehmen weigerte, den er aber dann doch für sein Ahnl bestimmen wollte. Ferner sagte ihm der Auditor, daß er ihn noch heute in München sehen werde. Er wolle sich selbst beim Kriegsgericht, das ja öffentlich sei, einfinden und vielleicht, meinte er, könne er ihm dabei nicht ohne Nutzen sein.

„Ja, dös verstehst du nit," sagte der Filzler, „mit unsern Auditor laßt si' nit red'n, der wenn's Verhör anfangt, nacha wird oan ganz damisch; der fragt schon se z'wider und allemal find' er was raus. Woaßt was, wenn 's d' mir an' G'falln thoa willst, hau ihm amal a rechte Watschen eini; du bist a Postbeamter und wirst nacha nit wegen Subordinationsverbrechen eing'sperrt."

„Nun, wir sprechen heut noch über die Sache," erwiderte der Auditor lächelnd. „Also auf Wiedersehen!"

Damit trennte er sich von dem Burschen, der sofort dem Bahnhofe zueilte.

Der Auditor atmete hoch auf. Alle Strapazen dieses Tages und dieser Nacht vergaß er über dem Vergnügen, ein Abenteuer gehabt zu haben, das ihm zeitlebens in lebhafter Erinnerung bleiben mußte und das ihm Gelegenheit gab, im letzten Augenblicke einen wackern Burschen aus böser Lage zu befreien.

Es schlug zwei Uhr, als er im Gasthof zum „Kreiderer" Einlaß begehrte. Der Hausknecht mußte ihm hoch und teuer beschwören, ihn nicht verschlafen zu lassen, sondern ihn rechtzeitig zu wecken zum Münchener Zug. Er bestellte eigens einen Wagen, um zum Bahnhofe zu fahren, damit er um so sicherer darauf rechnen könnte, daß man ihn gehörig wecke. Der Zug ging um fünf Uhr fünfzig Minuten ab, er hoffte also noch drei Stunden schlafen zu können. Aber schon im Bette, ließ es ihm doch keine Ruhe. Er durfte nicht zu spät kommen!

Wie aber wach bleiben? Er erinnerte sich an Mosers „Stiftungsfest“, an die Szene, in welcher der alte Herr die Gießkanne in der Hand hält, um sich vor dem Einschlafen zu sichern, da ihn die fallende Gießkanne stets wieder aufweckte. Die Nutzanwendung dieses Schwankes war jetzt, daß er den großen gläsernen Wasserkrug in die Hand nahm, während er mit der andern Notizen in sein Buch machte, die auf die Erzählung des Filzlers Bezug hatten. Er schrieb lange – aber plötzlich klirrte es doch – der Wasserkrug lag zerbrochen auf dem Boden. Er hatte in der That einschlafen wollen. In dem Nebenzimmer hörte er über diese Nachtruhestörung fluchen.

Jetzt hielt es unser Auditor fürs beste, im Zimmer auf und ab zu gehen. Er vergaß jedoch, seine Stiefel auszuziehen. Zehn Minuten mochte er auf- und abgewandelt sein, da klopfte es an der Nebenthüre.

„Sind Sie des Teufels?“ hörte er fragen; „lassen Sie wenigstens die andern Menschenkinder schlafen, wenn Sie das tolle Wandelfieber haben!“

Der Auditor fand, daß der Nachbar recht habe und zog seine Stiefel aus. In Strumpfsocken wandelte er dann weiter, oft mit geschlossenen Augen, aber wenn er an einen Tisch oder Stuhl anrannte, wachte er glücklich wieder auf, und so wandelte er in den grauenden Morgen hinein.

Um vier Uhr ging die Sonne auf und jetzt litt es ihn nicht länger mehr im Gasthofe. Er eilte fort zum Bahnhofe und setzte sich dort in der Restauration I. Klasse ganz versteckt in eine Ecke, damit er ja von seinem nächtlichen Begleiter nicht gesehen werden könne und löste sich ein Billet II. Klasse, um nicht zufällig im Waggon mit diesem zusammen zu treffen. Punkt fünf Uhr fünfzig Minuten ging der Zug ab, und jetzt schlief der vielstrapazierte Auditor, bis der Kondukteur in das Koupe hinein schrie: „München!“

III.

Das Kriegsgericht war Schlag neun Uhr versammelt. Der Auditor in Uniform, den Schiffhut in der Hand, sah auffallend blaß aus und seine Augen waren geschwollen.

„Sie sind krank!“ sagte der dem Kriegsgerichte vorstehende Oberstleutnant zu ihm. „Sie sehen ja ganz schrecklich aus!“

„O, mir ist ganz wohl,“ entgegnete der Auditor. „Ich habe nur heute nacht viel für die heutige Verhandlung nachzuarbeiten gehabt.“

„Ah bah,“ machte der Oberstleutnant, „Sie wären derjenige, der auf die letzten Stunden etwas verschöbe. Wahrhaftig, wenn Sie krank sind, verschiebe ich das Kriegsgericht auf einen andern Tag.“

„Warum nicht gar,“ sagte der Auditor. „Denken Sie nur, die vielen Zeugen – die Herren Richter. – Glauben Sie, ich möchte wegen einer kleinen Übernächtigkeit so viele Umstände machen? Nein, nein, wenn es Ihnen gefällig wäre – ich erhielt soeben Meldung, daß sämtliche Zeugen und der Angeschuldigte gegenwärtig sind – so könnten wir beginnen.“

„Wenn Sie aber über den Stuhl hinabfallen?“ fragte der Oberstleutnant lächelnd.

„Ich werde fest sitzen,“ versicherte der Auditor, „und Sie werden sehen, wie ich meiner Funktion treu und gewissenhaft nachkommen werde.“

Der Vorsitzende und die Richter nahmen ihre Plätze ein. Ersterer hielt eine kurze Ansprache, hierauf erfolgte die Beeidigung, die Zeugen wurden vorgeführt und dann in das Zeugenzimmer verwiesen. Der Angeklagte wurde durch eine Ordonnanz hereingeführt.

Der Auditor konnte sich kaum des Lachens enthalten, als er den robusten Burschen vor sich hintreten sah. Aus dem feindlichen Blicke, den der Filzler auf ihn warf, merkte er, daß dieser kaum eine Ahnung habe, wen er heute nacht durch das Pangerfilz geführt.

Der Auditor begann nun das übliche Verhör. Der Mann blieb bei seiner ersten Aussage, er behauptete, nur im Halbschlaf den Unteroffizier geohrfeigt zu haben. Mehrere Zeugen sagten dann aus, daß Pangerer auf den Unteroffizier schon längere Zeit eine „Pike“ gehabt und öfters geäußert habe: „Der kriegt amal oane von mir, daß er an mi denkt!“

Fraglicher Unteroffizier Botsch selbst wurde nicht beeidigt. Er deponierte ebenfalls, wie in der Voruntersuchung, ließ aber in Zweifel, ob Pangerer im Halbschlafe gehandelt habe oder nicht. Das Zeugenverhör ward beendigt, der funktionierende Staatsanwalt begründete die Klage und beantragte eine

Schuldigsprechung des Verbrechers gegen die Subordination und eine einjährige Gefängnisstrafe.

Der arme Filzler wurde bei diesem Antrage kreideweiß. Der Auditor wußte, daß er jetzt an seine Großmutter denke. Bevor noch der Verteidiger seine Rede begonnen, bat der Auditor, da sich neue Umstände zum Vorteile des Angeklagten ergeben hatten, noch einige Fragen an den Hauptzeugen, den Unteroffizier Botsch, richten zu dürfen; ebenso an den Soldaten Friesinger.

„Unteroffizier Botsch," sagte er alsdann zu diesem, „Sie haben den Antrag des Herrn Staatsanwalts gehört. Der Soldat Pangerer soll zu einem Jahr Gefängnis verurteilt werden. Denken Sie darüber nach, ob Ihnen nichts einfällt, was die That dieses Soldaten mildern könnte."

Der Unteroffizier schüttelte verlegen mit dem Kopfe.

„Nichts?" fragte der Auditor weiter. „Es mag sein, daß Sie irgend eine Schuld Ihrerseits verschweigen, um sich nicht zu kompromittieren und nicht selbst unglücklich zu werden. Aber das ist höchst unmoralisch, das ist im höchsten Grade feig, wenn ein anderer ehrlicher Mann darunter leiden soll, ein Mann, der die einzige Stütze seiner alten Großmutter ist, die ohne seine Hilfe verhungert, der, wie sein Leumund uns sagt, noch keinerlei Strafe erhalten hat und nur als ein „hitziger" Bursche bezeichnet wird, ein Mann, sage ich, der gewiß die Hochachtung aller verdient, wenn man erfährt, daß er sich für einen Unwürdigen aufopfert."

Der Auditor hatte dieses mit feierlicher Stimme gesprochen, der Pangerer Hans glaubte kaum seinen Ohren trauen zu dürfen. Bei Erwähnung seiner Großmutter konnte er sich der Thränen nicht erwehren.

„Ja, ja," sagte er, „für die arm Ahnl is 's hart. Wie aber wißt's dös alles – i hab nix g'sagt?"

Im Kriegsgerichte machte sich eine große Unruhe bemerkbar.

„Sie sind doch gesunder, als ich gedacht habe," sagte der Oberstleutnant leise zu dem neben ihm sitzenden Auditor. „Schießen Sie nur los, wenn Sie etwas wissen. Der Duckmäuser von einem Unteroffizier macht ohnedies einen schlechten Eindruck auf mich."

Der Auditor nahm zur Stärkung eine Prise Tabak, dann wandte er sich wieder an Botsch und fragte abermals: „Also Sie haben nichts einzugestehen?"

„Nein,“ antwortete der Gefragte frech.

„Nun, so will ich Ihnen etwas erzählen,“ fuhr der Auditor fort. „Am Lichtmeßtag hat Sie die Marketenderin zur Zahlung einer Schuld geplagt und Ihnen mit Klage beim Herrn Hauptmann gedroht. Sie hatten morgens kein Geld, nachmittags aber bezahlten Sie die Frau. Wo nahmen Sie das Geld her?“

„Von meinen Verwandten,“ antwortete der Unteroffizier.

„Ich weiß es besser,“ sagte der Auditor; „Sie verkauften eine Uhr.“

Der Unteroffizier wurde jetzt bleich bis in den Mund hinein.

„Warum werden Sie so bleich?“ rief der Oberstleutnant. „Gestehen Sie ein, es ist so.“

„Ja“, sagte der Unteroffizier, „ich verkaufte meine Uhr.“

„Also haben wir Sie schon auf einer Unwahrheit ertappt,“ fuhr der Auditor fort. „Erst sagten Sie, Sie hätten das Geld von Ihren Verwandten bekommen, jetzt gestehen Sie ein, daß Sie Ihre Uhr verkauften. Ich weiß aber, daß die Uhr nicht Ihr Eigentum war. Sie haben dieselbe dem Soldaten Friesinger weggenommen, wenn Sie wollen, gestohlen.“

„Auf Ehr und Seligkeit, ja so is's!“ rief Friesinger.

„Und weiters wollten Sie Ihre verwerfliche Industrie bei dem Angeklagten hier versuchen. Während Sie ihn schlafend glaubten, schlichen Sie sich an sein Bett, nahmen die Uhr von der Wand, und sie wäre gleich derjenigen Friesingers versilbert worden, wenn nicht Pangerer Sie gepackt und Lynchjustiz an Ihnen geübt hätte. Ist es nicht so?“

Der Unteroffizier konnte kein Wort erwidern, er wankte, man mußte ihn zum Stuhle führen.

„Gestehen Sie!“ rief jetzt der Oberstleutnant. „Es kann Ihre Sache nur mildern, wenn Sie ein offenes Bekenntnis ablegen. Ist es so?“

„Ja,“ sagte der Unteroffizier mit gebrochener Stimme, dann mußte er aus dem Saale geführt werden. Der Auditor beantragte dessen Verbringung in Untersuchungshaft.

Pangerer sah den Auditor mit unendlich dankbaren Blicken an. Auf seinem Gesichte las man die Frage: „Woher weiß denn der alles?“

Der Staatsanwalt bat wieder ums Wort und motivierte seinen Antrag dahin, daß er wegen mildernder Umstände die Strafe des Angeklagten auf einen Monat reduziere. Der Verteidiger aber nahm den Gedanken des Auditors auf und stellte den Charakter des Pangerer so schön und rührend hin, daß es gar nicht wunder nahm, als bei der Abstimmung über Schuldig oder Unschuldig die weitaus meisten Stimmen das letztere verlangten und der Oberstleutnant dieses dem Pangerer feierlich und freudig verkündete.

Der überglückliche Bursche trat jetzt zu dem Auditor hin und wollte ihm die Hand küssen.

„Sagt's mir doch, woher's alles a so guat g'wußt habt's?“ fragte er.

„Woher?“ entgegnete der Auditor lachend. „Von dir selbst.“

„Von mir? I hab zu Enk und zu neamad a Sterbenswörtl g'schnauft –“

„Zu gar niemanden?“ fragte der Auditor. „Ich hab' es erst heute nacht erzählen hören.“

„Heunt nacht? Wo?“ fragte der Bursche, den Auditor scharf ansehend.

„Im Pangerfilz,“ erwiderte dieser.

„Ja, dös is wahr,“ entgegnete überrascht der Bursche. „I hab's an' Postbeamten anvertraut und schau, er hat mir's so g'wiß versprochen, daß er nixi plauscht.“

„Er hat mir's ja nur als Postgeheimnis anvertraut,“ lachte der Auditor. „Wär' ich mit meiner krummen Nase bei dir gewesen, du hättest mich wahrscheinlich in deiner Wut in einen Tümpel geworfen.“

„Jesses!“ rief jetzt Hans sich vergessend, „der Postbeamte seid's Ös selm g'wesen! Ja, ja, die krumme Nasen is mir heunt nacht schon aufg'falln! Verzeiht's mir halt! Daß 's Ös a solchener braver Mann sein könnt's, dös hätt' i von an' Auditor nit denkt und der Pangerer Hans und sei' Ahnl wern mit Dank und Freudigkeit an Enk denken.“

Der Auditor reichte ihm die Hand. Sämtliche Offiziere, voran der Oberstleutnant, welche diese Unterhaltung höchlich ergötzte und die dann durch den Auditor noch das Nähere erfuhren, steuerten zusammen, damit Hans seiner Ahnl einen Zehrpfennig heimbringen könne. Dann verließ er mit Thränen in den Augen, dem Auditor nochmals die Hand drückend, den Saal.

„Also von einer mißglückten Landpartie kommt Ihrn schlechtes Aussehen her?“ sagte lachend der Oberstleutnant zum Auditor. „Da kommen Sie nur gleich mit zu „Eckel“ (Weinrestauration), damit Sie bald wieder zu Kräften kommen.“

„Mißglückt nennen Sie die Landpartie?“ antwortete der Auditor. „Es war die glücklichste Partie, die ich in meinem Leben gemacht; ich konnte einem ehrlichen, braven Menschen Hilfe bringen und um diesen Preis riskierte ich noch manche Wanderung in das Pangerfilz!“ –

Der Pangerer Hans wurde kurz darauf auf Verwendung des Auditors bei der Eisenbahn angestellt, wo er sich so viel verdiente, daß er um seine alte Großmutter nicht mehr in Sorge zu sein brauchte. Oft äußerte er: „Bei mir is 's Glück im Schlaf kemma und bracht hat mir's oana, den i niemals hab leiden könna, für den i aber iatzt jede Stund mei' Leb'n lasset – der „vergangene“ Auditor!“

Ein Geschwisterkind

Leutnant Felhuber vom bayerischen x. Infanterie-Regiment zählte zu den beliebtesten Offizieren der Festungsgarnison. Er, sowie Leutnant Schlosser – beide standen bei verschiedenen Regimentern des Platzes – waren die Arrangeure von vielerlei Vergnügungen und erwarben sich dadurch den Dank aller, besonders aber der Damenwelt. Felhuber hatte ein hübsches, männliches Äußere und war in seiner Denkungsart ein vollkommener Kavalier, wenn er auch in seinem bürgerlichen Wappen nur den Pflug führte.

Sein Vater war ein wohlhabender Großgrundbesitzer. Doch war es nicht das Bewußtsein seiner guten materiellen Lage allein, das ihn wagen ließ, seine Augen zu dem Töchterchen des alten, gestrengen Festungskommandanten zu erheben, das sein Herz in Fesseln geschlagen; das schöne Fräulein selbst hatte ihn bei Cotillontouren sichtlich ausgezeichnet und die meisten Orden, welche er am Aschermittwoch an den Spiegel heftete, wobei er gleichsam die schöne Zeit des nun verflossenen Karnevals nochmals geistig durchlebte, – sie waren von Laura.

Und „An Laura“ brachte er jetzt, gleich Friedrich von Schiller, seine innersten Gefühle in Verse und verewigte sie auf rosa Papier, das der Holden früher oder später bestimmt sein sollte. Er plagte gerade sein Genie um einen passenden Reim auf „Durst“, denn es hieß aus einer Zeile: „Du stilltest meiner Seele heißen

Durst,“ worauf er immer nur „Wurst“ fand. Das Bild eines Fleischerladens mußte natürlich seine poetische Stimmung beeinträchtigen und diese schließlich ganz verflüchtigen.

Es hatte geklopft und herein kam ein junger, häßlicher Bursche. Eine Mütze aus Fuchspelz war auf den dicken Kopf gestülpt, ein grün und rot gestrickter Shlips doppelt um seinen Hals gewunden. Dazu trug er eine abgenutzte Jacke und lange Lederhosen, feste Schnürschuhe und in den mit wollenen Fäustlingen bedeckten Händen den langen Haselnußstock.

Alles an dem Menschen war plump: der runde Kopf, der weite Mund mit den dicken, schwulstigen Lippen, deren obere ein dunkelroter, vernachlässigter Schnurrbart bedeckte, die große, etwas gebogene Nase; sehr weit und groß waren sogar seine ins Grünliche spielenden Augen. Sein zwanzigjähriges Alter war das schönste von ihm.

„Wollt Ihr zu mir?“ fragte ärgerlich der Offizier.

„Ja freili, Herr Litnant – kennst mi denn nit? I bin ja der Johann Meier, dei' G'schwisterkind; 's Hanserl bin i vom Viehhändler Meier. D' Schwester von deiner Muatta is ja mei' Muatta. No', so grüaß di halt Gott!“

„Gruß Gott!“ erwiderte der Offizier. „Der Hans bist? Dich hab' ich ja seit acht Jahren nimmer g'sehn. Leg doch ab!“ Dabei blickte er nach der Pelzkappe des andern.

„Bin so frei,“ entgegnete dieser, Mütze und Stock auf den Tisch legend und sich dann bequem aufs Sopha setzend.

„Was treibst d' denn? Was bist denn?“ fragte der Offizier.

„Nix bin i. Nach Schrullhausen hab' i a Herd Ochsen mittreib'n helfen und da hab' i mir denkt, mach' i mein Vettern a Freud, hab' i mir denkt, und überrasch'n. Der wird schaug'n! hab' i mir denkt.“

„Ich schau auch,“ entgegnete Felhuber.

Dieser nach allem Möglichen duftende, gemütliche Vetter war gerade genug für den Aschermittwoch. Er war der Sohn eines reichen, aber geizigen Viehhändlers und mehr im Stall, wie in der Stube erzogen worden.

„Schade, daß du nicht gestern gekommen bist,“ meinte der Offizier sarkastisch.

„O mein Gott, i bin so kreuzfidel g'wen gestern, Fastnacht hab' i g'feiert und an' Rausch hab' i kriegt, an' wunderbaren! Wenn 's dir g'legen wär', so gehn ma jetzt ins Wirtshaus, denn i bin hungri und dursti. Und da sollst nacha hör'n, was i für an' Plan hab. Und an' schön Gruaß soll i ausrichten von deiner Frau Muatta und von meiniger Muatta und da is a Briaferl, wo alles g'schrieben steht."

Felhuber nahm den schmierigen Brief und las. Er war von seiner Mutter und drückte den Wunsch aus, der Leutnant möchte Johann, der schon jetzt seine Militärzeit abdienen wolle, bei seinem Regimente als Freiwilligen unterbringen und für sein weiteres Fortkommen sorgen.

„Du wirst ja nächstes Jahr ohnehin konskribiert, warum denn freiwillig jetzt schon eintreten?" fragte der Offizier.

„Dös hat sein' guten Grund," entgegnete Johann schlau. „Als konskribiert muß i hingeh'n, wo's mi hinschieb'n, i aber möcht' bei dein Regiment sein, damit der Herr Vetter mi in Hochachtung bringt, denn als der Vetter vom Herrn Litnant bin i in Respekt und werd' dann aa, hab' i mir denkt, Unteroffizier oder gar Feldwebel und kann sein mit der Zeit aa Litnant."

„Man sagt ja Leutnant und nicht Litnant," belehrte der Offizier.

„No', für mi is Litnant aa guat gnua. Aber jetzt geh'n ma auf a paar Maaßln; i bin schon Zahler," sagte der gemütliche Vetter.

„Alle Teufel!" rief jetzt der Offizier, denn es wurde Säbelgeklirr hörbar und man klopfte an der Thür. „Herein! – Und du schnell hinaus! Warte einstweilen auf dem Gange."

Der Vetter sprang bereitwillig auf, eilte zur Thür und rannte den eintretenden Offizier, Leutnant Schlosser, beinahe über den Haufen.

„Oho!" riefen beide.

„Tölpel!" setzte Schlosser hinzu, und schloß die Thür. Das erste war, daß er sich über die Empfindung äußerte, die seine Nase zu verletzen schien, indem er rief:

„Wo kaufst du denn dieses Parfum? Da duftet's ja wie –"

„Wie Kuhparfüm," vollendete Felhuber. Und er teilte dem Kameraden die ihm zu Teil gewordene Überraschung und Verlegenheit mit.

Schlosser gab den Rat, vorläufig vor allem das Geschwisterkind von der Bildfläche verschwinden zu lassen, damit sie ruhig über den Kasus beratschlagen könnten.

Sonach ward Hansl hereingerufen und Felhuber sagte zu ihm:

„Geh' jetzt ins Bräuhaus hinüber zum Mittagessen. Ich muß im Kasino speisen –“

„O, da geh' i aa mit!“ meinte Hansl.

„Das geht nicht,“ entgegnete der Vetter. „Nach dem Essen siehst du dir die Stadt an und abends, wenn es dunkel ist, kommst du wieder. Bis dahin werde ich über dein Schicksal verfügt haben. Aber teile vorerst niemand mit, daß wir Vettern sind, man könnte sonst denken, ich wäre parteiisch – du weißt schon –“

„Wie 's d' willst, Vetter Bernhardl,“ entgegnete Hansl, pfiffig lachend und dehnte dabei seinen Mund ins Unendliche aus.

„Jetzt eile dich, sonst bekommst du nichts mehr zu essen, denn heute ist Fasttag,“ meinte Felhuber.

„Mari und Josef!“ rief Hans erschrocken, Pelzmütze und Stock aufraffend; „da pressiert's freili. Und so wünsch' i halt an' guten Appetit und“ – sich an Schlosser wendend – „nix für unguat, 's is nit gern g'scheh'n – wir wer'n uns schon no' kenna lerna – b'fehl mi.“

Felhuber schob ihn zur Thür hinaus; fort war er.

Schlosser lachte hell auf und öffnete vor allem das Fenster, um frische Luft einzulassen.

Nun teilte Felhuber dem Freunde das Vorhaben des ochsentreibenden Jünglings mit. Er berichtete, wie er gewisse Verpflichtungen gegen Johanns Mutter habe und daß er diesen nicht wohl abweisen könne, gestand aber zugleich, daß es ihm schrecklich sei, den jungen Menschen hier als seinen Vetter figurieren zu lassen, jetzt, wo er damit umgehe, sich ernstlich Laura zu nähern. Ihr Vater, der General, könnte leicht von diesem Zweige der Verwandtschaft auf den ganzen Stamm schließen und seine Vorzüge, die zu besitzen er sich schmeichle, müßten dadurch verdunkelt werden u. s. w.

Der stets Rat findende Kamerad wußte auch hier Bescheid. Er wollte es übernehmen, dem Geschwisterkind bei seinem Regiment Aufnahme zu verschaffen und dasselbe womöglich in seine Kompagnie einreihen zu lassen. So habe er dann Hans stets unter den Augen. Dieser Ausweg fand den vollsten Beifall des Freundes, und dieser war wieder so getröstet und aufgeheitert, daß er dem Kameraden sein neuestes Gedicht an Laura vordeklamierte bis zur letzten Zeile, wo er an dem Reime auf „Durst“ hängen geblieben war. Schlosser riet ihm, wenn er durchaus nicht das dazu reimende „Wurst“ gebrauchen wolle, es mit einem anderen Worte zu versuchen, z. B.:

„Du stilltest meiner Seele heißen Drang,“

worauf sich eine halbe Stunde lang nach Herzenslust losreimen ließe.

Nun war auch hier geholfen und Schlosser erbot sich, das an der frischen Luft entduftete Papier in die richtigen Hände gelangen zu lassen.

Als gegen Abend Vetter Johann kam, ward er für den nächsten Morgen in die Kaserne bestellt und dann zur Nachtherberge geschickt. Am nächsten Tage wurde er, da er mit allen nötigen Papieren bereits versehen, als Freiwilliger aufgenommen und bei Schlossers Kompagnie eingeteilt.

Der Rekrut war nicht ungelehrig und konnte schon nach wenigen Monaten in den Dienst eintreten. Er fühlte dich ganz glücklich. Wäre die Menage doppelt so groß gewesen, hätte er keinen weiteren Wunsch gehabt. Sein Appetit war aber ein rätselhafter; er litt, wie es schien, an unstillbarem Heißhunger.

Seinen Vetter Felhuber besuchte er jeden Feiertag und glaubte ihm dadurch die größte Freude zu machen. Dieser aber suchte ihn jedesmal baldmöglichst weiter zu bringen.

Für Leutnant Schlosser wäre Johann durch Feuer und Wasser gegangen und als eines Tages dessen Bursche erkrankte, bat er den Offizier in flehender Weise, er möchte ihn an dessen Stelle aufnehmen. Schlosser gestand es ihm zu und Johann vermochte vor Vergnügen seinen weiten Mund nicht mehr zusammenzubringen. Aber auch der Offizier hatte keine Ursache, es zu bereuen.

Freilich war der bis jetzt nur in den Vieh- und Menschenkreisen seines Berufs lebende Johann für diesen Dienst durchaus nicht geschult und zeigte sich daher sehr begriffsstutzig, wenn ein ihm erteilter Auftrag über seinen Horizont hinausging. So bürstete er am ersten Tage die Goldbeschläge des Helmes und die vergoldeten Uniformknöpfe seines Herrn mit in Weingeist aufgelöstem Hirschhornpulver, putzte ein anderesmal die vergoldeten Spiegel- und Bilderrahmen mit einem nassen Lappen, und als ihn Schlosser eines Tages beauftragte, seinen zerbrochenen Zwicker zum Optiker zu tragen, der ganz in der Nähe war, blieb er mehrere Stunden fort.

„Wo in Teufelsnamen bleiben Sie denn?“ schrie ihn sein Herr bei der Wiederkehr an.

„D' Augenbrilln hab' i forttragen,“ sagte Johann gutmütig lachend. „Aber da is weit hin.“

„Ja, wohin gingen Sie denn?“ fragte Schlosser.

„No', halt zum Schinder. Der hat g'lacht und gemeint, der erst' April is schon lang vorüber. Da bring' i d' Brilln wieder.“

„Was?“ rief der Offizier, seinen Ohren kaum trauend. „Wie kommen Sie denn zum Schinder?“

„Sie hab'n ja g'sagt, i soll's zum Abdecker trag'n,“ entschuldigte sich Johann.

„Zum „Optiker“ hab' ich gesagt,“ lachte jetzt der Offizier.

„So hoaßt bei uns der Schinder,“ entgegnete Johann ebenfalls lachend, hartnäckig Optiker mit Abdecker verwechselnd.

So hatte denn Schlosser ewig zu belehren und zu erziehen, doch hatte er seinem Schützling nach kurzer Zeit schon so viel Routine beigebracht, daß er es eines Tages wagen durfte, der Frau Landrichter, die große Kaffeevisite hatte, seinen Johann für etwaige Besorgungen zur Verfügung zu stellen. Es war ein Regentag, und der Besuch des gastfreien Hauses ein unerwartet großer. Die Kaffeekuchen gingen zu Ende und die Hausfrau gab Johann den Auftrag:

„Laufen Sie schnell auf den Markt und holen Sie noch einen Kranz für zwei Mark.“

Johann galoppierte, soweit es ihm seine Schwerfälligkeit erlaubte, zum Markte. Aber er trat dort nicht in den großen Laden des Konditors, sondern in den kleinen einer Blumenhändlerin, die denn auch dem Soldaten für sein Geld einen aus künstlichen Blumen gefertigten Kranz übergab, mit welchem Johann zum Landgerichtsgebäude zurückeilte. Ein allgemeines Gelächter des Küchenpersonals war sein Lohn.

„Ja, was bringen Sie denn da?“ rief die Landrichterin, vor Verwunderung die Hände zusammenschlagend.

„Gnä' Frau hab'n befohl'n, an' Kranz,“ sagte der Bursche.

„Ich meinte ja ein Gebäck zum Eintunken, Kaffeebrot, verstehen Sie?" belehrte ihn die Dame.

„Ja so!" meinte Johann, „zum Eintunken soll i was holen; ja dös is freili was anders."

Er eilte von dannen, zuerst zur Blumenhändlerin, um für den Kranz sein Geld wieder einzuwechseln, dann zum Bäcker. Nach seinem Geschmack hielt er Semmeln für das Beste zum Eintunken, und ließ sich um zwei Mark etwa 70 Stück vorzählen. Der Bäcker gab ihm darüber noch sechs Stück als Dareingabe. Da er sie nicht anders zu tragen wußte, nahm er sein von Brasiltabak duftendes Sacktuch und band die Brote hinein.

„Aber um Himmelswillen, was ist denn das?" rief die Landrichterin, als Johann den Pack auf den Tisch legte und das Tuch aufknüpfte.

„Was zum Eintunken!" erklärte er.

„Aber ich sagte Ihnen doch deutlich: einen Kaffeekuchen, etwas Feines."

„O, d' Semmeln sind auch ganz fein," meinte Johann. „Ich eß 's recht gern zum Kaffee."

„Nun, dann lassen Sie das Tuch nur zu; sie gehören alle Ihnen," sagte die Hausfrau.

„Ja, da sag' i halt: Vergelts Gott!" erwiderte Johann mit freudestrahlendem Gesicht; „da hab' i ja zwei Tag lang dran z' essen."

„Nu, da braucht man Ihnen keinen guten Appetit mehr zu wünschen," entgegnete die Dame. „Sie können übrigens gehen; ich bedarf heute Ihrer Dienste nicht mehr. Die Köchin wird Ihnen noch einen Topf Kaffee geben; lassen Sie sich denselben schmecken. Aber da Sie alles dem Wortlaute nach zu nehmen scheinen, so bitte ich, verzehren Sie nicht auch den Topf, sondern nur den Kaffee. Haben Sie das auch wirklich begriffen?"

„Ja, ja, freili," antwortete Johann verlegen und, selbst in das Gelächter des Küchenpersonals einstimmend, setzte er hinzu: „I bin halt no' a bißl dumm, aber i wer mi schon bessern."

Es schien ihm mit dieser Besserung auch wirklich Ernst zu sein. Er hatte öfter über das Sprüchwort seines Herrn „Nichts ist unmöglich" seine Betrachtungen angestellt, und dabei kam ihm wiederholt der Wunsch, ein „Vorgesetzter" zu werden. Der Unteroffizier steckte ihm noch immer im Kopfe. Was weiter nachkommen könnte, das getraute er sich jetzt, da er mit der Sache vertrauter war, freilich nur mehr zu träumen. Und da sein Herr sagte, nichts sei unmöglich, so erbat er sich von diesem Papier und Federn und verwendete alle seine freien Stunden darauf, sich im Schreiben zu üben und die vier Spezies im Rechnen zu lernen, wobei ihm sein Herr gern behilflich war.

Eher, als Hans es sich träumen ließ, sollte sein kühner Wunsch erfüllt werden. Krieg war in Sicht, die Nachbarstaaten lagen sich in den Haaren. Bayern machte sich kriegsbereit, neue Bataillone wurden geschaffen, Offiziers- und Unteroffiziersstellen waren jetzt leichter zu erringen. Das „halbwegs“ genügte. Auch Johann Meiers Rockkragen ward mit der Unteroffiziersborte geschmückt. Seine Treue und Zuverlässigkeit hatten Anerkennung gefunden. Mit der roten Brieftasche unter dem Arm machte er seinem Vetter die erste Aufwartung, um ihm zum Oberleutnant zu gratulieren und sich gratulieren zu lassen.

Mit Krieg und Aufmarsch war es nun nichts geworden, aber die Chargen waren nun einmal da, und Johann blieb wohlbestallter Unteroffizier.

Sein Vetter Felhuber war aber auch nach anderer Richtung hin avanciert, nämlich in der Gunst seiner Angebeteten und ihres Papas, des Generals; der Verlobungstag war bereits festgesetzt.

Da traf es sich, daß am gleichen Tage – es war in der Pfingstwoche, Unteroffizier Meier das erstemal als Ordonnanz zum Festungskommandanten beordert wurde. Auf dem Wege zur Kommandantur, kurz vor 8 Uhr morgens, begegnete er dem festlichen Zuge, welcher dem soeben zur Spendung der Firmung anwesenden Bischofe zum Dome das Geleite gab. Das interessierte den Hans ungemein, denn derselbe Kirchenfürst hatte auch ihn vor etwa zehn Jahren gefirmt, und die Erinnerung an jenen für ihn unvergeßlichen Tag tauchte lebhaft vor ihm auf. Mit weit aufgesperrtem Munde sah er lange dem Zuge nach. Er vergaß ganz seinen Dienst. Da schlug es acht Uhr. Er erschrak heftig und lief jetzt mehr, als er ging, zur Kommandantur, um sich in der ebenerdigen Dienstkanzlei des Generals zu melden. Er war fünf Minuten zu spät gekommen. Der General, an die größte Pünktlichkeit gewöhnt, donnerte ihn deshalb in einer Weise an, daß er seine Meldung nur stotternd und mit Not herausbrachte und sich dann auf das „Kehrt!“ ganz taumelnd nach dem Wartezimmer zurückzog. Aber unheilvolle Ahnungen beschwerten ihm das Herz.

Einige Stunden ging alles ganz gut, er hatte dies und jenes zu besorgen, und es fehlte nichts. Als er wieder von einem Gange zurückkehrte, hörte er den General schimpfen und poltern. Der alte Platzfeldwebel, Namens Bischoff, hatte sich irgend ein Versäumnis zu schulden kommen lassen und mußte nun den ganzen Unmut des leicht aufgeregten Generals über sich ergehen lassen. Bleich und zitternd entfernte sich der alte Feldwebel durch das Wartezimmer. Meier kannte ihn wohl vom Sehen, aber nicht dem Namen nach und dankte Gott im stillen, daß er nicht in der Haut dieses Abgekanzelten stecke. Während er sich so seinen Betrachtungen überließ, riß der General die Thür auf und rief: „Ordonnanz!"

Meier sprang hinzu: „Herr General befehlen!"

„Der Bischoff soll nochmals zu mir kommen. Ohne Verzug!"

Meier starrte den General an. „Der Herr Bischof?" fragte er zaghaft.

„Hören Sie nicht gut?" herrschte ihn der General an.

„Ja – der – Bischof –" stammelte Meier.

„Also – sofort! Suchen Sie ihn!"

Der Unteroffizier machte „Kehrt!" und entfernte sich im Laufschritte, um den Bischof zu holen. Er nahm seinen Weg schnurstracks zum Dom und zwar in die Sakristei, wo er den Meßner antraf.

„Sagen's dem Herrn Bischof, er soll ohne Verzug nochmal zum Herrn Festungskommandanten kommen," sagte er zu diesem.

„Halt nach der Firmung," erwiderte der Meßner.

„Nein – sofort!"

In diesem Augenblick kam der Stadtpfarrer herbei, dem der Meßner die Sache mitteilte. Der geistliche Herr beruhigte den übereifrigen Unteroffizier mit der Versicherung, daß er es Seiner Eminenz wissen lassen werde; die Firmung sei ohnedem zu Ende.

Aber Hans Meier war damit nicht zufrieden. „I muaß 's glei wissen, ob er kimmt," sagte er, „der Herr General is fuchsteufelswild."

Der Pfarrer lächelte und entgegnete: „So warten Sie einen Augenblick; ich sage Ihnen gleich die Antwort."

Der Bischof hatte den Schlußsegen gespendet und kam soeben in die Sakristei zurück. Der Pfarrer teilte dem Vikar des hochwürdigen Herrn den Wunsch des Generals mit, und dieser vermittelte die Sache seinem hohen Herrn in der bedeutend gemilderten Form:

„Der Herr Festungskommandant lassen Seine Eminenz nochmals in einer dringenden Sache um die hohe Ehre hochdero Besuches bitten.“

Der Bischof hatte nämlich schon am vorhergehenden Tage dem Kommandanten seinen Besuch gemacht und auch denselben sofort erwidert erhalten. Er bat jetzt den Herrn General, nebst seinen Empfehlungen, wissen zu lassen, daß er sich von der Kirche aus direkt zu ihm begeben werde.

So ward es dem Unteroffizier übermittelt, und dieser kehrte sofort in die Kommandantur zurück und trat in das Zimmer des Generals.

„Was ist's?“ rief ihm dieser zu.

Meier entgegnete: „Eine schöne Empfehlung vom Herrn Bischof, und er wird sich gleich von der Kirche –“

„Zum Teufel! Was soll das? Warum kommt er nicht sofort?“ unterbrach ihn polternd der General.

„Die Firmung ist erst aus worden.“

„Die Firmung? Was hat denn der bei der Firmung zu thun?“

„Das ist ja heut' sein Geschäft!“ platzte Meier heraus. „Aber sehens, Herr General, da kommt er schon ang'fahr'n.“

„Was? Wer?“ rief der General, durchs Fenster blickend. Er sah, wie der Bischof und sein Vikar soeben dem Wagen entstiegen.

Der General traute seinen Augen kaum. Dann eilte er zu Meier, packte ihn bei einem Knopfe seines Rockes und schrie mit entsetzlicher Stimme: „Ja, Sie Ri – Ri – Sie haben doch nicht anstatt des Platzfeldwebels Bischoff den hochwürdigen Herrn Bischof geholt?“

„Wie der Herr General befohlen haben,“ erwiderte der bis in den Mund hinein bleich gewordene Unteroffizier mit bebender Stimme.

Der General wankte, er mußte sich einen Moment setzen.

„Da hört sich alles auf!“ rief er, „den Bischof holen – Sie Ri – Ri –“

Er konnte seinem Ärger nicht weiter Luft machen, denn zum Glücke für die Ordonnanz klopfte es an der Thür, und die Eminenz erschien mit freundlichem Gruße.

Der General eilte entgegen.

„Eure Eminenz sehen mich ganz konsterniert – es ist zum Schlag treffen! Dieser Mensch sollte den Platzfeldwebel Bischoff holen und – kehrt Euch! Die Strafe folgt nach!“ herrschte er Meier an.

Der Unteroffizier taumelte wie betäubt zur Thür hinaus. Er dachte im Vorzimmer darüber nach, ob Erschießen, lebenslänglicher Kerker oder Selbstmord sein nächstes Schicksal sein werde. Aus seiner Verzweiflung riß ihn nur das Lachen der Herren im inneren Zimmer.

Der Bischof wünschte, daß, wie er, auch der General das Mißverständnis von der heiteren Seite nehme und es den Ärmsten nicht entgelten lasse. Und als ihm dann der General in der Folge mitteilte, daß heute mittag die Verlobung seiner Tochter mit einem braven Offizier gefeiert werde, bat der hohe Kirchenfürst, der Braut persönlich seine Glückwünsche darbringen zu dürfen.

Der General geleitete ihn nach der sich im oberen Stocke befindenden Familienwohnung und eine Viertelstunde später wieder hinab zum Wagen, wo sich beide Herren in der freundlichsten Weise verabschiedeten. Als der General ins Ordonnanzzimmer zurückkam, stand der Unteroffizier in Achtung, aber mit schlotternden Beinen da.

Der General trat ganz nahe an ihn heran, blickte ihn eine Weile scharf an und sagte dann sarkastisch:

„Hm, hm! Ich wär' doch neugierig, Näheres über Ihre Abstammung zu hören. Sagen Sie einmal, woher stammen Sie denn eigentlich?“

„Von Trimsfelden, Herr General,“ entgegnete Meier, leichter atmend. „Mei' Vater is Viehhändler. Der Herr Oberleutnant Felhuber is mei' G'schwisterkind,“ und sein Gesicht zu freundlichem Grinsen verziehend, setzte er hinzu: „Ihna Fräuln Tochter wird nächstens mei' Basl wer'n, so viel i weiß.“

Diese Nachricht traf den General wie ein Donnerschlag. Entsetzt ließ er sich auf einen Stuhl nieder.

„Was?“ rief er. „Da mache ich die ganze Geschichte rückgängig.“ Er erhob sich, ging einigemale im Zimmer auf und ab und blieb dann wieder vor Meier stehen. Lachend sagte er jetzt: „Auf diese Weise würde ich ja gar Ihr Vetter?“

Jetzt lachte auch Hans, indem er weinte:

„Ja wohl, Herr General, mi freut's! Die Dummheit mit 'n Bischof wär' mir nit passiert, wenn der Herr General gleich deutlich befohlen hätten, ich sollt' den Platzfeldwebel hol'n; i hab' nit g'wußt, daß der aa a Bischof is."

Das war so richtig gesagt, daß der General nicht umhin konnte, sich schließlich selbst die Schuld an dem Mißverständnis zuzuschreiben. Er sagte deshalb in ruhigem Tone: „Sie haben nicht ganz unrecht. Es ist nicht genug, zu befehlen; der Befehl muß auch verständlich sein."

Nach einer Weile fragte er dann: „Wie lange haben Sie noch zu dienen? Oder wollen Sie beim Militär bleiben?"

„Nein, Herr General," erwiderte der Unteroffizier rasch. „I hab' mir schon g'nug. Zum Litnant bring i 's nit, und in drei Monat is mei' Zeit um."

„Ich werde veranlassen, daß Sie sofort in Urlaub kommen – wenn Sie wollen."

„Das wär' wir die größt' Freud, und mei' Herr Vetter, der Litnant, wird auch nix dageg'n hab'n."

„Ich glaube nicht," meinte der General. „Für heute brauch' ich Sie nicht mehr, Sie können einrücken. Vom Verlobungsschmause wird Ihnen etwas zugeschickt werden, und Ihre künftige Basl – die darf ich wohl von Ihnen grüßen?" fragte der General lachend.

„Ja, wenn i bitten därft, Herr Vetter!" erwiderte Hans mit unbeschreiblich freundlicher Miene, machte „Kehrt!" und verließ im Dienstschritt das Zimmer. Der General lachte jetzt hell auf. – –

Beim Verlobungsschmause gab er die Geschichte zur allgemeinen Erheiterung zum besten. Felhuber zeigte zuerst eine gewisse Verlegenheit, dann aber lachte er auch mit.

Als sich schon am nächsten Tage Meier als beurlaubt zur Heimreise anschickte und sich bei Oberleutnant Felhuber verabschiedete, sagte dieser lachend zu ihm:

„Vetter, ich bin stolz auf dich! Was du alles vollbracht, das bringt nicht leicht einer zu Stande. Grüß' wir die Verwandten und reis' mit Gott!"

Die Feldherrnhalle

Reminiszenz aus der Zeit vor 1860

I.
Das Wachsfigurenkabinet

Es schlug sieben Uhr.

Beim ersten Schlage war die lange Tafel, welche sich in dem mit dem Hauptlokale in offener Verbindung stehenden, länglich schmalen Anbau des Restaurants zunächst dem Bahnhofe befand, noch völlig leer. Die auf beiden Seiten angebrachten runden Tischchen dagegen waren trotz des herrlichen Juliabends völlig mit Gästen der verschiedensten Kategorien besetzt, während die große Tafel bis jetzt nur „belegt" war. Die Stühle waren nämlich sämtlich angelehnt und auf dem Tische standen die Privatgläser für die Insassen der reservierten Stühle, an der Wand aber hingen eine Menge Tabakspfeifen in den verschiedensten Formen und Längen. Diese Merkmale deuteten auf eine große Anzahl von Stammgästen hin.

„Dieser Tisch ist abonniert," rief die Kellnerin, wenn jemand trotz der dieses bestätigenden Anzeichen sich dort niederlassen wollte. „Schlag sieben Uhr kommen die Herren," setzte sie hinzu.

Und sie kamen.

Feierlich und gemessenen Schrittes traten sie herein. Es hatte anfangs den Anschein, als kämen die circa zwanzig alten Herren von einem gemeinsamen Ausfluge zurück; doch sogleich sah man, daß dieses nicht der Fall war, denn sie machten sich gegenseitig so viele Komplimente und dies mit einer solchen Umständlichkeit und Akkuratesse, daß man es für die erste Begrüßung halten mußte. Auf den ersten Blick erkannte man die Ankommenden für pensionierte Offiziere. Sie sahen gar grimmig aus mit ihren oft mächtigen weißen Schnurrbärten, an welchen fast alle strichen und drehten, als wenn sie dafür bezahlt würden. Desto weniger strichen sie sich in den Haaren. Der eine wischte nur die spärlichen hinteren Büschel nach vorwärts, der andere bemühte sich, seinen dünnen Kakadu in einer einigermaßen senkrechten Stellung zu erhalten, und die anderen, die weder über das eine noch das andere verfügen konnten, drehten um so eifriger an ihrem Schnurr- und Knebelbart. Aus den größeren und kleineren Verbeugungen, in welchen die Begrüßung erfolgte, erkannte man auch sogleich die Rangstufen der einzelnen gegen einander. Derjenige, welcher an der

Spitze der Tafel Platz nahm, war ein Oberst, dann kamen zwei Oberstleutnants, sieben Majore, acht Hauptleute erster Klasse, ein Hauptmann zweiter Klasse, ein Regimentsquartiermeister und ein Oberleutnant. Dieser Benjamin war aber bis jetzt noch nicht sichtbar. Jeder der bereits Seßhaften blickte auch fragend nach dem leeren Stuhle. Es fühlte jeder, daß ihm das gehorsamst respektvolle Kompliment des geringst Chargierten noch ausständig sei. Wohlwollen und Mitleid lag jedesmal in der Erwiderung des Grußes gegen diesen Untersten an der Tafel. Nüancierte der Oberst schon bedeutend das "Guten Abend, Herr Hauptmann", wenn es dem zweiter Klasse galt, so legte er in den Gruß: „Guten Abend, Herr Oberleutnant" einen solchen Wehlaut und dehnte die Worte so schmerzlich lang, als wenn es der Anfang eines Klageliedes wäre. Je weiter die Rangstufen herabgingen, desto weniger Wehlaut ward beim Gruße des Oberleutnants erkennbar, ja der Hauptmann zweiter Klasse versprach sich sogar hin und wieder, indem er „Herr Kamerad" zu seinem Tischnachbar sagte.

Dieser Benjamin war aber bereits ein Mann in Mitte der Fünfziger, eine lange hagere Figur mit kohlschwarzer Perücke, welche einen mächtigen Kakadu ober der Stirne bildete, während an den Schläfen sorgfältig gestrichene Haarschnecken sich befanden. Schnurr- und Knebelbart waren gleichfalls kohlschwarz und rochen nach viel gebrauchter ungarischer Bartwichse. Eins aber nannte er sein eigen, nämlich prachtvolle weiße Zähne, und da er ein sehr freundliches Wesen hatte und sehr gerne lächelte, so wirkte dieser Umstand neben seinen sonst frischen Augen, daß man ihn für viel jünger hielt, als er in der That war.

Die meisten der Herren Pensionisten waren Hagestolze, einige waren Witwer, einige auf die linke Hand verheiratet, und nur zwei wurden auf legale Weise Papa und sogar Großpapa genannt, nämlich Major Schnurrer und Hauptmann Meier.

So saßen sie alle Abende, die lange Pfeife im Munde an der langen Tafel, und der Stadtwitz nannte diesen Raum „die Feldherrnhalle."

Fast alle trugen Veteranen- und Dienstalterszeichen, der Oberst hatte sogar das Band der französischen Ehrenlegion im Knopfloche und der Oberleutnant das griechische Denkzeichen für die Freiwilligen. Er war einer derjenigen, welche freiwillig nach Griechenland gingen, um dem bayerischen Königssohne Beistand zu leisten zur Befestigung des ihm angebotenen griechischen Thrones, die aber späterhin gezwungen waren, das fremde Land zu verlassen, und in der Heimat mit genauer Not wieder als die jüngsten Offiziere eingereiht wurden. So kam es, daß ihre früheren Kameraden bereits Stabsoffiziere waren, während sie noch als Leutnants und Oberleutnants, nur der Subsistenz halber, ihre Jouren „brannten."

Die Tagesfragen waren bald erschöpft und nachdem jeder der Herren rapportiert, welchen Spaziergang sein Schnauzl heute mit ihm gemacht, stockte wie gewöhnlich die Unterhaltung. Da blickte einer nach dem leeren Stuhle des Oberleutnants und glücklich, den Faden der Konversation wieder weiterspinnen zu können, sagte er: „Wo nur heute unser Herr Oberleutnant bleibt!"

Aller Blicke richteten sich nach dem leeren Stuhle und dann nach der Thüre. Diese öffnete sich oft und brachte alle möglichen Gäste: Beamte, Studenten, Bürger mit ihren Familien – aber der Herr Oberleutnant wollte nicht sichtbar werden. Endlich meinte der Regimentsquartiermeister und charakterisierte Kriegskommissär mit einer Weisheit, gegen welche Sokrates ein dummer Junge gewesen: „Er wird sich verspätet haben."

„Ich bemerke schon seit einigen Tagen," sagte der Hauptmann zweiter Klasse, „daß der Herr Kamerad nicht mehr mit gewohnter Pünktlichkeit eintrifft."

„Wer?" fragten mehrere der Herren.

„Der Herr Kamerad, der Herr Oberleutnant," erwiderte der Gefragte.

„Ah so!" machten die Herren spöttisch lächelnd. Dabei machte einer der Stabsoffiziere eine Bemerkung nach oben hinauf, die lachend aufgenommen wurde. Man sah dann ebenso wehmütig auf den Hauptmann zweiter Klasse, als man des Oberleutnants gedachte. Aber trotzdem mußte dieser auch noch den weiteren Stoff zur Konversation abgeben, weil in Ermangelung eines anderen Themas die Feldherrnhalle eine Bethalle geworden wäre, oder, wie sie der Volkswitz auch oft benannte, ein „Wachsfigurenkabinet."

„Ist der Herr Oberleutnant auf Abwege geraten?" fragte einer der Majore. Der Hauptmann zweiter Klasse zuckte lachend die Achseln. In diesem Augenblicke stellte die Kellnerin, ein schmuckes Ding, einige Gläser hin und hörte die Frage.

„Der Herr Oberleutnant," rief sie, „der hat heute einen anderen Dienst; ich bin ihm mit mehreren Damen auf dem Wege nach dem B. Keller begegnet."

„Mit Damen? Mit mehreren Damen?" fragte es von allen Seiten.

„Ja," antwortete Suschen, die flinke Kellnerin, „und so schön hat er mit einer davon gethan, daß es eine Freude war, ihm zuzuschauen. Er trug den Arm voll

Regenmäntel und Schirme und that so galant wie ein junger Leutnant, der an der Seite seiner Braut wandelt.“

Die Feldherrn schüttelten die weißen und kahlen Köpfe, verzogen ihre Mienen zu einem eigentümlichen Lächeln und sagten:

„Schau, schau! hm, hm!“

„Er wird doch keinen dummen Streich mehr machen und sich verheiraten!“ meinte der charakterisierte Kriegskommissär mit weit geöffneten Lippen und Augen, die sich aber sogleich in sein Glas versenkten, als er des Obersten Augen etwas verweisend auf sich gerichtet sah.

„O, wie kann man so etwas nur aussprechen!“ rief Major Schnurrer. „Ein pensionierter Oberleutnant mit 500 Gulden Gehalt und wahrscheinlich verschiedenen Abzügen, der sich nicht einmal zu einem ordentlichen Nachtessen aufschwingen kann!“

„Was das anbelangt,“ fiel jetzt Hauptmann Meier mit sehr bestimmtem Tone ein, „so steht es nicht so schlimm. Der Herr Oberleutnant ist glücklicherweise nicht auf seine Pension allein angewiesen.“

„Er ist's,“ versetzte der Major, „ich weiß bestimmt, daß er kein Vermögen hat.“

„Aber Talent hat er,“ entgegnete der Hauptmann.

„Das trägt nichts ein,“ erwiderte der Major, „das sehe ich an mir.“

„Sie verstehen es eben nicht, dasselbe zu verwerten,“ sagte der Hauptmann in etwas sarkastischem Tone.

„Er wird doch keine Bücher drucken lassen?“ rief der Oberstleutnant.

„Wenn wir sie nur nicht lesen dürfen!“ meinte der Kriegskommissär.

„O, was er schreibt, ist sehr witzig; er versteht recht wohl, faule Zustände zu geißeln, und die „Fliegenden Blätter“ haben schon manchen wertvollen Beitrag von ihm erhalten,“ erklärte Hauptmann Meier.

„Die Fliegenden Blätter?!“ rief der Kriegskommissär ganz exaltiert.

Die eben in der Nähe weilende Kellnerin war der Meinung, man hätte nach den „Fliegenden Blättern“ verlangt und brachte sie im Nu herbei.

Der Kriegskommissär wechselte die Farbe. „Ich will dieses Malefizblatt nicht,“ rief er, sich vergessend.

„Dann müssen es der Herr Oberst lesen," erwiderte Suschen, die Kellnerin, „es soll ein ganz herrliches Gedicht darin sein. Die Herren dort an dem vordern Tisch haben eine große Freude darüber gehabt."

„Herr Oberst werden doch einen solchen Schund nicht lesen," rief der Kriegskommissär mit zitternden Lippen und sich über die Stirne streichend.

„O, die Fliegenden Blätter haben keinen Schund," entgegnete der Oberst. „Ich bin, aufrichtig gesagt, neugierig, was das für ein Gedicht ist."

„Hier steht's," sagte Suschen, „und die Figur daneben – ist die nicht lustig? Jesses, das ist ja –" Sie vollendete nicht und sah mit einem eigentümlich prüfenden Blick nach dem Kriegskommissär, der an dem Beißer seiner Pfeife drehte, um seine Verlegenheit zu verbergen.

„Des Quartiermeisters Liebesklage," las der Oberst.

Wie auf Kommando richteten sich aller Blicke nach dem Kriegskommissär, selbst der des Obersten.

„Sehen Sie nur," sagte der letztere zu dem ihm zunächst sitzenden Oberstleutnant, „das Bild hat viel Ähnlichkeit mit dem Kriegskommissär."

„Ich liebe diese Karikaturen nicht," erwiderte der Oberstleutnant. „Heute wagt er sich über den Rechnungsbeamten, morgen über den Offizier."

„Wer?" fragte der Oberst.

„Nun, jedenfalls dieser Oberleutnant, den man eigentlich gar nicht an unsere Tafel hätte zügeln sollen, es paßt sich nicht, daß Stabsoffiziere mit Subalternoffizieren so zwanglos verkehren."

„Aber Herr Kamerad, wir sind ja in Pension –"

„Das thut nichts, ich werde alles Mögliche aufbieten. daß er künftig sein Bier wo anders trinkt," entgegnete der erstere. „Ich hasse die Pamphletisten," setzte er hinzu.

„Sie haben eine persönliche Abneigung gegen ihn?" fragte der Oberst.

„Ja, und mit Grund. Ich weiß nämlich ganz gewiß, daß er auch mich karikiert hat."

„Was Sie sagen?" rief der Oberst scheinbar entrüstet, aber doch mit innerer Schadenfreude. „Bei welcher Gelegenheit?"

„Ich hatte als Oberstleutnant die üblichen Quartalsvisitationen vorzunehmen und ich nahm es sehr genau. Da enthielt denn mein Revisionsprotokoll manches Unangenehme für den bei meinem Regiment stehenden Oberleutnant, welcher interimistisch ein Kompagnie-Kommando hatte."

„Ach, ich erinnere mich an einiges," rief der Oberst lachend, „aber es gelang mir nie, das witzige Revisionsprotokoll zu Augen zu bekommen. Es war mir auch lieb, daß es nicht der Fall gewesen. Ich hätte es ebenso geahndet, wie damals, als er sich vor der ganzen Mannschaft eine Bemerkung zu machen erlaubte, wegen der Sie ihn in Arrest setzten. Ich kam an demselben Tage zurück und übernahm von Ihnen wieder das Regimentskommando. Es war einen Tag vor der Frühjahrsinspektion. Ich erinnere mich noch ganz gut. Der alte General erstickte fast vor Lachen, als ihm der Oberleutnant Auskunft geben mußte, warum er in Arrest sei. Was machten Sie damals für ein Gesicht, als ihn der General sofort auf freien Fuß setzte und Sie eine sehr bemerkbare Inspektionsnote erhielten."

„Von dieser Note weiß ich nichts," versicherte der Oberstleutnant kleinlaut. „Alle Teufel," fügte er hinzu, „daher also datiert sich schon der Grund zu meiner Pensionierung?"

„Das weiß ich nicht," antwortete der Oberst, „doch wir kommen von unserem Thema ab. Sie glauben, der Herr Oberleutnant habe wirklich ein Pamphlet auf Sie gemacht?"

„Ich möchte es beschwören, und so wie mir und dem Kriegskommissär, wird es bald auch andern Stabsoffizieren ergehen, vielleicht dem Herrn Oberst selbst."

„O, ich bin mir nichts bewußt," sagte dieser. „Ich habe meine Untergebenen niemals chikaniert, war niemals ein bloßer Wauwau, und wenn ich, gottlob! auch meine Feinde habe, lächerlich habe ich mich doch nie gemacht."

Der Oberstleutnant verbiß seinen Groll an der Spitze seiner Tabakspfeife.

„Auch ich habe mich nie lächerlich gemacht," sagte er dann, „ich that nur meine Pflicht."

„Ich werde es den Oberleutnant gewiß entgelten lassen, falls sich Ihr Verdacht bestätigt," beruhigte der Oberst. „Verlassen Sie sich darauf." Er drehte dabei seinen weißen Schnurrbart und dachte etwas ganz anderes, als er sprach.

„Unser Ansehen verlangt es," sagte der Oberstleutnant. „Dem Civil gegenüber kann man das nicht so ungestraft hingehen lassen. Ein Bericht an die

Stadtkommandantur könnte vielleicht seine Entlassung aus dem Militärverband und Einziehung seiner Pension –"

„Nein, Herr Kamerad, zu so etwas können Sie mich nicht haben," unterbrach ihn der Oberst. „Sie und der verliebte Kriegskommissär sind nicht der ganze Stand. Aber ein Ende wollen wir der Sache machen."

Der Kriegskommissär verstand von dieser Unterhaltung zwar kein Wort, aber er nickte fortwährend beifällig dem Oberstleutnant zu und warf wütende Blicke auf den leeren Stuhl des Herrn Oberleutnants.

„Wer ist denn die Flamme unseres liebeklagenden Quartiermeisters?" fragte der Oberst den ihm zur Linken sitzenden Major.

„Sie ist die Tochter des Major Schnurrer," gab der Gefragte zur Antwort. „Derselben macht auch der Oberleutnant die Cour; aber der Major ist ihm nicht hold. Er wünscht vielmehr den Kriegskommissär zum Schwiegersohn. Dieser und der Oberleutnant sind demnach Rivalen und so erbittert auf einander, wie es junge Leutnants, die sich gegenseitig aus dem Felde schlagen wollen, nicht heftiger sein könnten."

„Das ist ja alles höchst interessant!" rief der Oberst. „Jetzt muß ich doch das Gedicht lesen. O weh!" fügte er suchend bei, „ich habe meine Brille vergessen."

„Wenn Sie mir erlauben, Herr Oberst, lese ich Ihnen das Gedicht vor," sagte der Major bereitwillig, rückte seinen Stuhl nahe an den des Obersten und las leise, aber doch so, daß es fast die ganze Tischgesellschaft hören konnte, nachfolgende Verse:

Quartiermeisters Liebesklage.

Ich denke Dein, wenn ich kollationiere,
Wenn ich am Pult im tiefsten Denken bin,
Ob schwarz, ob rot, ob blau ich revidiere,
Ich denke Dein, stürz ich das Magazin.
Dort flötet jeder Helmschweif Deinen Namen,
Ein jedes Trommelfell, es lispelt einen Gruß,
Es strahlt Dein Bild von jedem Leinmwandrahmen,
In jedem Bundschuh ahn' ich Deinen Fuß!

Dein Auge glänzt gleich einer Helmessonne,
(Neu abgegeben vom Monturdepot),

Dein blondes, reiches Haar, – o welche Wonne!
Gleicht's nicht dem frischgefaßten Lagerstroh?
Das Ebenmaß um Deiner Schultern Fülle
Wie ein Tornister erster Klasse, neuer Art,
Die Haut, ich schwör's beim Habel, eine Hülle,
Wie Strohsackzwilch so mustermäßig zart!

Es dringt ein Blick aus Deinen Augenpaaren
Wie Regen durch das neue Manteltuch,
O wärst Du mein, wie wollt ich Dich verwahren,
Im Herz verschlossen, gleich dem – Kassabuch!
Was ich da drin gelitten schon für Qualen,
Und was mein Aug für Dich geweint, gethränt,
Du kannst nur die Aerarschuld nicht bezahlen,
Und wärst Du bis zum jüngsten Tag präsent.

Ja, jede abgewich'ne Periode,
Wo die Gebühr sich richtig hat erstellt,
Begeistert mich zu einer neuen Ode,
Du bist mir mehr als Naturalempfang und Geld!
O, jeden Tag, wo Du mir hold gewesen,
Verbuche ich als gut von Deiner Huld,
Doch mußt' ich Kält' in Deinen Augen lesen,
Den Tag schreib ich auf ewig Dir zur Schuld.

Nach Dir blick ich gleich einem schönen Sterne,
Der winkend mir aus schwarzen Wolken bricht,
Du bist fürs Herz, was Öl der Ganglaterne,
Du meines Lebens Dochtgarn, Holz und Licht!
Dein Name ist gleich einem Mantelzeichen
In meines Herzens Ärmel eingebrannt,
Mit roter Tinte will ich unterstreichen
Den Tag, der Dich im Wandkalender nennt.

So streich ich an Quartale um Quartale,
Und der Etat des Herzens bleibt stets leer;
Mich lassen freudenlos die Manuale,
Die Jahresrechnung selbst reizt mich nicht mehr.
Doch willst mit mir verbunden Du stets bleiben,

So schlage ein, eh' ich mich tot gegrämt,
Sonst bin gezwungen ich, das Leben abzuschreiben,
Als wie ein wertlos abgeschätztes Hemd.

Der Vorlesende wurde oft durch vielstimmiges Gelächter unterbrochen. Nur zwei von der Gesellschaft lachten nicht, nämlich der Kriegskommissär und der Oberstleutnant, und noch ein Dritter war zugegen, der nur gezwungen lachte; es war Major Schnurrer.

„Der Herr Oberleutnant ist ja ein ganz witziger Kopf, wenn er dieses Gedicht wirklich selbst gemacht hat," sagte der Oberst. „Aber wer will es ihm beweisen? Der Verdacht ist oft ein Schelm."

„Er hat es gemacht!" versetzte der Oberstleutnant. „Man sollte einen solchen Judas nicht mehr unter sich dulden."

Jetzt kam Suschen herbei.

„Die Herren am runden Tisch dort bitten um die Fliegenden, sobald sie frei sind," sagte sie.

„Nein," rief der Kriegskommissär, „sie sind belegt für den ganzen Abend." Er bat den Oberst, ihm das Blatt zu geben, was dieser auch that. Kaum hatte der beleidigte Rechnungsbeamte dasselbe in Händen, riß er das Blatt mit dem verhängnisvollen Gedicht heraus und warf es unter den Tisch, nachdem er es zu einem Ballen zusammengeknittert hatte.

„Aber was treiben Sie denn?" rief Suschen verweisend. „Sie haben ja etwas herausgerissen? Meiner Seel', gerade das Schönste – das herrliche Liebesgedicht –"

„Kaufts Neueste Nachrichten, Abendzeitung, Fliegende Blätter!" schrie jetzt eine Kolporteurin und wanderte langsam die lange Tafel entlang.

„Fliegende Blätter!" tönte es von allen Seiten und im Nu hatte sie die vorrätigen Exemplare verkauft. Der Oberst erhielt noch mit genauer Not ein solches.

„Sie kaufen es wahrscheinlich als corpus delicti?" fragte ihn der Oberstleutnant etwas verwundert.

„Natürlich!" entgegnete der Gefragte. „Ich warte aber noch, bis ich das Revisionsprotokoll bekomme."

„Meine Schuldigkeit!“ rief der Kriegskommissär, dem die Schweißtropfen auf der Stirne standen.

„Ich habe drei halbe Kalbskopf und eine Portion Bier.“

„Ich weiß schon, was Sie sagen wollen,“ erwiderte die Kellnerin lachend. „Aber warum gehen's denn heut schon so früh?“

„Weil – weil –“

Er konnte nicht ausreden. Vor Schrecken fiel er wieder auf seinen Stuhl zurück, denn die Thüre hatte sich geöffnet und in derselben erschien der Oberleutnant, Mathilde, des Kriegskommissärs langjährige Flamme am Arme. Entsetzt starrte er den Ankommenden entgegen.

II.
Militärische Reminiszenzen

Lassen wir den verliebten alten Rechnungsmann entsetzt nach dem soeben eintretenden Helden des Tages blicken, während wir über denselben noch das Nötige, insbesondere sein Verhältnis zum Oberstleutnant klar machen wollen.

Ihm war es nicht vergönnt, die ersehnte Pfarrei, die Hauptmannschaft, zu erreichen. Die in griechischen Diensten zugebrachten Jahre wurden ihm nicht angerechnet, und seine Erfahrungen, seine Bildung waren einer gewissen Sorte von Vorgesetzten damals geradezu ein Greuel. Es war sehr bedenklich, außer Dienst ein Gespräch über wissenschaftliche und politische Materien zu führen, oder gar einem Vorgesetzten zu widersprechen, geradezu aber verdammlich, unbeirrt von etwaigen „Belehrungen“ auf seiner Ansicht zu beharren. Rechtbehalten mußte der Vorgesetzte am Schlusse. Das verlangte die seinem höhern Rang und seiner längeren Diensterfahrung gebührende Achtung. Die Konversation war meistens von einer ermüdenden Schalheit, und selbst, wenn man sich auf wissenschaftliches Gebiet wagte, behielt die „Patentnummer“ immer Recht und war es auch das unsinnigste Zeug. Über die „Dienstesvorschriften“ und das „Exerzierreglement“ wagten sich die damaligen Subalternen und selbst Stabsoffiziere selten hinaus. Dagegen wurden die niederen Befehlsgrade in thunlichster Unmündigkeit und Abhängigkeit von den höheren gehalten. So pfuschte der Oberst dem Hauptmann, der Hauptmann dem Leutnant, oft sogar der Bataillonskommandant dem Korporal in das

Handwerk und es entstand unwillkürlich ein gewisser Servilismus nach oben. Unser Oberleutnant kannte aber keinen solchen. Er that seine Schuldigkeit und kümmerte sich weiter um keinen Vorgesetzten, wenn Tages- oder andere Fragen zur Besprechung kamen. So stieß er gewaltig bei dem Oberstleutnant an, als bei einer gelegentlichen Besprechung der Himmelskörper der Oberleutnant behauptete, der Polarstern behalte Tag wie Nacht unserm Standpunkte gegenüber seine nördliche Richtung bei. Der Oberstleutnant belehrte aber die Untergebenen dahin, daß sich die Erde drehe und demnach der Polarstern nur bei Nachtzeit in unsern Gesichtskreis kommen könne. Es half nichts, daß der Oberleutnant die Kreide zur Hand nahm und im Bibliothekzimmer auf der schwarzen Schultafel durch eine Zeichnung seine Behauptung erläuterte.

„Wenn Sie mir noch weiters widersprechen, schicke ich Sie in Arrest!" rief endlich erzürnt der Oberstleutnant.

„So mögen Himmel und Erde vergehen,"sagte der Oberleutnant und wischte mit dem Schwamme die Zeichnung ab – „so lange der Herr Oberstleutnant nicht anders befehlen."

Der Oberstleutnant fühlte wohl das Sarkastische in des Offiziers Rede, er glaubte auch, einige der Hauptleute schmunzeln zu sehen, und schwur dem Ärmsten Rache.

Diese ließ er ihm zuvörderst als Pascha des Monturmagazins fühlen. So oft unser Oberleutnant Soldaten dorthin führen mußte, welche Monturstücke zu fassen hatten, kam es zwischen beiden Herren zu Häkeleien. Der Oberleutnant sah darauf, daß seine Leute Sachen erhielten, die ihnen paßten und nicht z. B. zu große oder zu kleine Bundschuhe. Der Oberstleutnant aber schnitt alle Kontroverse mit dem Machtwort ab: „Ich befehle, daß die Schuhe passen, und wenn ich noch ein Wort höre, schicke ich Sie in Arrest!"

So mußten die Leute nicht selten Kleidungsstücke nehmen, die sie gar nicht gebrauchen konnten, schließlich kam aber die Schuld doch auf den Offizier der Jour, der ja für den richtigen Empfang verantwortlich war. Bei der Listen- und Büchervisitation hatte der Oberstleutnant jedesmal eine Umständlichkeit, ja geradezu eine Chikane, daß die Kompagniekommandanten, Feldwebels und Listenführer den „grandigen" Herrn überall hinwünschten, wenn es nur recht weit vom Platze war. Aber Wünsche sind eitel, und sobald das Quartal hinüber, ordnete der Regimentsbefehl die üblichen Quartalsvisitationen an, und für den Oberstleutnant, der die übrige Zeit nur im Monturmagazin zubrachte, wo er teils

Schneider, teils Schuster, teils Riemer, teils Leinwandhändler, kurz alles war, nur kein Soldat, für den waren diese Visitationen ein „Fressen."

Konnte er doch wieder seine Macht zeigen, konnte er Offiziere und Unteroffiziere, ja die ganze Mannschaft vor sich erzittern sehen, wenn er die Reserve-Schuhnägel abzählte, und wehe, wenn ein solcher kleiner Kerl fehlte. Der Mann kam in die Strafstube, der Korporal in den Stubenarrest, der Offizier der Jour erhielt einen Wischer und der Hauptmann eine Nase. Außerdem wurde die ganze Nagelgeschichte zu Protokoll genommen, was der jetzige charakterisierte Kriegskommissär, damals Regiments-Quartiermeister, mit „Wollust" besorgte und im Revisionsberichte umständlich dokumentierte, was dann dem Regimentskommando Veranlassung gab, nochmals auf die Sache zurückzukommen und der betreffenden Kompagnie im Tagesbefehl rügend zu gedenken.

Auch der Oberleutnant war einst das Opfer einer solch strengen Visitation. Er war wegen Erkrankung des Hauptmanns provisorisch Kompagniekommandant. Die Revision und Monturvisitation wurde mit einer ans Lächerliche grenzenden Genauigkeit gemacht, aber es fehlte im Verschlag kein Schnürchen. Auch die Mannschaft hatte alles prächtig ausgelegt. Der „Tändlerladen", wie es die Soldaten nennen, ließ nichts zu wünschen übrig. Aber als der Oberstleutnant alle Reservenägel nachgezählt, fand er bei einem Soldaten, daß ein solcher fehlte.

„Womit entschuldigen Sie diesen groben Abgang?" fragte er den Oberleutnant.

„Herr Oberstleutnant werden sonst alles in Ordnung finden. Der Mann ist sehr ordentlich."

„Was? Nichts ist in Ordnung!" schrie der Oberstleutnant. „Ein Nagel fehlt. Es giebt allerdings Leute, die nach einem Nagel nicht viel fragen, weil sie ihn im Kopfe haben –". Dabei blickte er den Oberleutnant scharf an.

„Ich bin ganz Ihrer Meinung," entgegnete dieser, den Pascha ebenfalls vielsagend anblickend.

„Darnach habe ich Sie nicht gefragt," gab letzterer zur Antwort. „Der Mann soll zusammenpacken – drei Tage Strafstubenarrest. Wo ist der Korporalschaftsführer?"

„Hier!" rief der unglückselige Vize, bis in den Mund erbleichend.

„Drei Tage Stubenarrest!" diktierte der Oberstleutnant. „Kehrt Euch!"

Der Vize taumelte hinweg und rannte dabei den Regimentsquartiermeister, der, die Feder hinterm Ohr und den Schiffhut auf dem Haupte, hinter ihm stand, fast zu Boden.

Die übrige Visitation der Bücher wurde sodann in peinlichster Weise vorgenommen und da die Gegenwart wenig Anlaß zur Rüge gab, suchte der Visitierende aus früheren Quartalen Anstände und machte den Offizier spöttisch oder zog ihn zur Rechenschaft, wenn er darüber keine Aufschlüsse zu geben vermochte.

Des Oberleutnants Rache war, daß er das witzige Revisionsprotokoll verfaßte, dessen wir den Oberstleutnant erwähnen hörten.

Aber all dieses reichte nicht aus, dem Subalternoffizier empfindlich auf den Leib rücken zu können.

Da traf es sich, daß der Oberstleutnant das Regimentskommando übernehmen mußte, weil der Oberst zu einer Kommission im Ministerium kommandiert war. Es war zur Zeit der Frühjahrsinspektion. Dem Oberstleutnant, der nach der Anciennetät am Obersten stand, lag alles daran, daß das Regiment unter seinem Befehle glänzend bestände. Einen Tag vor der Inspektion kam er noch beim Verlesen in die Kaserne, ließ die Feldwebel zusammentrommeln und trug ihnen auf, den Leuten auf das strengste einzuschärfen, daß sie beim Eintritt des Herrn Generals in die Kompagnie immer ein freundliches Gesicht machen sollten. Er hatte nämlich im Kaffeehaus erfahren, daß der General ein fröhlicher alter Herr sei, der es gerne sieht, wenn die Mannschaft heiter dareinschaut.

Die Feldwebel schärften diesen Befehl den Korporalschaftsführern ein und diese nahmen ihre Leute sofort auf dem Zimmer zusammen und lehrten sie das „Freundlichsein."

Ein Vizekorporal von des Oberleutnants Kompagnie gab sich besonders Mühe; er war derjenige, welcher wegen des fehlenden Schuhnagels bereits drei Tage brummte, und wir wollen ihn belauschen – aber nicht wir allein, auch der Oberleutnant, der zufällig noch einmal in das Kompagniezimmer kommt, und selbst der Oberstleutnant, der sich von dem Vollzuge seines Befehles persönlich überzeugen will, leisten uns Gesellschaft.

„Also angetreten!" kommandiert der Vize.

Die Leute treten an.

„Ihr werdet wissen," begann er, als die Leute mit Achtung dastanden, „was man unter Freundlichkeit versteht. Unser Herr General sieht das gern und deshalb ist befohlen worden, daß alle Leute lächeln sollen, sobald der Herr General in das Kompagniezimmer tritt, aber nicht nur lächeln allein; die Freude muß wirklich auf eines jeden Antlitz strahlen. Der Herr General muß erkennen, daß ihr euern Stand liebt und freudig und aus Überzeugung gehorcht. Und daß ihr's wißt, jeder Mann, der ein finsteres Gesicht macht, wird in Arrest geschickt. Also probieren wir's einmal. Ich geh' zur Thür hinaus und trete als General wieder ein. Denkt euch also, ich sei der General. Ich will sehen, was eure Gesichter auf mich für einen Eindruck machen."

Damit ging er hinaus, riß dann die Thüre angelweit auf und trat majestätisch wie ein General wieder herein. Da keine Ordonnanz zur Stelle war, die Thüre zu schließen, so blieb sie offen. Die Mannschaft, der die Geschichte sehr lächerlich vorkam, lachte dem ankommenden Vize mit weit aufgesperrten Mäulern entgegen.

„Nix is's!" rief dieser. „Zum Freundlichsein reißt man doch das Maul nicht so weit auf. Der Mund muß geschlossen bleiben. Ihr könnt die Freude auf eurem Gesichte auch ohne Maulaufsperren strahlen lassen. Man kann das in den Muskelbewegungen und durch die Augen ausdrücken, z. B. so." Dabei machte er ein zuckersüßes Gesicht. – Die Soldaten preßten nun ihre Lippen zusammen und machten blitzdumme Gesichter. Sie getrauten sich nicht mehr, laut zu lachen, weil der Oberleutnant an der Thüre erschien und erstaunt dieser Übung zusah. Hinter dem Oberleutnant aber erschien das strenge Gesicht des Oberstleutnants, bei dessen Anblick die Mienen der Soldaten einen geradezu verzweifelten Ausdruck annahmen. Der Vizekorporal, der sich unbelauscht glaubte, korrigierte sie nunmehr einzeln.

„So, Nr. 1 macht es ganz gut. – Nr. 2 dürfte die Freude ums Kennen besser strahlen lassen. Nr. 3 strahlt sehr schön. Nr. 4, du machst ja Backen, als ob du in jedem einen Deggendorfer Knödl stecken hättest. Warum denn so aufblasen? Du kannst dir schon denken, du hättest Knödl, aber deine Mienen müssen das anzeigen. So – jetzt ist's schon besser. Nr. 5, du strahlst zu viel. Denk dir, du hättest unsern Herrn Oberstleutnant zwischen den Zähnen – Halt – Kerl, du knirschst ja jetzt förmlich – denk dir, du hast ihn nicht ganz, nur ein Stück von ihm, so – jetzt kommt wieder ein Strahl Vorschein. Nr. 6, ja wie siehst denn du aus? Soll das auch gestrahlt sein?"

„Ha!" rief jetzt der Oberleutnant, „was in Teufels Namen treiben Sie denn da?"

Der Vizekorporal drehte sich nach dem Offizier um und sah mit Entsetzen hinter demselben den Oberstleutnant. Er erblaßte, denn seine Bemerkung zu Nr. 5 bewirkte jetzt in seinem Innern einen fürchterlichen Zustand. Er konnte nicht sofort Antwort geben.

„Was macht ihr denn für saudumme Gesichter?" rief dieser jetzt die Mannschaft an, die noch immer ihre Freude mehr oder weniger strahlen ließ, weil ja im Hintergrunde der „Wauwau" sichtbar war.

„Es ist die Hauptprobe zur morgigen Inspektion," stotterte endlich der Vizekorporal; „es muß auf hohen Befehl des Herrn Oberstleutnants geschehen."

„Was muß geschehen?" fragte der Offizier.

„Die Freude muß geübt werden," antwortete mit einem verzweifelten Anfluge von Poesie der Vize.

„Das ist ja purer Unsinn!" rief der Oberleutnant. „Macht morgen euer Gesicht, wie es euch gewachsen ist, ob es nun ein gescheites oder ein Schafsgesicht ist! Solche Narrenspossen werden bei meiner Kompagnie nicht eingeführt! Der General will Männer, aber keine Laffen sehen!"

Der Vizekorporal war in Verzweiflung. Er zwinkerte zwar immer seinem Oberleutnant mit den Augen zu, er möge schweigen, der Oberstleutnant stünde hinter ihm und höre alles, aber dieser verstand ihn nicht.

„Was zwinkern Sie denn so, Sie freudespendender Vize?" fragte er endlich den Unteroffizier. „Sehen Sie vielleicht im Geiste den Herrn Oberstleutnant, wie er Ihnen wieder drei Tage Stubenarrest diktiert?"

„Ja, ich sehe ihn!" antwortete mit zitternder Stimme der Vize.

„Zum Teufel mit Ihren Spukgestalten!" rief der Oberleutnant. „Auseinander, marsch!"

Aber die Mannschaft und der Vize blieben unbeweglich stehen.

„Ich gehe nicht zum Teufel," rief jetzt der Oberstleutnant an der offenen Thüre, „aber jemand anderer begiebt sich sofort nach Hause in Arrest."

„Und wer ist das?" fragte der Oberleutnant, nicht die geringste Erregung beim Ansichtigwerden des Paschas verratend.

„Das sind Sie!" rief der Vorgesetzte.

Der Oberleutnant machte sein Honneur und meldete sich in Arrest; dann verließ er das Lokal.

„Auch deine Zeit kommt!“ dachte er sich.

Der Vizekorporal, dem die Beine vor Angst schlotterten, kam wegen seiner respektswidrigen Bemerkung sofort in die Strafstube, und der Mann, der ihn geistig zu einem Brei zerkaute, erhielt Zimmerarrest. –

Noch an demselben Abend jedoch rückte der Oberst unvermutet ein und übernahm das Kommando. Wie er schon dem Oberstleutnant gegenüber erwähnte, hob der General den Arrest des Offiziers sofort auf und gab dem Oberstleutnant für solch lächerliche Anordnungen eine empfindliche Rüge, die allerdings mit zu seiner Pensionierung beitrug.

Die Zeit kam, oder besser, „Kriegsminister Lüder“ kam, der gleich einem Orkan die unnützen, welken Blätter abschüttelte von dem halb verkommen gewesenen Baume der Armee, und diese abgeschüttelten Blätter zogen sich grollend zurück in Pension. Im bescheidenen Civilrocke achtete die sonst so Gefürchteten niemand mehr, aber sie fanden sich wieder zusammen, sich gegenseitig Weihrauch spendend und empfangend in der Feldherrnhalle, und selbst im Civil erkannte man sie als Militärs und man konnte mit Heine sagen:

Sie stelzen noch immer so steif heran,
So kerzengerade geschniegelt,
Als hätten sie verschluckt einen Stock,
Womit man sie einst geprügelt.

III.
Die Liebe auf dem Wochenmarkt

Der Oberleutnant sagte dem aktiven Dienste auch bald Valet; er fand, daß er für seine Charge zu alt sei, und sehnte sich nach Freiheit. Entging ihm auch ein Teil seiner Gage, so hatte er Talent genug, das Fehlende, und auch ein gut Stück mehr durch Honorare zu decken, welche er für literarische Arbeiten bezog. Niemand wußte zwar hievon, außer seinem gewöhnlichen Tischnachbar, Hauptmann Meier, der es nach und nach im Gespräche erfahren hatte, und welcher nun, ferne der Absicht, ein Geheimnis zu verraten, im Gegenteile den Entfernten dadurch zu ehren glaubte, daß er in Gegenwart Major Schnurrers, auf dessen Tochter es der Oberleutnant abgesehen hatte, in dieser Weise von ihm aussagte. Dieser Major war auch die einzige Ursache, die unsern Oberleutnant veranlaßte, sich den Zwang anzuthun, in die Feldherrnhalle zu gehen und den „Vorgesetzten" Komplimente zu machen, während er sonst sein Abendbier im Kreise gemütlicher Freunde trank.

Doch hören wir, wie er die Bekanntschaft der Majorstochter machte. Sie war kein Töchterlein mehr, im Gegenteile hatte sie ein Menschenalter bereits hinter sich, sie hatte, wie man sagt, das „kanonische Alter", aber noch nicht das „Schwabenalter" erreicht, gleichwohl sah sie viel jünger aus und ihr Temperament zeugte von jugendlichem, rasch fließendem Blute. Mathilde war äußerst häuslich erzogen und sie hätte nach dem Tode ihrer Mutter gewiß mit Ehren und Sachverständnis das kleine Hauswesen regiert, wenn nicht des Majors Schwester Eulalia diese Aufgabe übernommen haben würde. Letztere lebte seit Mathildens Geburt im Hause ihres Bruders und war ihrer Nichte mit mütterlicher Sorgfalt zugethan. Des Majors Vermögen war sehr gering, Mathildens Aussteuer eine sehr bescheidene, trotzdem ward ihr vielfach gehuldigt. Leider aber waren ihre Verehrer, da Papa ausschließlich nur Offiziersgesellschaften besuchte, Offiziere, die es bei Huldigungen belassen mußten, da die Erstellung der Heiratskaution das unübersteigliche Hindernis bildete, den letzten Akt eines Lustspiels zu inszenieren. So wurde Mathilde alt und älter, bis ein unerwartetes Ereignis eintraf, das ihr in sonst hoffnungsarmen Jahren gleich zwei Bewerber auf einen Schlag brachte. Und dieses Doppelgestirn erschien am Abendhimmel ihres Lebens infolge einer Gans.

Eine Gans, zumal wenn sie gut gebraten ist, kann wohl den Appetit erregen, aber wie kommen Gans und Amor zusammen? Das soll in folgendem kurz erzählt werden.

Mathilde begab sich eines Samstags auf den Viktualienmarkt, um einen Sonntagsbraten in Gestalt einer Gans zu erwerben. Die Gans fand sich – aber als das Fräulein bezahlen wollte, war das Portemonnaie verschwunden. Ein Taschendieb hatte sich dasselbe angeeignet. Das Fräulein hatte den Braten bereits in ihrem Handkörbchen verwahrt, die Ganshändlerin gab nicht nur keinen Kredit, sondern blickte mit eigentümlich mißtrauischer Miene auf Mathilde, als sie deren erschrockenen Ausruf vernahm:

„Mir ist mein Portemonnaie gestohlen worden!"

Die Händlerin antwortete mit dem Gegenrufe:

„Das ist g'scheita, als wenn mir mei' Gans wär g'stohl'n wor'n," und griff rasch nach dem Körbchen des Fräuleins, welches sich im Augenblicke von einer Menge Leute umgeben sah, die sich alle sichtlich an der Verlegenheit Mathildens ergötzten.

Da teilten zwei lange Arme die Menge und ein Mann auf zwei langen Füßen brach sich Bahn zu seiner längst im stillen angebeteten Dame. Es war der pensionierte Oberleutnant, den es heute ahnungsvoll auf den Gänsemarkt trieb. Der Zufall war ihm günstig, er kam eben zum Beginne von Mathildens peinlicher Situation, deren er, weit über die Köpfe der andern Neugierigen ragend, sofort Herr war. Mit einem Ruck stand er an der Seite des Fräuleins.

„Meine Börse steht Ihnen zur Verfügung, gnädiges Fräulein," rief er.

„Sie kommen als mein guter Geist," entgegnete das Fräulein aufatmend. „Papa wird es Ihnen danken, Herr Oberleutnant."

„Die Gans bleibt, wo sie ist. Ich bin Zahler," sagte letzterer zu der Händlerin, welche sich soeben des Geflügels bemächtigen wollte. Zugleich griff er in die Tasche – aber Entsetzen – sie war leer. Auch sein Geldtäschchen fehlte.

„Was ist das?" rief er, eine Tasche nach der andern durchsuchend.

„Mir scheint, Ihnen is 's Geld auch g'stohl'n worn," rief lachend die Händlerin und die Umstehenden lachten mit.

„Wahrhaftig," sagte der Oberleutnant, „ich hatte das Portemonnaie noch vor fünf Minuten, wo ich mir Zigarren kaufte – aber gleichwohl können Sie mir kreditieren; ich gebe Ihnen einstweilen meine goldene Uhr zum Pfand."

„Die b'haltens nur selber!" rief die Händlerin; „wer weiß, ob dös koa tumbakene is."

„Warum nicht gar!" entgegnete der Oberleutnant; „die Uhr ist an siebzig Gulden wert."

„Von mir aus!" rief die Händlerin. „D' Gans will i wieder haben, oder bar Geld und damit basta!"

Der Oberleutnant sah das Fräulein mit einer halb komischen, halb verlegenen Miene an.

„Welche Sympathie!“ sagte er dann lächelnd. „Wir wollen beide die Gans, und beiden hat man uns das Geld gestohlen.“

„Ich danke Ihnen für den guten Willen,“ antwortete Mathilde. „Ich eile nach Hause, um dem Malheur abzuhelfen.“

Der Kreis der Umstehenden hatte sich immer mehr vergrößert und der Oberleutnant suchte eben einen Durchgang für das Fräulein zu machen, als der Regimentsquartiermeister sich herandrängte.

„Wo ist die Gans?“ rief er. „Ich bin Zahler.“

„Mit was?“ fragte die Händlerin. „Mit einer tombakenen Uhr?“

„Mit Geld – hier – wie viel? Fräulein, bleiben Sie. – Ich entreiße Sie dieser Verlegenheit – da ist das Geld – hier ist die Gans. – Sie erlauben, daß ich Ihnen dieselbe nach Hause trage. Ich habe immer ein Netz bei mir – so – also gehen wir,“ sagte er zum Oberleutnant, „die Gans mit uns.“

Dieses alles war mit sichtlicher Erregung gesprochen; er wischte sich den Schweiß von der Stirne und seine Perrücke kam dabei in einige Unordnung. Jetzt suchte er Mathildens Blick. Er hatte ihn schon so oft gesucht, aber vergebens; jetzt – jetzt konnte er ihm nicht mehr mißgönnt werden.

„Herr Regimentsquartiermeister,“ sagte das Fräulein, „Sie bringen mich in Verlegenheit.“

„So? Ich meine, ich hätte Sie aus der fürchterlichsten Verlegenheit befreit. Man muß opfern können, Fräulein, darin bewährt sich der Freund.“

„Ein Gulden dreißig Kreuzer, das ist ein Opfer!“ lachte der Oberleutnant.

„O, wie viele können das nicht,“ gab der andere zurück, „wenn sie auch noch so groß sind und groß thun.“

„Ich möchte Sie aber darauf aufmerksam machen,“ sagte das Fräulein zu dem opferwilligen Rechenmanne, „daß ich Sie gar nicht darum gebeten habe, für mich einzutreten. Ich bekomme heute noch genug Gänse zu kaufen. Wer sagt Ihnen, daß Sie –“

„Jetzt haben wir sie einmal,“ unterbrach sie der Quartiermeister, „und ich trage sie Ihnen nach Hause.“

Das Fräulein wollte dem gaffenden Publikum nicht länger zum Objekte dienen, deshalb sagte sie: „So gehen wir!“

Alsbald war sie in Mitte ihrer beiden Ritter auf dem Heimwege. Der Gänseträger ließ es sich nicht nehmen, ihr das Geflügel bis an die Gangthüre zu tragen, während sich der Oberleutnant empfahl.

„Da bring ich die Gans!“ rief er dem die Thüre öffnenden Major entgegen.

Dieser wußte nicht gleich wie und wo – als er aber den Braten in dem Netze des alten Bekannten sah, da lachte er und sagte: „Ah so – Sie haben sich bemüht.“

„Nicht nur bemüht, sondern auch bezahlt,“ sagte Mathilde. „Papa, zahle meine Schulden.“

In Kürze erzählte sie, was ihr passiert, und der Major bezahlte, der Quartiermeister sträubte sich aber und bestand darauf, der Major müsse die Gans als Geschenk nehmen, was dieser nur unter der Bedingung that, daß der Quartiermeister sie mit verzehren helfe.

Und bei diesem Mittagessen wurde viel Süßholz geraspelt. Nach dem Lobe über die gebratene Gans mit obligaten Klößen vergaß der Quartiermeister nicht, die Kochkunst der Hausfrau in des Majors Schwester Eulalia zu rühmen, und erging sich schließlich in spöttischen Bemerkungen über den Hungerleider, wie er den Oberleutnant nannte, dessen Portemonnaiediebstahl er nun für vage Ausrede hielt, und der sich heute, wie er meinte, statt eines Gansbratens wohl mit einer Knackwurst begnügen müsse. Als schließlich die Weingläser gefüllt wurden und der Major auf das Wohl des Gastes trank, schwamm der Regimentsquartiermeister in einem Meere von Seligkeit, und beim Abschiede versicherte er dem Fräulein, so oft er künftig eine Gans erblicke, werde er ihrer gedenken.

Diesem Besuche folgten mehrere, und um dem Fräulein zu beweisen, wie sehr seine Gefühle noch Schwung hätten, schickte er ihr seine Liebe in Versen, die allerdings denen nicht unähnlich waren, welche wir in „des Quartiermeisters Liebesklage“ gehört.

Der Oberleutnant aß zwar nicht an jenem Gansbraten mit, aber er saß doch mit bei Tische in Mathildens Herz und Kopf, und ein von der Tante selbst protegierter Briefwechsel hielt ihn über alles im Laufenden. Der Major wurde von der Neigung des Oberleutnants zu Mathilde durch seine Schwester selbst unterrichtet, er befahl aber, daß nie mehr über diese Sache gesprochen werde. Sein Mann war der Regimentsquartiermeister, mochte er auch noch so alt sein und die Charakterisierung desselben zum Kriegskommissär mußte auch Mathilden, so glaubte er, jede Alternative unmöglich gemacht haben.

So standen die Dinge am Abend, an dem das Gedicht in den Fliegenden Blättern den Kriegskommissär außer Rand und Band brachte und er eben im Begriffe war, das Lokal zu verlassen, als der verhaßte Nebenbuhler, mit Mathilde am Arme, in der Thüre erschien.

Der Kriegskommissär starrte entsetzt nach den Ankommenden. „Er und sie!" murmelte er mit bebenden Lippen und sein altes faltenreiches Angesicht spielte in Grau und Gelb.

IV.
Krieg und Frieden

Der Oberleutnant steuerte nicht, wie gewöhnlich, zum Tische der Feldherrnhalle, sondern in das Hauptlokal, wo er sofort ein kleines Tischchen neben der Wand beschlagnahmte und die beiden Damen, Mathilde und ihre Tante Eulalia, einlud, Platz zu nehmen, während er ihre Überwürfe an den Nagel hing. Dann erst wollte er dem Major von der Anwesenheit seiner Damen rapportieren. Dieser hatte aber gleich dem Kriegskommissär die Ankunft des Oberleutnants bemerkt und nicht ohne Verlegenheit erhob er sich, um die Ankommenden aufzusuchen.

Der Kriegskommissär faßte sich endlich auch und sagte leise: „Herr Major – das ist eine Infamie – Ihre Tochter –"

„Was?" fragte der Major, „meine Tochter? –"

„Am Arme, mein' ich. Leiden Sie das? Denken Sie an Ihr Wort, das Sie mir damals gaben, als ich Ihnen die Gans nach Hause brachte."

„Sprechen Sie von meiner Tochter?" fragte der Major. „Ich muß bitten – Sie scheinen verrückt zu sein."

„Ja!" seufzte der Kriegskommissär und beobachtete dann, durch einen Pfeiler verdeckt, die Begrüßung des Majors und der Seinigen.

„Ah, Herr Major," sagte der Oberleutnant, „ich war gerade im Begriffe, Ihnen gehorsamst zu melden, daß ich Ihre Damen hergebracht habe, da ein fürchterliches Hagelwetter über die Stadt zieht und jeden Augenblick losbrechen muß."

„Wir sind dem Herrn Oberleutnant sehr zu Dank verpflichtet," fügte Eulalia bei, „daß er uns seinen Schutz so ritterlich angedeihen ließ."

„Papa," rief Mathilde heiter, „heute mußt du uns schon mit dir zechen lassen; die Elemente haben uns zu dir getrieben. Du nimmst doch bei uns Platz?"

„Ich begreife nicht, was das heißen soll!" sagte der Major in schlecht verhehltem Ärger. „Herr Oberleutnant, ich sehe es sehr ungerne, daß –"

„Daß ich die Damen nicht in Regen und Hagel außen ließ," fiel der Angesprochene ein. „Hören Sie, der Teufel geht schon los."

Ein fürchterliches Getöse hatte unterdessen in der Natur begonnen, die Fenster klirrten, die Scheiben fielen zerbrochen ins Zimmer.

„Gottlob und Dank!" rief Eulalia, „daß wir rechtzeitig hieher gekommen sind."

Alle Gäste drängten nach den Fenstern, um den Aufruhr in der Natur zu betrachten, und auch die Feldherrn eilten in das vordere Lokal und sahen mit einem gewissen Wohlbehagen hinaus in das Unwetter.

Allerdings machte sich bei dem einen oder anderen ein Seufzer Luft.

„Wird doch mein Mops nicht vor dem Hause gewesen sein!" seufzte der eine. „Meine Blumentöpfe, man wird sie doch rechtzeitig hereingestellt haben?" der andere. „Meine Fenster! Meine Kanarienvögel!" jammerte ein dritter; „der Hagel wird sie doch verschonen!"

Mathilde allein nahm von dem Gewitter keine Notiz. Sie blickte nur hie und da freundlich hinaus mit einem dankbaren Blick, denn ihr allein brachte ja der gefürchtete Hagel das Vergnügen, mit dem Ritter ihres Herzens noch länger beisammen sein zu können.

Auch der Major hatte einige Schritte gegen das Fenster gemacht und betrachtete das Donnerwetter draußen, nach welchem er ein solches im Innern loslassen wollte.

Der Oberleutnant, der wie alle anderen den Blick nach dem Fenster gerichtet hatte, hörte sich auf einmal angesprochen. Er blickte sich um und vor ihm stand der Oberst.

„Herr Kamerad kamen gerade noch rechtzeitig mit Ihren Damen unter Dach und Fach!“ sprach er den Oberleutnant an, der seinen Ohren kaum traute, als ihn der Oberst „Kamerad“ nannte.

Letzterer machte jetzt den Damen sein Kompliment und sprach mit ihnen über das – Wetter. Er hatte sich auf dem Stuhle niedergelassen, welchen der Oberleutnant für sich reservierte, und dieser eilte, für sich und den Major andere zu holen.

Inzwischen hatte sich Mathildens Vater von seinem Schrecken, den ihm der Anblick des Oberleutnants an der Seite seiner Tochter verursachte, erholt und wandte sich wieder dem Tische zu. In der allgemeinen Verwirrung hatte man vergessen, die Lichter anzuzünden, und es dunkelte bereits stark. In der Meinung, der Oberleutnant sitze neben Mathilde und sei mit den Damen in so lebhafter Konversation begriffen, neigte er sich zu dem Obersten nieder und sagte leise:

„Erlauben Sie mir, ich muß Ihnen offen gestehen, daß mir Ihre Gesellschaft hier nicht paßt.“

„Aber Papa,“ rief Mathilde, „was fällt dir ein!“

„Nichts fällt mir ein,“ erwiderte der Major, und zum Obersten als vermeintlichem Oberleutnant gewendet, fuhr er fort: „Ich finde Ihre Person mehr als lästig.“

„Meine Person?“ rief der Oberst, indem er sich erhob und erregt dem Major ins Gesicht schauen wollte, aber dieser blickte ihn gar nicht an und setzte sich auf den freien Stuhl.

„Diese Beleidigung wird morgen ein paar Kugeln in Bewegung setzen!“ rief der Oberst und entfernte sich erzürnt.

„Was hast du gethan!“ rief Eulalia.

„Ihr bleibt nicht hier,“ befahl der Major. „Sobald das Wetter vorüber, führe ich euch nach Hause. Ich werde schon sorgen, daß euch das Kellergehen vergeht. Das dulde ich nicht, daß ihr in euren alten Tagen noch anfangt, leichtsinnig zu werden.“

„Ja, bist du denn rein verrückt geworden?“ rief Eulalia. „Du weißt in der That nicht, was du sprichst. Mir ist der Schrecken in die Kniee gefahren. Ach, das geht ohne Duell nicht ab!“

„Was? In meiner Familie bin ich Herr! Es wird mir hoffentlich frei stehen, mich von lästigen, zudringlichen Menschen zu befreien."

In diesem Augenblick kam der Oberleutnant mit den Stühlen. Auch Licht wurde auf den Tisch gestellt.

„Darf ich bitten, Herr Major –"

„Wie," rief der Angeredete, „Sie wagen es nochmals –"

„Ist der Herr Oberst schon wieder fort?" fragte der Oberleutnant dagegen.

„Ach, Papa hat ihn soeben entsetzlich beleidigt," seufzte Mathilde.

„Wen?" rief der Major.

„Den Herrn Oberst, der auf deinem Stuhle hier saß und sich mit uns unterhielt," rief Eulalia.

„Auf welchem Stuhle?" fragte der Major.

„Auf dem du jetzt sitzest. Du hast ihn in beleidigendster Weise fortgehen heißen."

„Den Oberst?" rief Major Schnurrer, und sein Gesicht, bis jetzt rot vor Aufregung, erbleichte. „Saßen denn nicht Sie vorhin an diesem Platz?" fuhr er den Oberleutnant ziemlich ungnädig an.

„Ich? Nein," entgegnete dieser. „Ich ging, um Stühle zu holen für Sie und – für mich."

„Potz Element!" rief der Major aufspringend, „in der Dunkelheit glaubte ich – Aber das ist ja entsetzlich! Meine Grobheiten –"

„Kamen an die unrechte Adresse," lachte der Oberleutnant, den das gar nicht zu genieren schien.

Der Major stierte vor sich hin – diese Entdeckung raubte ihm fast das Bewußtsein.

„Was thue ich jetzt?!" rief er endlich. „Ich weiß nicht mehr, wo mir der Kopf steht."

„Erlauben Sie mir, daß ich diese Sache wieder repariere?" fragte der Oberleutnant.

„Sie?"

„Jawohl. Der Oberst hat mich soeben Kamerad genannt. Ich werde als Kamerad mit ihm sprechen und die Sache klären."

„Ja, überlaß es dem Herrn Oberleutnant," baten die Frauen.

„Meinethalben!" sagte der Major in fast apathischem Zustande, „aber –"

„Das „Aber" können wir nachher abmachen. Ich eile jetzt zum Herrn Oberst," sagte der Oberleutnant.

Er schickte sich soeben zum Fortgehen an, als der Oberstleutnant herzukam. Nachdem er einen wütenden Blick auf den Oberleutnant geworfen, wandte er sich an den halb in Verzweiflung dasitzenden Major und seine Ansprache klang so dienstlich, daß der Oberleutnant unwillkürlich stehen blieb, um abzuwarten, in welcher Absicht der Oberstleutnant kam.

„Herr Major!" begann dieser, „ich komme auf Befehl des Herrn Obersten, Sie haben sich erkühnt –"

„Pardon!" unterbrach ihn der Oberleutnant, „der Herr Major hat mich mit dieser Sache beauftragt und ich bin gerade im Begriffe, zum Herrn Oberst zu gehen. Ich ersuche Sie, nur mit mir zu unterhandeln."

„Mit Ihnen?" rief der Oberstleutnant geringschätzig; „ein Stabsoffizier verkehrt mit keinem Subalternen in solcher Angelegenheit."

„Sie werden aber doch mit mir verkehren müssen," entgegnete der so verächtlich Behandelte, „da ich nun einmal der Bevollmächtigte des Herrn Majors bin. Stabsoffizier oder Subaltern, das gilt hier gleich; hier frägt sich's nur, ob man ein Ehrenmann ist, und ich wollte keinem raten, das bei mir zu bezweifeln."

„Ein Mann, der Pamphlete schreibt und witzig sein sollende Revisionsprotokolle verfaßt, muß sich das schon gefallen lassen," versetzte der Oberstleutnant in schneidigem Tone.

„Man macht nur auf Eseleien Pamphlete," erwiderte der Oberleutnant.

„Was wollen Sie mit dem Worte „Eseleien" sagen?" rief der Oberstleutnant. „Ist das auf mich angespielt?"

„Auf jeden, der sich betroffen fühlt," entgegnete ruhig der andere.

Der Oberstleutnant atmete tiefer und tiefer.

„Sie begeben sich sofort in Arrest!" rief er, sich vergessend.

„Ja, ja," lachte der so Gemaßregelte, „das ist die bequeme Schlußformel tyrannischer Vorgesetzter, aber gottlob im Munde des Pensionisten ein leerer Schall."

„Ich werde Ihre Entlassung aus dem Militärverbande beantragen. Sie sollen Ihre Pension verlieren!"

„Dann schreibe ich Revisions- und andere Protokolle, das Fehlende in meiner Kasse zu ergänzen, und gleich morgen beginne ich damit. Jetzt aber gehe ich zum Herrn Oberst und werde mit diesem Ehrenmanne jedenfalls eher zu einem Resultat kommen, Herr Major," wandte sich dann der Sprechende an diesen, „ich betrachte es als Ehrensache, daß in dieser Angelegenheit nicht Sie persönlich mit dem Herrn Oberstleutnant verkehren."

„Sind Sie derselben Meinung, auch wenn ich Ihnen sage, daß ich mich dadurch persönlich verletzt fühle?" fragte letzterer den Major.

„Ja!" entgegnete dieser und bei diesem „Ja" blitzte sein Auge wieder auf. Der Dienstton des Oberstleutnants hatte ihn verletzt und er fand, daß hier der Oberleutnant im Rechte sei.

„Das weitere werden wir sehen!" sagte der Oberstleutnant und entfernte sich.

Die beiden Damen hörten von dieser Verhandlung sehr wenig, nur aus den erregten Mienen und dem zornfunkelnden Auge des Oberleutnants erkannten sie, daß die Temperatur der Konversation den Siedepunkt erreicht hatte.

Wie gefiel dem Fräulein der Eifer, mit welchem der Offizier ihren Vater verteidigte! Ihr Blick war an seine hohe Gestalt gefesselt, und als er jetzt fort war, da konnte sie nicht mehr umhin, ihrer Bewunderung Luft zu machen und die Frage zu stellen: „Papa, wie wirst du es dem Herrn Oberleutnant lohnen, wenn er dein Versehen wieder gut macht?"

„Lohnen? Ich glaube, der Mann ist nicht so interessiert, daß er für alles einen Lohn will."

„Bruder, du mußt Raison annehmen," sagte Eulalia.

In diesem Augenblicke kam der Kriegskommissär herbei. Er hatte, so gut er es vermochte, alles beobachtet, und als jetzt der Oberleutnant wegging, hielt er es an der Zeit, seine Person wieder in den Vordergrund zu stellen.

„Ihr Diener!" sagte er und setzte sich auf den leeren Stuhl.

„Dienerin,“ erwiderte Eulalia und es blitzte in der alten Jungfer ein schelmischer Gedanke auf.

„Ich sehe alles konsterniert,“ begann der Kriegskommissär. „Was ist vorgefallen?“

Der Major vermochte kein Wort zu sprechen, seine Gedanken waren mit dem Oberst beschäftigt, aber Eulalia flüsterte ihm leise zu:

„Herr Kriegskommissär, es hat Ehrenhändel gegeben; es wird morgen Duelle geben. Beweisen Sie uns Ihre Freundschaft und machen Sie die Sache für meinen Bruder ab, der, wie Sie sehen, zu erregt ist, um es selbst zu thun. Sie haben doch kaltes Blut und –“

„Ich?“ fragte der Kriegskommissär, „ich kaltes Blut? Ein Duell –?“

„Auf Pistolen und Säbel!“

„Mit wem?“

„Mit dem Oberstleutnant; vielleicht auch mit dem Oberst,“ entgegnete Eulalia.

Der Kriegskommissär sah die am Tische Sitzenden nach der Reihe an. Auf den Oberst hatte er seit einer Stunde ohnedies einen „Pick,“ weil er so schadenfroh über das Gedicht lachte, – aber er zog es doch vor, seinen alten Bekannten, den Oberstleutnant auf sich zu nehmen, das heißt, die Sache zum Guten zu vermitteln. Den Damen gegenüber konnte er ja den furchtlosen Ritter spielen. Wenn nun von seiner Erklärung das Wohl und Wehe seiner Liebe abhinge? „Verschnapp dich nicht,“ sagte er zu sich selbst und warf sich stolz in die Brust, als er antwortete: „Ich bin bereit, den Oberstleutnant auf mich zu nehmen! Ich will den Leuten, besonders diesem Oberleutnant beweisen, daß keine Tinte in meinen Adern fließt!“

„Ich danke Ihnen,“ sagte Eulalia und reichte ihm die Hand. Der Kriegskommissär drückte einen Kuß auf dieselbe und als er jetzt sein Auge erhob – zu ihr erhob, was war es denn? Fiel es wie Schuppen von den seinigen? Diese Augen, die ihn jetzt so freundlich, so, er wußte nicht wie? anblickten – sah er sie heute zum erstenmale?

Er wollte sie mit Mathildens Augen vergleichen, aber diese waren von ihm abgewandt, sie suchten den entfernten Oberleutnant.

Der Kriegskommissär blickte wieder nach Eulalia. Ach! sie war längst über das Schwabenalter hinaus, ach! sie hatte schon einen Anflug von Schnurr- und

Backenbart, ach! ihre Stimme klang schon in einem eigentümlichen Bariton, aber die Augen waren frisch und –“

„In den Augen liegt das Herz!“ lispelte er ihr jetzt leise zu, indem er nochmals ihre Hand küßte.

„Sie Schelm!“ entgegnete Eulalia lächelnd, „lassen Sie doch meine Hand frei.“

Aber er ließ sie nicht frei. Er wollte etwas sagen, aber es fiel ihm nichts ein, nur ein einziges Wort lispelte er ihr noch zu, dieses Wort war: „Mein Engel!“ Dann erhob er sich rasch und eilte zu dem Tische des Oberstleutnants. Dabei rannte er beinahe den Oberst und den Oberleutnant nieder, die soeben herbeikamen. – Der Major hatte von alledem keine Notiz genommen. –

Der Oberst lachte in einem fort und machte durch seine Heiterkeit auch den Major wieder lebendig. Nachdem sich alles aufgeklärt, meinte der Oberst, da er die Schläge für den Oberleutnant bekommen, wolle er auch die Freude für ihn mitgenießen helfen und warb für ihn um Mathildens Hand.

„Ich habe sie leider schon dem Kriegskommissär zugesagt,“ antwortete verlegen der Major. „Ich kann mein Wort nicht brechen.“

„Der Kriegskommissär wird mit sich reden lassen,“ versicherte Eulalia. „Da kommt er soeben zurück.“

In der That stand er schon vor dem Tische, ganz erregt vor Zorn, denn der Oberstleutnant hatte ihn fürchterlich abfahren lassen.

„Was giebt's?“ fragten ihn alle.

„Der Oberstleutnant schlägt sich nicht mit mir!“ rief er. „Ich wollte die Angelegenheit zwischen ihm und dem Herrn Major vermitteln, aber er verletzte mich, ich forderte ihn, darauf hieß er mich gehen mit der Erklärung, daß er sich mit mir nicht schlagen könne.“

„Aber wer hieß Sie denn für mich vermitteln?“ fragte der Major.

„Ich,“ antwortete Eulalia, „und es war sehr ritterlich von dem Herrn Kriegskommissär, ich danke Ihnen.“

„Und ich möchte Sie bitten, solch unberufene Freundschaftsdienste ein andermal bleiben zu lassen,“ sagte der Major.

„O, wenn ich ihm nur ankönnte!“ rief der Kriegskommissär.

„Überlassen Sie *mir* die Sache,“ sagte der Oberleutnant leise zu ihm.

„Ihnen?“ Der Kriegskommissär sah ihn erstaunt an. Dann schien ein schneller Entschluß in ihm zu reifen. „Wohlan,“ sprach er leise, „rächen Sie mich! Ich trete Ihnen dafür die mir zugedachte Braut ab. Ich sehe schon, daß ich zu alt für das Fräulein bin. Ich habe mich eines anderen besonnen. Gleich und gleich gesellt sich lieber; ich lenke meine Schritte zu Eulalia.“

„Topp, eingeschlagen!“ rief der Oberleutnant heiter.

„Aber noch eines bitte ich mir aus,“ setzte der Kriegskommissär bei. „Das Revisionsprotokoll müssen Sie mir geben. Mit dem will ich den Oberstleutnant ärgern.“

„Hier ist es!“ sagte der Oberleutnant, einen Bogen Papier aus der Tasche ziehend.

„Grün und blau soll es ihm vor den Augen werden,“ rief der Kriegskommissär.

Der Oberst wollte nun nicht länger stören und ließ die Glücklichen allein. Doch bat er sich die Ehre aus, bei der Hochzeit den Brautführer machen zu dürfen. Der Kriegskommissär eilte ihm nach und übergab ihm das soeben erhaltene Protokoll zur geneigten Durchsicht und beliebigem Gebrauche für heute Abend.

Wie vor einer Stunde „Quartiermeisters Liebesklage,“ so las der neben dem Oberst sitzende Major diesem jetzt zur allgemeinen Belustigung das so viel besprochene Revisionsprotokoll vor. Der Oberstleutnant glaubte vor Wut und Ärger ersticken zu müssen, aber je grimmiger sein Gesicht wurde, desto herzlicher lachte der Oberst und mit ihm die ganze Feldherrnhalle.

Das Elaborat des Oberleutnants lautete:

N. Armeedivision. N. Inf.-Regmt.

Revisionsprotokoll

über jene Anstände, welche sich bei der Visitation der Bücher und Listen der N. Kompagnie für das 4. Quartal 185 . als noch aus früheren Jahren herrührend, ergeben haben und während des laufenden Quartals zu berichtigen sind.

1. Grundbüchel. – 2315 v. Christi Geburt, I. Quartal ist bei den Soldaten Adam und Eva die Rubrik „Stand der Eltern und ob solche noch leben“ nicht ausgefüllt,

was aus der Ablieferungsliste des Konskriptions-Bezirkes Paradies noch zu ergänzen ist.

2. Strafbogen. – 2314 v. Christi Geburt, III. Quartal ist die Strafe der ersten Sünde bei den Soldaten Adam und Eva in der 2. statt in der 3. Rubrik eingetragen. Da diese Strafe nach der Art des in Kompagnie verschuldeten Vergehens sich unter die Kompagniestrafen eignet, so ist dies alsbald abzuändern.

3. Menagebüchel. – 2006 v. Christi Geburt, II. Quartal. Die eigenmächtige Vertauschung der Menage des Soldaten Jakob an den Gefreiten Esau hätte nicht geduldet werden sollen, und wäre bei besserer Beaufsichtigung dieses wichtigen Dienstzweiges durch den Herrn Offizier vom Tage nicht vorgekommen, was nachträglich gerügt werden muß.

4. Montur im Ratensystem. – 1976 v. Christi Geburt, II. Quartal. Der bei der Cisterne stattgehabte Raufhandel, wobei der Soldat Josef (vulgo der ägyptische) seinen Waffenrock verschleuderte, hätte sich zur Spezialuntersuchung geeignet; – jedenfalls hat das jetzige Kompagniekommando diesen Waffenrock, da dessen Tragzeit unbekannt, – als neu mit 6 fl. 33 kr. 4 hl. dem Militäraerar noch im Laufe dieses Quartals zu ersetzen, da dieses Monturstück bei seiner Auffindung im Walde aktengemäß als wertlos angenommen und abgeschätzt werden mußte.

5. Montur außer dem Ratensysteme. – 1977 v. Christi Geburt, I. Quartal. Der hellgraue Mantel, welchen derselbe Soldat Josef angeblich bei einer gewissen Potiphar zurückgelassen haben will, und dessen Brennzeichen nicht mehr genau zu ermitteln ist, ist in gleicher Weise vom jetzigen Kompagniekommando als neu mit 6 fl. zu ersetzen, und giebt zu der Bemerkung Veranlassung, daß auf besagten Soldaten Josef wegen fortgesetzter mangelhafter Beaufsichtigung seiner Monturstücke ein wachsameres Auge hätte gerichtet werden sollen.

6. Kammer- und Küchenrequisiten. – 809 v. Christi Geburt, III. Quartal. Nachdem die ägyptischen Fleischtöpfe, welche während der Kantonierung in Ägypten öfters erwähnt werden, sich weder in der Kompagnie-Verschlagsliste noch in dem unfehlbaren Haupt-Material-Nachweisungsbuche abgeschrieben finden, und mithin als gewiß anzunehmen ist, daß selbe noch in Händen der Kompagnie stehen, so sind dieselben noch im Laufe dieses Quartals vom jetzigen Kompagniekommando mit 57 fl. 42 kr. und 7 hl. zu ersetzen, und am nächsten Löhnungstage diese Summe abzuschlagen.

7. Verpflegsliste. – 6 v. Christi Geburt, IV. Quartal fehlt die Neuigkeit, wann der heilige Josef zum Pionier ernannt worden ist, und hat sich das jetzige Kompagniekommando zu verantworten, warum besagter Josef nicht nach Verlauf von zwei Jahren in die durch Reskript vom 8. April 1848 Nr. 33,765 festgesetzte Zulage von 1 kr. täglich sofort getreten ist.

24 nach Christi Geburt, II. Quartal. Nach dem Austrittsbillet hat der Soldat Jairus vor seinem Wiedererwachen 2 Tage als scheintot im Grabe gelegen. Es sind mithin dem Soldaten Jairus noch nachträglich zwei präsente Tage auszuwerfen, mit allen treffenden Gebühren beizunehmen, jedoch da derselbe während dieser Zeit keine Dienste gemacht hat, unter der Rubrik „tote Tage" wieder pro aeraria zu vereinnahmen.

29 nach Christi Geburt, II. Quartal. Nachdem der Gefreite Lazarus laut Divisions-Kommandoordre vom 3. August d. J. Nr. 17965 auf Grund des Gutachtens beider Sanitätskommissionen wegen unheilbarer scabies und vollendeten Krampfadersystems zu allen ferneren Militärdiensten für untauglich erkannt und zum Realinvaliden ohne Anspruch auf irgend eine militärische Versorgung erklärt, sofort normalmäßig entlassen worden, so ist über das noch rückzuersetzende Propretätsgeld à 50 kr. beim nächsten Löhnungsempfange das Geeignete zu bethätigen, oder bei dessen nachgewiesener Vermögenslosigkeit das treffende Armutszeugnis noch nachträglich vom Königlichen Landgerichte Bethlehem zu erholen.

Commissio
N. Oberstleut.
N. Obleut.

N. Hauptm.
Gesehen zum Vollzug
das Regimentskommando
N. Obst.

N. Leut.
N. Unter-Quartiermst.
II. Cl.
N. Aktuar.

„Hier am Schlusse," bemerkte der Major, „befindet sich auch eine Zeichnungsskizze des Vorstandes der Kommission; es ist ein Porträt –"

„Am Ende das meinige?" rief der Oberstleutnant.

„Bitte,“ sagte der Oberst und nahm das Blatt, legte es sorgfältig zusammen und steckte es in die Tasche.

„Herr Oberst werden dieses Blatt doch nicht mehr zurückgeben?“ fragte der Oberstleutnant.

„Warum nicht?“ entgegnete dieser lächelnd. „Es soll ja morgen in die Redaktion der „Fliegenden Blätter“ kommen.“

„Das darf nicht sein!“ rief der Oberstleutnant aufgeregt. „Wer hat das Recht, meine Vergangenheit lächerlich zu machen!“

„Jedermann hat dieses Recht, Herr Kamerad!“ erwiderte der Oberst ernst. „Wenn wir vom Schauplatz abgetreten als einfache Pensionärs, wenn wir nicht mehr durch die oft mißbrauchte oder mißverstandene Gewalt das laute Urteil unserer Untergebenen zurückhalten können, dann muß es sich jeder gefallen lassen, Lob und Tadel über sich aussprechen zu hören. Was wir in unserer dienstlichen Machtsphäre ungestraft zu thun vermögen – die Strafe kommt hinterdrein in der öffentlichen Meinung, in der Achtung oder Abneigung, mit der man uns zugethan bleibt.“

„Und Sie dulden, daß dieses Blatt öffentlich bekannt gemacht wird?“

„Ich habe dem Oberleutnant nichts mehr zu befehlen. Ich glaube aber, er ließe mit sich sprechen, wenn Sie ihn dieser Ehre würdig erachteten. Sie haben ihn und den Kriegskommissär beleidigt, ohne ihnen Satisfaktion zu geben. Sie können das halten, wie Sie wollen; ich für meinen Teil habe andere Ansichten von Beleidigung und Genugthuung. Recht guten Abend!“

Damit empfahl sich der Oberst. Seine Zeit war längst überschritten. Bevor er das Lokal verließ, sagte er noch der Familie des Majors und den beiden Bräutigams herzlich gute Nacht und übergab das Protokoll seinem Eigentümer, ohne ein Wort dabei zu sagen. Bald verließ auch die kleine Gesellschaft das Lokal, um sich nach Hause zu begeben und dort noch in später Abendstunde eine Flasche echten Rheinweins, wie ihn der Major stets im Keller hatte, auf das Wohl der beiden Brautpaare zu trinken. Der Kriegskommissär wurde von Eulalia beim Gute Nacht wünschen sogar mit der süßen Anrede „holder Engel“ beglückt. Wohl fühlte er auf dem Nachhausewege an seine Perücke und an seine rote Nase und dachte über seine Einreihung in die Schar der Engel mit eigentümlichen Empfindungen nach.

„Alles wäre mir recht,“ sagte er zu dem ihn begleitenden Oberleutnant, „wenn nur das Gedicht mit meinem Bilde nicht in den „Fliegenden Blättern“ wäre!“

„Ah bah!“ erwiderte der Oberleutnant. „Morgen kaufen Sie sich eine andere Perücke und lassen sich den Schnurrbart scheren, dann erkennt Sie niemand mehr. Ein Engel hat ohnedies nicht das Recht, einen Schnurrbart zu tragen.“

„Recht so, Herr Schwager,“ erwiderte etwas taumelnd der gutmütige Kriegskommissär. „Aber der Oberstleutnant kommt hinein, nicht wahr? Sie geben mir Ihr Wort darauf, daß Sie das Revisionsprotokoll in die Redaktion der „Fliegenden“ tragen.“

„Ganz gewiß. Mein Wort darauf! Für heute gute Nacht!“

„Gute Nacht, Herr Schwager!“

Der Hausschlüssel setzte sich in Bewegung und bald stolperte der Kriegskommissär die Stiege hinauf zu seiner Wohnung.

Der Oberleutnant ging allein seiner Wege. Als er in die Nähe seiner Wohnung kam, bemerkte er dort einen Mann auf und ab patrouillieren, den er für einen Gendarm hielt. Näher gekommen, erkannte er in der dunklen Gestalt – den Oberstleutnant.

„Ich erwarte Sie,“ sagte dieser. „Ich habe Sie heute verletzt, Herr Kamerad, und wollte Ihnen persönlich mitteilen, daß ich bereit bin, Ihnen jede Genugthuung zu geben.“

„Sie überraschen mich, Herr Oberstleutnant,“ erwiderte der Angeredete. „Ich bin mit Ihrer Erklärung zufrieden und verlange keine andere Genugthuung mehr.“

„Aber noch eins,“ sagte etwas zögernd der Oberstleutnant; „ich hoffe – das heißt, ich ersuche Sie, das Revisionsprotokoll nicht zu veröffentlichen.“

„Aha,“ dachte der Oberleutnant, „damit habe ich ihn zahm gemacht.“ Und laut erwiderte er: „Das hängt leider nicht mehr von mir allein ab. Ich gab dem Kriegskommissär mein Wort, es der Redaktion zu übergeben und mein Wort breche ich niemals.“

„So werde ich sorgen, daß Ihnen der Kriegskommissär Ihr Wort zurückgiebt,“ sagte der Oberstleutnant.

„Wie es Ihnen beliebt, Herr Oberstleutnant“, entgegnete fröhlich der andere.

„Und Sie beehren doch nach wie vor unsere Gesellschaft mit Ihrer Gegenwart?“

„Nein,“ antwortete der Oberleutnant. „Ich besuchte die Gesellschaft nur, weil ich mich meinem jetzigen Schwiegerpapa nähern wollte. Künftig gehe ich dahin, wo man mich nicht als „den Oberleutnant“ bedauert und begnadigt, sondern wo ich als gebildeter Mann geachtet bin. Ich wünsche Ihnen gehorsamst eine gute Nacht!“

Damit sperrte er die Hausthür auf, und der Oberstleutnant ging halb erleichtert von dannen.

Der Kriegskommissär, angethan mit weißer Zipfelhaube und einem alten geblümten Schlafrock, war am andern Morgen eben damit beschäftigt, seinem Schwarzblättchen eine gelbe Rübe zu reiben, als er durch den Besuch des Oberstleutnants überrascht wurde.

Der Kriegskommissär war aber nicht so leicht „herum zu kriegen“ wie der Oberleutnant. Er erinnerte sich aller Chikanen, welche er jahrelang von dem Manne zu erdulden gehabt, und die ihm gestern kundgegebene Verachtung lag ihm noch im Magen. Zudem fühlte er sich als Eulalias „Engel“ und wollte dem Oberstleutnant beweisen, daß auch ein Tintenklexer Mut und Ehrgefühl habe. Kurz, es kam zu unliebsamen Erörterungen, die so heftig wurden, daß der Kriegskommissär außer Rand und Band geriet und das Vogelnirschchen nach dem Oberstleutnant warf, so daß dieser eiligst sich aus dem Staube machen mußte, wollte er nicht noch mit größerem Meublement in Fühlung kommen.

So mußte also der Oberleutnant, seinem Worte getreu, das Protokoll in die Redaktion der Fliegenden Blätter tragen.

Der Oberstleutnant war wütend. Er sann auf Mittel zur Rache. Abends vertraute er dem Obersten an, wie weit er sich gedemütigt und wie er trotzdem nichts erreicht habe, dieser aber tröstete ihn, indem er meinte, wenn er sich mit dem Oberleutnant versöhnt habe, werde dieser die Sache schon in Ordnung bringen trotz seines gegebenen Wortes.

In diesem Augenblick brachte die Kellnerin einen soeben eingetroffenen Brief des Oberleutnants für den Oberstleutnant. Dieser öffnete rasch das Schreiben und las folgende Zeilen: „Ich mußte, meinem Worte getreu, das fragliche Protokoll der Redaktion der Fliegenden Blätter übergeben, bezweckte jedoch, daß es sofort als „nicht brauchbar“ zurückgeschickt wurde.“

„Sagt ich's nicht!“ rief der Oberst.

„Ja, ja, der Mann versteht sich wirklich auf Kameradschaft," meinte der Oberstleutnant. „Schade, daß er unsere Gesellschaft künftig nicht mehr besuchen will!"

„Er wird kommen, wenn wir als Pensionisten aufhören, den Zopf als unsere Standarte hoch zu halten," versicherte der Oberst. –

Der „Herr Oberleutnant" mußte noch lange Zeit vorzugsweise als Thema der Unterhaltung in der Feldherrnhalle dienen, besonders war dieses an dem Tage seiner Trauung mit Mathilde der Fall, welche der Oberst als Brautführer an den Altar führte.

Die neu geschlossenen Ehen waren glücklich, die alten Hagestolze fühlten als neugebackene Ehemänner jeder eine Portion Jugendkraft in sich aufleben und der Major lernte durch den Oberleutnant sogar noch die Freuden und die Würde eines Großpapas kennen.

Die Feldherrnhalle aber führte gewohnheitsgemäß ihre ruhigen, wortkargen Sitzungen fort; einer oder der andere blieb wohl aus, weil er dem großen Verschlagssergeanten „einliefern" mußte, dafür aber kamen neue, meist unzufriedene, sich verkannt glaubende oder wirklich verkannte Pensionisten, nicht nur alte, sondern auch noch jugendliche Männer, die sich was darauf zu gute thaten, im Jahre 1866 die Feuertaufe vor dem Feinde erhalten und den siegreichen Krieg von 1870 und 71 mitgekämpft zu haben. Das verdroß die alten, die nur Schulmanöver und Lager in ihrer Erinnerung hatten, und einer um den andern zog sich zurück, nur wenige blieben, unter ihnen der wackere Oberst, der sich in die neue Zeit gar leicht zu finden und alten wie jungen Kameraden zu imponieren verstand.

Das fatale Bündel

Der Privatier Brauneberger war einer jener vielbeneideten Sterblichen, welche sich um das tägliche Brod nebst Zubehör nicht zu kümmern brauchen, ein Mann, der von den Renten seines Kapitals lebte, zu welchen er ohne jede Schwierigkeit gekommen – infolge einer Erbschaft. Das Kapital war in Aktien der bayerischen Hypotheken- und Wechselbank sicher und fruchtbringend angelegt; er hatte keine Sorge, konnte ruhig schlafen, gut essen und trinken, und das schlug Herrn Brauneberger ganz vortrefflich an. Den kleinen Kaufladen, den er früher inne gehabt, gab er, zum reichen Manne geworden, auf. Er wollte nichts als ein Privatier, der Mann seiner Frau und der Vater seiner Tochter Susanne sein. Die Frau war ein äußerst sanftes Geschöpf; sie bot alles auf, den Gatten bei guter Laune zu erhalten, sie gab ihm niemals Gelegenheit, sich aufzuregen, alle seine Wünsche las sie ihm von den Augen ab und ihr Töchterchen erzog sie zu einem braven und bescheidenen Mädchen.

Herr Brauneberger sagte und dachte sich oft, daß er den Himmel auf dieser Welt schon habe, er konnte sich kein glückseligeres Leben wünschen. Täglich machte er zweimal seine Promenade, am liebsten zu den Neubauten. Da schlug er dann seine Stunden tot mit Arbeiten – zusehen. Ein kleiner Rattenfänger, auf den Namen „Buzl" gehend, war sein ständiger Begleiter.

Herr Brauneberger erschien stets in Zylinderhut, der von Quartal zu Quartal ausgedehnt oder neu ersetzt werden mußte, da sein Kopf stetig an Umfang zunahm. Ein Doppelkinn bildete die Unterlage des feisten, glattrasierten Gesichtes, Schultern und Rücken gestatteten den Vergleich mit einem Tanzbären, und seine Körperfülle war gleichsam eine Biographie ohne Worte. Da er niemals ein Gast- oder Kaffeelokal besuchte, ebensowenig das Theater oder sonst einen Vergnügungsort, so hatte er, im ganzen genommen, wenig Zerstreuung. Hingegen gestattete er seiner Frau und seiner Tochter, welch letztere bei den englischen Fräulein in Nymphenburg eine vortreffliche Erziehung genossen hatte, nach Belieben Theater und Konzerte zu hören, und er hatte auch nichts dagegen, daß sie im Sommer einige Wochen Landaufenthalt nahmen, wenn nur er nicht dabei zu sein brauchte.

Die fünf Maß Hofbräuhausbier, welche sein tägliches Quantum bildeten, mochte er auch um der schönsten Landschaft nicht entbehren, denn es galt ihm eine Landschaft nicht mehr oder weniger, als eine andere, aber das Münchener Hofbräuhausbier galt ihm für das Höchste im Leben. Kurz, Herr Brauneberger hatte alles, was er sich wünschte, und sein Gesicht strahlte sozusagen vor Glück und Zufriedenheit.

So ging es lange Jahre, nichts änderte sich in seinen Verhältnissen, in seinem Leben, und doch zeigte sein Gesicht immer weniger den an ihm früher so gewohnten, zufriedenen Ausdruck. Ein gewisses Mißbehagen faßte in seinem Herzen Wurzel, er wußte selbst nicht, wie das kam. Sein Lebenskahn fuhr immer so gleichmäßig dahin, ohne den leisesten Widerstand, – weder Ärger noch

Verdruß, weder Sorge noch Trauer schlugen auch nur die leiseste Welle nach dem sicheren Fahrzeuge. Es war ein ewiges Einerlei.

Ein Bekannter aus früherer Zeit, ein Tischlermeister, dem das Leben mit all seinen Licht- und Schattenseiten wohl bekannt war, begegnete Herrn Brauneberger auf seinem Spaziergange mit dem Buzl.

„Wie geht's, lieber Freund?“ fragte der Privatier den Tischlermeister.

„So, so, la, la!“ entgegnete der Angeredete. „Man schlägt sich halt durch, so gut es geht. Es hängt zum Glück nicht immer nach einer Seite. Heute Regen, morgen Sonnenschein, heute Sturm, morgen Windstille. Unser Herrgott hat's schon weislich so eingerichtet. Bei dir natürlich giebt's nichts als Sonnenschein! Ich gönn' dir's von Herzen und doch möcht' ich nicht mit dir tauschen. Mir schmeckt nur das Brot, das ich mir durch Arbeit verdiene. Je mehr ich mich plagen muß, desto freudiger bin ich g'stimmt. Faulenzen könnt ich nicht um die ganze Welt, das macht mich völlig grandig (grämlich).“

„Grandig?“ wiederholte Herr Brauneberger.

„Ja, verdrießlich, mürrisch, kurzum – grandig!“ entgegnete der andere.

„Schau,“ versetzte jetzt der Privatier, „mir ist, als hättest du mir meine Krankheit genannt. Grandig, ja, ja, das ist das erlösende Wort: Ich bin grandig.“

„Das kommt daher, weil du kein Leid und nur immer Freuden hast. Wenn du dich dann und wann recht ärgern, wenn du dich sorgen und mitunter Not leiden müßtest, dann wär's anders. Aber so! Denk an die Wassertümpel, die keinen Ab- und Zufluß haben, sie werden faul, schimmelig und schlammig; dagegen ein Wasser, das sich rühren kann, das bleibt frisch und rein. So ist's auch beim Menschen. Rühren muß sich's, 's Blut muß zuweilen in schnellere Gangart kommen, Abwechslung muß sein im Leben, dann vergeht's einem, grandig zu sein. Jetzt b'hüt dich Gott! Mir pressiert's, ich muß heut' noch eine Arbeit fertig machen, und dann freu' ich mich auf meinen Abendtrunk, eine Maß Bier. Adieu!“

Herr Brauneberger sah dem sich Entfernenden ganz verblüfft nach.

„Er freut sich auf seine eine Maß Bier,“ sagte er zu sich, „und ich trink' fünf, und freu' mich nicht. Ich freu' mich überhaupt auf nichts mehr, auf gar nichts. Der Tischler hat recht, mein Blut muß in Wallung kommen, ich muß mich ärgern. Wenn ich mich nur über etwas recht ärgern könnt'!“

Er dachte nach. Wären nicht gerade Frau und Tochter auf einige Tage am Starnbergersee zur Erholung gewesen, so hätte er vielleicht irgend einen Anlaß genommen, zu Hause eine Ursache zum Ärgern zu suchen; er war aber bereits so phlegmatisch geworden, daß er aus seiner Ruhe nur schwer aufzustören war.

Er nahm sich jedoch vor, bei der Rückkehr in seine Wohnung die Köchin als erstes Objekt zum Ärgernis zu nehmen. Es war gerade Freitag. Zur Abendmahlzeit war ein Karpfen bestellt.

„Ich zank' die Köchin in jedem Fall," plante er. "Hat sie den Fisch gebacken, so sag' ich, ich hätt' ihn blau abgesotten gewünscht, hat sie ihn blau abgesotten, dann möcht' ich ihn gebacken. Sie wird mir widersprechen, ich werd' ihr meine Meinung sagen, und so will ich mich ärgern, so gut es geht."

In solch löblichem Vorhaben kam er zu Hause an. Die Köchin erwartete ihn bereits mit einem freundlichen Gruße.

„Gnä' Herr," fragte sie, „wie ist Ihnen der Fisch gefällig? Wünschen Sie ihn blau gesotten oder gebacken?"

„Ja, ist er denn noch nicht fertig?" fragte Herr Brauneberger enttäuscht und ärgerlich, daß er sich nicht ärgern konnte. „Ich will ihn gebacken haben."

„Bis Sie sich's bequem gemacht haben, kann ich anrichten. Sie werden eine Freude haben, denn es ist ein prächtiger Spiegelkarpfen.

Sie eilte in die Küche.

Die Mahlzeit schmeckte Herr Brauneberger; dann trank er sein Abendbier. – Ärgern konnte er sich mit dem besten Willen nicht. – Ein paar Tage später begegnete er abermals dem Tischler, welcher soeben an der Trambahnhaltestelle an der Ecke der Galeriestraße dem Wagen entstiegen war und demselben in grade nicht gewählten Worten nachschimpfte.

„Warum bist denn so aufgeregt?" fragte Brauneberger den Tischler.

„Geärgert habe ich mich über so ein paar Faulenzer, denen es nicht recht war, daß ich mein Bündel mit Handwerkszeug neben mich hinlegte, das ihnen zu viel Platz einnahm. Und waren doch nur fünf in der Reihe."

„Da hätt' ich halt zwei Plätze bezahlt," lachte Herr Brauneberger, „dann möcht' ich wissen, ob dir jemand was anhaben könnte. Warum kann mir so etwas nicht passieren? Mich einmal recht ärgern, das müßte eine wahre Wohlthat sein! Hast mir ja selbst gesagt, daß mein Blut zu langweilig läuft. Aber was kann ich dafür, wenn mich niemand ärgern will! Es ist grad', als wenn sich alle Leute verschworen hätten, gegen mich recht höflich zu sein und mir alles nach Wunsch zu thun. Wie gern möcht' ich so recht in Wut geraten, so, wie du vorhin."

„So?" lachte der Tischler jetzt seinerseits, und einem plötzlichen Einfall nachgebend, fuhr er fort: „Ich wett' mit dir, daß du binnen – sagen wir einer halben Stunde so außer Rand und Band kommst, daß du dich vor Wut gar nicht mehr auskennst."

„Das wettest du?" fragte Brauneberger. „Wie wäre das möglich, heute schon gar, wo ich von meiner Alten und meiner Susanne einen so lieben Brief bekommen habe, heute ist das gar nicht möglich," behauptete Brauneberger.

„Wetten wir?" fragte der Tischler. „Ich habe nichts zu verlieren, aber ich wette um hundert Mark. Schlag' ein!"

„Von jetzt an – es ist halb sieben Uhr – in einer halben Stunde. Recht! Ich wette; es gilt! Also, was soll ich thun?" fragte Brauneberger lachend.

„Du steigst in den nächsten Trambahnwagen der Ringlinie und fährst bis zum Sendlingerthor, aber du belegst zwei Plätze, einen für dich, den anderen für das Bündel mit meinem Handwerkszeug. Du giebst wir aber das Wort, daß du den Platz niemand gutwillig einräumst, du mußt die beiden Plätze bis zum Sendlingerthor behaupten. Dort erwart' ich dich. Steigst du aus, ohne dich geärgert zu haben, und reichst du mir lachend die Hand, dann habe ich verloren. Im andern Falle hab' ich gewonnen."

„So, jetzt entschließ' dich; der Wagen kommt schon."

„Brüderl," entgegnete Brauneberger lachend, „die 100 Mark gehören schon mir. Gieb her dein Bündel, ich thu' nach deiner Vorschrift. Was sollte mir auf der kurzen Fahrt passieren? Aber was fang ich mit meinem Buzl an?"

„O, der lauft schon mit," meinte der Tischler. „Am Sendlingerthor auf Wiedersehen! Glückliche Fahrt!" Er half dem dicken Privatier beim Einsteigen, reichte ihm das Bündel mit dem Arbeitszeug und schlug dann vergnügt den Weg nach dem Sendlingerthore zu ein, welches er gut vor Ankunft des Trambahnwagens, der einen weiten Umweg machte, erreichen konnte.

Der Buzl wollte durchaus mit auf den Wagen, aber sein Herr bedeutete ihm, daß er nebenher laufen müsse, und der Hund schien es verstanden zu haben, denn er that genau nach seines Herrn Befehl. Brauneberger aber begab sich in das Innere des Wagens und legte den großen Pack neben sich.

„Den Pack müssen Sie beim Kutscher niederlegen," sagte der Kondukteur.

„Bitte," entgegnete Brauneberger, „ich möcht' ihn neben mir haben. Ich bezahl' zwei Plätze. Hier ist das Geld – bis zum Sendlingerthor – und hier 10 Pfennig extra für Sie."

Der Kondukteur lachte. „Mir ist's recht," sagte er, „aber es wird nicht ohne Anstand abgehen. Um diese Zeit ist's immer am vollsten; da fahren die Arbeiter heim und Theaterzeit ist's auch."

„Ich hab' das Recht für zwei Plätze," meinte Brauneberger unbesorgt, indem er die zwei Zettel auf dem Hute befestigte.

Die noch im Wagen sich befindenden vier Fahrgäste sahen sich lächelnd an.

An der nächsten Haltestelle wechselte der Kondukteur mit einem anderen. Es stiegen drei Personen ein, eine Dame und zwei Herren. Einer der letzteren sah mißvergnügt nach dem großen Bündel Braunebergers. Dieser jedoch konnte nicht darauf achten, denn wider Fug und Recht drängte sich sein Buzl zur Thüre herein.

„Der Hund muß fort!" rief der Kondukteur.

„Buzl, geh' naus!" gebot Herr Brauneberger, aber der treue Hund schlupfte unter die Bank und wollte nicht hervor.

„Lassen's den armen Kerl da," meinte Brauneberger; „ich zahl' für ihn, wenn's sein muß, doppelt."

„Ich darf nicht, werd' g'straft!" sagte der Kondukteur. „Machen Sie, daß Sie das Vieh hinausbringen!"

„Das ist ein schönes Verreckerl!" bemerkte lachend einer der Herren und die anderen lachten mit.

Brauneberger wußte sich nicht anders zu helfen, als daß er das Tier am Genick packte und es trotz des Geheules vom Trittbrett auf das Pflaster hinabließ. Etwas echauffiert kehrte er in den Wagen zurück, aus welchem inzwischen das Bündel entfernt worden. Der Kondukteur hatte es auf dem vorderen Trittbrett neben dem Kutscher niedergelegt.

„Wer hat meinen Pack weggenommen?" fragte Brauneberger.

„Ich," entgegnete der Kondukteur; „da draußen liegt er."

„Er gehört aber herein! Er hat bezahlt!" rief Brauneberger.

„Wer hat bezahlt?" fragte unter allgemeinem Gelächter der Kondukteur.

„Der Pack hat bezahlt –"

Wiederholtes Gelächter. Brauneberger ärgerte sich jetzt in der That.

„Ha, ha, ha!" spottete er nach. „Lachen Sie, so viel Sie wollen. Ich habe zwei Marken – der Pack muß herein." Und er eilte zur vorderen Thüre, schob sie auf, nahm sein Bündel und legte es wieder neben sich.

Der Kondukteur, welcher auf dem hinteren Trittbrett Marken abgegeben hatte, kam herein und sagte: „Mein Herr, wenn noch ein Passagier mehr kommt, muß der Pack wieder verschwinden!"

„Oder was!" erwiderte Brauneberger.

Bei einer der nächsten Haltestellen traf es sich, daß in der That zwölf Passagiere im Wagen waren. Der zwölfte, ein Arbeiter, konnte sich aber nicht setzen wegen Braunebergers Bündel.

„Sie erlauben's," sagte er, „thun's den Pack weg, ich möcht mich setzen."

„Der Pack hat bezahlt," lautete Braunebergers Antwort.

„Sechs Personen müssen Platz haben auf einer Bank," rief der Kondukteur. „Hier sind nur fünf, also fort mit dem Bündel."

„Aber der Bündel hat bezahlt!" rief Brauneberger.

„Aber der Bündel ist keine Person," gab der Kondukteur zurück.

„Da macht man wenig Umständ'!" rief der Arbeiter, nahm das Bündel, warf es zu Braunebergers Füßen und setzte sich auf den Platz.

„Oho! oho!" rief Brauneberger.

„Ja, oho!" wehrte der Arbeiter. „Glauben Sie, Ihre zehn Pfennige sind mehr wert als die meinen? Warum fahren's in keiner Droschke, wenn Sie so viel Platz brauchen? Alle Teufel, rücken's, ich kann mich ja kaum rühren." Damit drückte er gegen seinen Nachbar, der bereits ganz erzürnt sagte: „Ich bitt' mir mehr Manier aus! Sie – Sie – Sie sind ein –"

„Ja, Sie sind auch ein –"

„Kondukteur, schaffen Sie Ruhe, bevor es zu Thätlichkeiten kommt," rief jetzt ein Herr.

Der Gerufene erschien.

„Aber erlauben Sie mir," wandte er sich an Brauneberger, „wenn nicht bald Ruh' wird, muß ich Sie entfernen. Der Pack da, ich sag's zum letztenmal, der gehört nicht herein. Außen beim Kutscher ist Platz dafür, so lange nicht mehr Personen kommen." Und indem er das Bündel abermals zur vorderen Thür hinausschob, fuhr er ärgerlich fort: „Es kommt bald so weit, daß die Leut' noch Kleiderkasten mit in die Trambahn nehmen."

„Aber ich hab' dafür bezahlt. Der Pack ist eine Person!" rief Brauneberger.

Alle lachten ihn aus. Der Arbeiter aber gab den übrigen durch Zeichen zu verstehen, daß er vermute, der dicke Herr müsse wohl verrückt sein.

Brauneberger hatte diese Zeichen wohl bemerkt. Er sah seinen Nachbar mit einem durchbohrenden Blick an; dieser lachte ihm frech ins Gesicht.

In Brauneberger kochte es. Welche Wohlthat wäre es ihm gewesen, wenn er dem Frechen eine hinter's Ohr hätte versetzen dürfen. „Aber ich riskiere Schläge dabei," sagte er sich im Geheimen. „Hätte ich nur die Wette nicht eingegangen! Aber nun heißt's aushalten."

Der Wagen hielt jetzt am Bahnhofsplatz. Wenigstens zwanzig Personen wollten einsteigen. Sie kletterten auf der Vorder- und Rückseite des Wagens hinauf, trotz des Kondukteur-Rufes: „Besetzt!"

Braunebergers Bündel genierte jetzt ganz erheblich.

„Sie müssen aussteigen. Den Pack kann ich nicht mehr im Wagen lassen," sagte der Kondukteur.

„Ich habe bezahlt und bleib'!" entgegnete Brauneberger. „Hier sehen Sie" – er zog dabei den Zylinder ab und nahm die Marken in die Hand – „zwei Marken: eine für mich, eine für den Pack."

„Dann gehen Sie auf die vordere Plattform und stellen sie sich auf Ihren Pack; anders geht's nicht," riet man ihm. In diesem Augenblick hörte man ein entsetzliches Hundegeheul. „Jesses, Jesses, mein Buzl!" schrie Brauneberger. „Was ist's mit meinem Buzl?"

Indem er zur Wagenthür eilte, trat er den Mitfahrenden heftig auf die Füße und erweckte dabei einen allgemeinen Unwillen, ebenso bei den Außenstehenden, die er kräftig auseinanderdrängte, um sich Platz zu schaffen.

„Buzl! Buzl!" schrie er aus Leibeskräften.

Der Hund hörte die Stimme seines Herrn, kam herangesprungen und lief wieder mit dem Wagen.

Brauneberger hatte in seiner Aufregung die Marken unbemerkt aus der Hand fallen lassen. Er schob sich wieder in den Wagen hinein, wankte und schwankte nach der vorderen Plattform, stieß und wurde wieder geschoben und gestoßen und bekam manche unangenehme Titulatur zu hören. Alles schimpfte über das große Bündel, das so viel Raum wegnahm, Brauneberger selbst am meisten, denn wenn er sich darauf stellte, stieß er oben an die Decke, stieg er herab, so trat er den andern auf die Füße.

Das Fluchen!

Jetzt drückte sich zum Überfluß noch der Kontrolleur unter sie.

„Billets vorzeigen!" rief er.

Brauneberger wies nach seinem Hut.

„Da seh' ich nichts oben," sagte der Kontrolleur.

„So thun's halt Ihre Augen auf!" erwiderte der Privatier gereizt.

„Ich hab' sie auf," bemerkte der Beamte. „Wo ist Ihr Billet?"

Brauneberger, der wie eingekeilt stand, zwängte seinen Arm aus der Menge, nahm so gut es ging, den Hut ab und bemerkte, daß die Marken fehlten. Er erinnerte sich gar nicht mehr, daß er sie selbst herabgenommen.

„Die muß mir jemand gestohlen haben," sagte er jetzt, die Umstehenden mit eigentümlichen Blicken musternd.

„Was?" rief einer der Mitfahrenden. „Gestohlen? Soll'n wir etwa –"

„Hauts eam sein Fäiba (Hut) ein!" rief ein anderer in schmutziger Arbeitstracht. Und – piff! paff! Der Hut Braunebergers zeigte sofort eine jener Verwandlungen, die am besten mit dem Blasbalg einer Zugharmonika vergleichbar sind.

Jetzt aber schimpfte er, wie seit undenklichen Zeiten nicht mehr. Dabei sah er so possierlich aus, daß die eng an ihn gepreßten Nachbarn geradezu in einen Lachkrampf verfielen. Dazu mußte er sich noch ein neues Billet lösen. Gleich darauf hörte er wieder seinen Buzl bellen.

„Buzl! Buzl! herein! herein!“ schrie er.

Er neigte sich hinaus, da fiel ihm unglücklicherweise der soeben wieder aus der Stirn geschobene Hut vom Kopfe.

„Halt! halt! Mein Hut!“ rief er. „Buzl, schön apport!“

Buzl hatte gehört und sofort den Hut erfaßt

„Wenn nur den verdammten Pack der Teufel holte!“ rief jetzt ein Mann, der sich soeben an das Bündel gestoßen. „Es ist eine Unverschämtheit, die Leute so zu genieren. Verstanden, Sie – Sie –“

„Wer, ich?“ rief Brauneberger.

„Ja, Sie! Wenn Sie den Pack nicht gleich wegthun, werf' ich ihn zum Wagen hinaus.“

„Das probieren's!“ entgegnete der Privatier. „Dann kann sein, daß – was g'schieht.“

„G'schieht, was will!“ rief der andere dagegen. „Mit so rücksichtslosen Leuten macht man nicht viel Federlesens,“ nahm das Bündel und warf es hinaus.

„Herr Kondukteur! Herr Kondukteur!“ schrie Brauneberger. „Ich protestiere! Ich will meinen Pack!“

Der Kondukteur, welcher soeben das Zeichen zur Abfahrt von der Haltestelle gegeben, hörte bei dem allgemeinen Lärm und Gelächter nicht sogleich die Rufe des Hilfesuchenden.

Der Hund lief neben dem Wagen, den ruinierten Hut apportierend, lustig nebenher. Seinem Herrn rannen die Schweißtropfen von der Stirn.

„Gemeines Volk!“ räsonierte er. „Wer sich unter euch mischt, ist verloren!“

Da kam er aber übel an.

„So eine Frechheit!“ hieß es. „Er will uns Arbeiter verachten, der Faulenzer!“

„Werft's 'n 'naus!“ schrieen andere.

In diesen Richterspruch stimmten all ein. Er ward, trotz Braunebergers Gegenwehr, auch vollzogen. Als am Sendlingerthor der Wagen Halt gemacht, flog Brauneberger hinaus. –

Der Tischler empfing ihn mit offenen Armen.

„Die Hallunken!“ schrie Brauneberger, hochrot vor Zorn. „Vergiften könnt' ich sie, die miserablen –“

„Ruhig, ruhig!“ besänftigte der Tischler den Freund, außer sich vor Freude. „Wenn ein Gendarm kommt, arretiert er dich wegen öffentlicher Ruhestörung.“

„Das ging mir g'rad noch ab!“ schrie der andere. „Um Gotteswillen, mein neuer Hut!“ fuhr er entsetzt fort, dem Buzl die arg zugerichtete Kopfbedeckung aus dem Maule nehmend.

„Aber wo ist mein Bündel!“ fragte der Tischler.

„Der Teufel hol' dein Bündel und dich dazu! Beim Stachus droben haben sie's aus dem Wagen g'worfen, die Lumpen, die Tagediebe, die –“

„Bst! bst!“ beruhigte der Tischler. „Es sind Arbeiter. Die haben sich einen Spaß mit dir gemacht, du grantiger Faulenzer.“

„Einen Spaß? Mit mir?“ fragte Brauneberger, ein äußerst dummes Gesicht machend.

„Geärgert, mein' ich, hast du dich rechtschaffen. Dein Blut wallt noch. Ich hab' die Wette gewonnen. Die hundert Mark hol' ich mir morgen. Hoffentlich bekomm' ich das Bündel mit dem Arbeitszeug wieder, sonst mußt du mir auch dies mit – fünfzig Mark ersetzen. Die Fahrt hat sich für mich rentiert.“

Jetzt erst dachte Brauneberger wieder an die Ursache dieser Vergnügungsfahrt. Er atmete hoch auf. Sein Gesicht nahm allmählich einen ruhigeren Ausdruck an und heiterte sich zuletzt ganz auf.

„Freunderl,“ sagte er, „was einem in einer halben Stunde alles passieren kann, ich hätt' es nie geglaubt! Und wirklich – mir ist schon lange nicht mehr so wohl gewesen. Ja, du hast wahrhaftig Recht; das Blut muß in Bewegung kommen, wenn man sich wohl fühlen, wenn man nicht grantig werden soll. Aber dein Bündel fahr' ich auf der Trambahn nie mehr spazieren. Das hat mir genug Püffe eingebracht. Es war geradezu schandvoll, und gar so eindringlich möchte ich meine Kur doch nicht fortsetzen. Weißt, dieser Doktor „Trambahn“ ist wir zu grob!“

„Dann weiß ich für dich einen anderen,“ sagte lachend der Tischler, „nämlich den Doktor „Hobler“. Komm jeden Tag eine Stunde zu mir zum Hobeln. Ich lern' dir's schon; und paß auf, du hobelst dir die Grillen für alle Zeiten weg.“

„Das ließ' ich mir schon eher gefallen,“ meinte Brauneberger. „Jetzt laß uns um das vermaledeite Bündel Umschau halten. Die Wette hast du gewonnen. Ich bin um hundert Mark ärmer, aber um eine sonderbare Erinnerung reicher, denn die Püffe, die ich bekommen, werde ich noch lange spüren, und so oft ich daran denke, wird mein Blut rebellisch werden. Morgen aber fahre ich zu meiner Frau und Tochter aufs Land und bleibe bei ihnen. Abwechslung muß sein, das ist wahr, sonst wird man schimmelig, wie's stehende Wasser, und grantig, oder –“

„Du mußt wieder eine Trambahnfahrt mit meinem Bündel machen,“ lachte der Tischler.

Brauneberger aber erwiderte schnell und entschieden: „Einmal und nicht wieder!“

Am Vermittelungsamt

Privatier Brauneberger hatte das Mißgeschick, sich lächerlich gemacht zu haben. Er hatte mit einem Freunde gewettet, daß er auf der Trambahn unbehelligt zwei Plätze belegen könne, einen davon für sich, den andern für ein großes Bündel. Er probierte dieses Wagnis; das Ende vom Liede, oder besser von der Fahrt, war aber, daß er nach vielen komischen, für ihn aber peinlichen Zwischenfällen mit Arbeitern, die er wider Willen verletzte, samt seinem Bündel an einer Haltestelle unter allgemeinem Gelächter zum Wagen hinausgeworfen wurde. Brauneberger tröstete sich darüber, kam doch sein in Ruhe und Nichtsthun fast stockendes Blut wieder einmal in Wallung, und so hielt er den Ärger für gesund. Aber dieses Heilmittel sollte ihm doch bald zum Ekel werden.

Obige Hinausflug-Szene hatte ein junger Künstler mit angesehen und sofort skizziert. Schon nach wenigen Tagen erschien das Bild nebst einem witzigen Gedicht, betitelt: „Ein fliegender Protz,“ in der humoristischen Beilage eines Münchener Blattes. Die ganze Figur des Fliegenden war froschähnlich gehalten, nur den Kopf hatte der Zeichner auffallend gut porträtiert, so daß jedermann sofort das Original erkennen konnte und Brauneberger vielseitig verlacht und verspottet wurde. Das ärgerte den dicken Privatier über alle Maßen und er beschloß, gegen den Künstler, der sich „Johannes Ebner“ nannte, eine Beleidigungsklage anhängig zu machen.

Das Gesetz erfordert in solchen Fällen, daß einem derartigen Verfahren ein Ausgleichsversuch beim magistratlichen Vermittlungsamt vorhergehe, und zu einem solchen waren Kläger und Beklagter eines Nachmittags auf das Rathaus geladen.

Braunebergers Frau und Tochter gaben sich vergebens Mühe, den Erzürnten zur Rücknahme der Klage zu bewegen. Sie fürchteten nicht mit Unrecht, daß der Stadtklatsch dadurch nur neuerdings willkommenen Stoff zu witzigen Ausfällen gegen den sonst so zurückgezogen lebenden Privatier finden würde. Aber Brauneberger hatte sich von einigen Bekannten so aufheizen lassen, daß er hartnäckig auf dem nun einmal betretenen Wege verharrte. Er schimpfte dabei über Künstler und Zeitungsschreiber ganz lästerlich, und dies um so mehr, je eindringlicher ihm seine Frau Vernunft zusprechen wollte.

Besser gelang das seinem Töchterlein Susanne, einem liebenswürdigen heiteren Mädchen, das der Augapfel des Vaters war. Susanne konnte ihn, wenn sie es darauf absah, sozusagen um den Finger wickeln. Und diese Susanne hatte ein hohes Interesse dabei, daß er sich mit dem Künstler in keinen Prozeß einlasse.

Sie war diesem Stande mit großer Sympathie zugethan, denn sie hatte einen jungen Künstler, der nach ihren Begriffen schön wie ein Apollo war, während ihrer letzten Sommerfrische in Tegernsee flüchtig kennen gelernt.

Sie hatte damals mit ihrer Mutter eine Bergpartie nach dem Hirschberg unternommen, die Damen waren dabei auf einen unrichtigen Weg geraten, der sie in ein wildes Waldrevier brachte. Schon überfiel beide eine große Angst, als sie plötzlich einen jungen Mann erblickten, der, auf einem Feldstuhle sitzend, soeben im Begriff war, eine prächtige Baumgruppe zu skizzieren.

Der junge Mann war sofort bereit, die Verirrten auf den richtigen Pfad zu bringen, und war dabei ebenso galant als besorgt, denn es gab umgeworfene Baumstämme zu überklettern, über vom Wildwasser aufgerissene Gräben zu springen. Dabei half er der Mutter und half auch der Tochter, die ihn unendlich freundlich anblickte und so fröhlich zu lachen verstand, daß der junge Mann sichtlich Gefallen an ihr fand. Er hielt ihre Hand manchmal länger als nötig in der seinigen, und als er sie einmal über einen großen Stamm hinweghob, drückte er sie fester an sich, als dies die unerwartete Turnübung erforderte. Susanne errötete freilich, aber sie plauderte so frisch und unbefangen weiter, daß der junge, braungelockte Maler mit dem kleinen dunklen Schnurrbärtchen völlig entzückt ward.

Zum Verdrusse der beiden jungen Leute war endlich der richtige Weg gefunden. Nun aber fiel es dem Künstler bei, daß er Stuhl und Skizzenbuch im Walde zurückgelassen. Er mußte sich beides holen; außerdem sollte auch die begonnene Skizze vollendet werden. Er hoffte aber, den nun auf den rechten Weg Gewiesenen beim Abstieg wieder zu begegnen und sie vielleicht beim „Bauer in der Au“ zu treffen. So verabschiedete er sich für einstweilen. Die Damen dankten ihm in überschwenglicher Weise und Susanne blickte noch öfters nach dem sich Entfernenden zurück. Ein gegenseitig letzter Gruß fand aus der Ferne statt. Von da ab sahen sie sich nicht wieder.

Beide Teile hatten, wie das so oft bei solchen Gelegenheiten geht, vergessen, sich vorzustellen. Aber Susanne gedachte oft, sehr oft des liebenswürdigen Begleiters, sie spähte vergebens nach ihm auf ihren Spaziergängen und Kahnfahrten auf dem schönen See. Er war nirgends zu erblicken. Und wieder nach München zurückgekehrt, war die Erinnerung an das Begegnen mit dem unbekannten Künstler das schönste Resultat ihres heurigen Landaufenthaltes.

Daraus entstand ihr Bemühen, den Vater abzuhalten, gegen einen Künstler zu prozessieren, denn der eine machte ihr den ganzen Stand sympathisch, und sie wollte nicht, daß der in jüngster Zeit so häufig polternde Papa sich neuer Übereilungen und unbedachtsamer Handlungen schuldig machte.

Deshalb ließ sie sich's nicht nehmen, den Vater zum Vermittlungsamte auf das Rathaus zu begleiten. Sie hoffte, irgend eine gütliche Beilegung des Streites ermöglichen zu können.

In einem nur schwach erhellten Saale mußten die Parteien warten, bis sie durch einen Diener zu den im Nebenzimmer sich befindenden Beamten gerufen wurden. Eine Menge Personen beiderlei Geschlechts, elegant und einfach gekleidet, gebildete und ungebildete, saßen oder standen im Lokale herum und harrten des Aufrufes.

In der Amtsstube nebenan hörte man oft heftig zanken, dann kam einer nach dem andern mit allen Zeichen der Entrüstung heraus und eilte dem Ausgange zu, noch für sich hin schimpfend. Andere wieder gingen entschieden versöhnt und ausgeglichen von dannen.

Die im Saale Wartenden suchten ihre Gegner mit wilden, vorwurfsvollen Blicken; andere teilten sich gegenseitig den Grund ihres Daseins mit, besonders die Weiber.

„Sagen S' selba, Frau Kramerin, soll i mir dös g'fall'n lassen?“ fragte ein solches die Nachbarin. „Bin i a Millipansch'rin? Hat die g'spreizte Wirtin von der Sonnabluma a Recht dazu? Zwölf Jahr' führ' i mei' G'schäft und koa Mensch hat so was von wir b'haupt'. I kann koa Wasserl trüben, vielwenga a Milli. Bei wir wird nix panscht. Die moant leicht, weil bei ihr 's Bier panscht wird, daß die Wasserleitung oft ins Stocken kimmt? I sag koan Menschen was Bös's nach, na', g'wiß nit! A jeder treibt sei' G'schäft, so guat er's kann. I Milli pantsch'n! Die auf'blas'n Sonnabluma soll vor ihrer Thür kehr'n, die lange Docken. Muaß ma förmli zwoamal hinschaug'n, bis ma's ganz siehgt, so lang is's, und dazu putzt sie si' z'samm' wie r a Docken, und wenn der Herr Sekretär zum Bier kimmt, no, – wenn da 'n Wirt, dem alten Steffl, 's Hirn nit weh thuat, weil ebbas außawachsen möcht', Sie wissens's scho' – so hat er koa Hirn, hat er koans. Was geht mi den sei' Hirn an! I hab' mit'n mein' gnuag Elend, wenn i mi vergiß und zwoamal in an' Kübel – wissen S', es kimmt ja vor, daß ma hin und wider a Milli, die z' dick ausg'fall'n is, verdünna möcht' mit – ara leichtern Milli, – aber dös is nit panscht, wenn ma oans ins ander gehn laßt. Jess', da schaug'n S', durt kimmt s', die langmächti Sonnabluma. Na', den Huat und die Blümerln! No wart! Von dera muaß eahna no' mal ebbas dazähl'n, da wern S' lacha.“

Sie konnte nicht weiter sprechen. Der Ausrufer nannte ihren Namen und denjenigen ihrer Gegnerin, der Wirtin zur Sonnenblume. Beide eilten dem Amtszimmer zu. Dort machte eine der andern den Vortritt streitig, bis endlich beide mit dem Ausrufe. „O je!“ zu gleicher Zeit sich in das Nebenzimmer drängten, zur Erheiterung der Zurückbleibenden.

Auch Brauneberger lachte. Er hatte alle Anwesenden und Ankommenden der Reihe nach gemustert, keiner aber schien dem Phantasiebilde ähnlich, das er sich von Johannes Ebner gemacht. Er stellte sich diesen als einen verbissenen, grämlichen Menschen vor, gekleidet in einen alten Samtflaus, das Haupt mit einem mächtigen Kalabreserhute bedeckt.

„Auf'n ersten Blick kenn' ich ihn!“ hatte er seiner Tochter beteuert. „Aber bis jetzt ist keiner im Saal, der mich so anekeln könnt' wie dieser zweideutige Mensch.“

„Aber, Vater," versetzte Susanne, „du hast vorhin doch selbst gelacht über die Milchfrau. Hörst du, wie sie räsonniert? Alles lacht. Ich meine, du solltest auch lachen über das dumme Bild. Du zeigst dadurch am besten, daß du durch solch eine Karikatur nicht geärgert werden kannst."

„So?" entgegnete der Vater. „Soll ich mir gefallen lassen, daß du einen protzenähnlichen Vater hast? Und das von einem wildfremden Menschen, von einem – Jess', der ist's – der ist's!"

In diesem Augenblick kam ein Mann in etwas herabgekommener Kleidung zur Thüre herein. Er hatte lange, ungekämmte Haare und trug einen schäbigen Samtrock.

Sein schon alterndes Gesicht war blaß und zeigte die Spuren eines liederlichen Lebenswandels.

„Der ist's!" behauptete Brauneberger. „Schau ihn nur an, – z'rissene Stiefel hat er, – ich seh's von weitem und – so ein Lump!"

„Bst!" machte Susanne. „Du weißt es ja gar nicht gewiß. Weiß der Himmel, wer der ist."

„Der Protzenmacher ist's!" sagte Brauneberger in bestimmtem Tone und warf wütende Blicke nach dem neuen Ankömmling. Dieser ließ sich auf einer hinteren Bank nieder, nachdem er dem Aufrufer seinen Ladezettel überreicht hatte.

„Wie er sich hintri setzt," meinte der Privatier, „daß er ja mir nicht zu nahe kommt."

„Er hat dich ja gar nicht gesehen," entgegnete Susanne. „Ich halte ihn für einen armen Menschen, der –"

„Ein Lump ist's!" unterbrach sie der Vater. „Jetzt schaut er her; ich werf ihm aber so einen Blick der Verachtung zu, daß er an mich denkt. Aha, er senkt seinen Blick zu Boden. Ja, ja, das ist das Schuldbewußtsein, das ist's."

„Ah!" machte jetzt Susanne.

„Was ist's" fragte der Vater.

„Siehst du den eleganten Herrn, der gerade eintritt? Das ist – ja, ja, das ist der junge Mann, der uns heuer auf dem Hirschberg – du weißt doch?"

„So, so?“ erwiderte Brauneberger. „Dem muß ich dann gleich meinen Dank sagen, wenn die Vernehmung da drinnen vorüber ist.“

Aber er sollte hiezu sofort Gelegenheit finden, denn schon hatte auch der Angekommene Susanne erblickt und wiedererkannt.

„Fräulein, Sie treffe ich hier?“ sagte er rasch herbeieilend. „Ich freue mich, Sie wiederzusehen.“

„Ich mich ebenfalls,“ erwiderte Susanne mit leichtem Erröten. „Wir begegneten uns in Tegernsee leider nicht mehr.“

„Ich mußte plötzlich abreisen, eines Freundes wegen, – aber ich habe viel, sehr viel an Sie gedacht,“ gestand der andere.

Susanne lächelte erfreut.

„Darf ich Ihnen meinen Vater vorstellen – Hier, Privatier Brauneberger.“

Der junge Mann wich entsetzt einen Schritt zurück.

„Da – da – das ist Ihr –“

„Mein Vater,“ vollendete Susanne.

„Ja, so ist's,“ pflichtete Brauneberger bei. „Meine Frau und Tochter haben mir viel von Ihrer Liebenswürdigkeit erzählt, und ich freue mich, daß ich Ihnen jetzt endlich danken kann für die Mühe, der Sie sich unterzogen. Nochmals herzlichen Dank!“ Dabei reichte er dem Verblüfften die derbe, fleischige Hand und schüttelte ihm die seine in herzhafter, schmerzender Weise.

Der Künstler wußte nicht sofort, was er sagen sollte. Er sah bald Susanne, bald deren Vater an, wegen dessen er ja gerade auf dem Vermittlungsamte war, denn er war Johannes Ebner, der Protzenzeichner, der von Brauneberger Angeklagte, dessen Händedruck er noch lebhaft verspürte.

Endlich aber sagte er: „Ich bin eigentlich in Verlegenheit, Ihnen hier –“

„Sie sind wahrscheinlich in derselben Lage wie ich,“ unterbrach ihn Brauneberger. „Hat mich da so ein boshafter Mensch – ich sage eigens nicht Kollege von Ihnen, denn so ein boshafter Karikaturenmacher weiß ja nicht, was Kunst ist, – so ein Giftnickel hat mich durch eine Zeichnung öffentlich dem Gespötte preisgegeben, er hat einen Protzen aus mir gemacht, denken Sie sich, ich und ein Protz! Da hab' ich ihn verklagt. Heut' ist die Vermittlung, – ich laß aber nichts vermitteln, ich laß ihn strafen, eingesperrt muß er werden! – Und warum sind Sie da?“ fragte er nach einer Weile.

Noch immer sehr verlegen, aber doch allmählich sich zurechtfindend, sagte der Künstler: „Ich bin in einem ähnlichen Falle hier. Ich beabsichtige, mich mit meinem Gegner zu vergleichen.“

„Ich nicht!“ rief Brauneberger rasch. „Sehen Sie, dort hinten, der Mann mit dem abgetragenen Samtrock, der ist's. Johannes Ebner heißt er.“

„Ach, bester Herr,“ sagte jetzt Susanne, „ich halte es für einen glücklichen Zufall, der Sie uns gerade hier wiederfinden ließ. Vielleicht können Sie es ermöglichen, daß der Vater sich mit dem Karikaturenzeichner vergleicht. Die Mutter und ich baten den Vater vergebens, daß er die Sache beruhen lassen sollte. Der Mensch dort macht den Eindruck des Erbarmens. Er scheint arm und unglücklich zu sein. Er würde gewiß dem Vater Abbitte leisten, und – mehr, Vater, kannst du nicht verlangen.“

„Ich verlange, daß er eingesperrt wird, und dabei bleibt's!“ versetzte Brauneberger.

„Bitte, vermitteln Sie,“ bat Susanne den jungen Mann.

Dieser suchte nach einem guten Gedanken, wie er sich aus dieser verwirrten Lage glücklich herauswinden könnte. Hier mußte Künstlerwitz helfen, und es schien, als mache ihn Susannens bittender Blick erfinderisch.

„Also den dort halten Sie für Johannes Ebner?“ fragte er lächelnd.

„Ja, den Hungerleider dort!“ antwortete Brauneberger. „Gerade habe ich ihm wieder einen vernichtenden Blick zugeworfen.“

„So erfahren Sie denn,“ sagte der junge Künstler, „jener heißt wirklich Ebner, aber nicht Johannes, sondern Hans Ebner. Ich bin mit ihm weder bekannt noch verwandt, weder Freund noch Feind &c., aber er hatte die Keckheit, meinen Namen zu mißbrauchen.“

„Ihren Namen? Ja, wie heißen Sie denn eigentlich?“ fragte Brauneberger.

„Ich? Ich heiße Johannes Ebner.“

„Sie? Aber –“

„Aber der dort heißt Hans Ebner und ist ein Stümper von einem Künstler. Damit er nun seine jämmerliche Karikatur über Sie leichter anbrachte, schrieb er als Monogramm „Johannes Ebner“ darunter. Verstehen Sie? Mein Name ist schon etwas mehr wert, und so kommt es, daß ihm das Witzblatt die Zeichnung mit den erbärmlichen Versen abnahm. Und ich bin hier, weil ich ihn angeklagt habe wegen Mißbrauchs, wegen – Sie verstehen schon!“

„Aber da hört sich doch alles auf!“ versetzte Brauneberger. „So ein Halunke, so ein – ja, ja, der „Hans“ schaut ihm aus dem Gesicht und allen Knopflöchern heraus.“

„Bst!“ machte der Künstler. „Ich will mit ihm sprechen, er soll Sie um Verzeihung bitten, aber dann lassen Sie ihn laufen. Er hat für immer abgeprotzt, verlassen Sie sich darauf.“

„Ach ja, thun Sie das!“ bat Susanne, der die Sache nicht ganz klar war und welche gerne noch diese oder jene Frage gestellt hätte. Herr Brauneberger wollte ebenfalls Einwendungen machen, aber schon hatte sich der Künstler zu dem vorgeblichen Namenskollegen begeben.

In diesem Momente kamen die beiden Frauen, die Milchfrau und die Wirtin, in bestem Einverständnis aus dem Nebenzimmer.

„Es war halt a Mißverständnis,“ meinte die Milchfrau. „So geht's. Drum soll ma über alles z'erst reden – no – mi freut's.“

„Niemals hab' i über eahna Milli g'schimpft,“ versetzte die Wirtin. „D' Milli is halt nöd alleweil gleich –“

„Dös is's,“ ereiferte sich die andere. „Nix, als a Mistverständnis! I hab' jederzeit d' Hand ins Feuer g'legt für eahna, koa unrechts Wörtl is über meine Lippen kömma, wahrhafti –“

Was sie sich gegenseitig noch vorlogen, konnte nicht mehr gehört werden, sie hatten den Saal verlassen.

„Siehst du, Vater,“ sagte Susanne, „auch die beiden haben sich versöhnt. Es ist doch am besten so.“

„Muß mir's noch überlegen,“ antwortete der Vater; „der verdient kein Pardon: Namensmißbrauch, Karikaturenschinder, und dabei aussehen wie ein Hungerleider –“

Der junge Künstler hielt indessen mit dem fraglichen Samtrockinhaber folgendes Zwiegespräch:

„Bömlein, Sie haben mich wegen Beleidigung hieher zitieren lassen?“

„Ja, so ist's, Herr Ebner,“ entgegnete der Angesprochene, der sich als Farbenreiber in den Künstlerateliers herumtrieb und nicht mit Unrecht für einen Fexen galt. „Sie haben mich in Gegenwart anderer geschimpft –“

„Ich hatte Grund dazu,“ unterbrach ihn Ebner. „Sie haben den Farbeneinkauf mit mir nicht richtig verrechnet; ich habe die Beweise jetzt in der Tasche. Ihre Klage nützt Ihnen nichts; ich kann den Wahrheitsbeweis erbringen. Übrigens soll alles vergessen sein, wenn Sie wollen.“

„Das ist mir das allerliebste,“ entgegnete Bömlein. „Reut mich ohnedies schon, daß –“

„Nun, desto besser,“ sprach Ebner. „Sie haben heute natürlich noch nichts gegessen?“

„Noch keinen warmen Löffel hab' ich im Leib!“ beteuerte der andere, „und es geht schon auf den Abend.“

„Da haben Sie einen Thaler,“ sagte Ebner, ihm das Geld gebend. „Jetzt aber gehen Sie zu dem dicken Herrn dort, bei dem Sie mich stehen sahen, und bitten ihn um Verzeihung – kurz und bündig, lassen sich in gar keinen Diskurs ein, nennen keinen Namen, bitten ihn nur um Verzeihung und verschwinden dann. Das andere besorge ich, verstehen Sie?“

„Eigentlich nein,“ versetzte Bömlein. „Sie meinen, ich soll den Herrn dort um Verzeihung bitten, weil Sie mich beleidigt haben?“

„Ganz recht,“ lachte Ebner. „Da haben Sie noch eine Mark, damit Sie leichter begreifen.“

„O, Herr Ebner,“ sagte Bömlein gerührt und eine Thräne zeigte sich in seinem Auge.

Er wollte sie abwischen, aber Ebner fuhr dazwischen und hielt ihm die Hand.

„Nicht abwischen!“ rief er. „Erst wenn Sie dort sind, thun Sie es, und können Sie noch einige Thränen herausdrücken, sollen Sie noch einen Thaler haben. Jetzt aber kommen Sie.“

Bömlein glaubte zu träumen. Jedenfalls wußte er nicht, warum er zu etwas veranlaßt wurde, das ihm völlig unklar war. Er folgte dem Künstler zu den in höchster Erwartung Verweilenden.

„Herr Brauneberger," ergriff der junge Mann das Wort, „ich habe die Sache vermittelt. Machen Sie keine Schwierigkeiten, und Sie –" damit wandte er sich zu Bömlein, „thun Sie wie Sie sagten."

„Mein Herr," begann dieser, „ich bitt' vielmals und aufrichtig um Verzeihung "

„Mehr können Sie nicht verlangen, Herr Brauneberger," fiel Ebner ein.

„Mehr darfst du nicht verlangen," sagte auch Susanne.

Brauneberger maß seinen vermeintlichen Gegner mit möglichst geringschätzenden Blicken.

„Wie kamen Sie dazu, das zu thun?" fragte er.

Bömlein glaubte, es handle sich um eine Klage, und erwiderte: „Wenn der Wurm getreten wird, krümmt er sich."

„Ah!" entgegnete Brauneberger, „ich hab' Sie auf der Trambahn getreten? Das war wohl möglich, aber das ist doch kein Grund, einen ehrlichen Mann der Lächerlichkeit preiszugeben. Sagen Sie, was haben Sie jetzt dafür bekommen?"

Brauneberger meinte die Zeichnung, Bömlein aber glaubte, es handle sich um das, was er von Ebner erhalten, und er antwortete demgemäß: „Drei Mark und noch eine dazu und –" indem er sich die ihn noch immer auf der Wange kitzelnde Thräne abwischte, „ein Thaler ist mir noch gewiß."

„Bömlein!" ward jetzt gerufen.

„Hier!" meldete sich derselbe.

„Ebner!" lautete der zweite Aufruf.

„Hier!" antwortete auch dieser.

„Eintreten!" befahl der Aufrufer.

Brauneberger und Susanne sahen bald den einen, bald den anderen der vor ihnen Stehenden an.

„Heißen Sie denn Bömlein?" fragte der erstere jetzt den noch immer zerknirscht dastehenden Farbenreiber.

„Es handelt sich um eine dritte Person," warf der junge Künstler rasch ein, und dem Aufrufer erklärte er: „Die Parteien verzichten auf den Eintritt; ebenso Brauneberger und Ebner. – Sie können jetzt gehen," wandte er sich wieder dem Farbenreiber zu. „Herr Brauneberger vergiebt Ihnen, adieu!" Mit diesen Worten hatte er Bömlein thatsächlich von dem Privatier weggedreht und zur Thüre gewiesen.

Brauneberger winkte verächtlich mit der Hand, daß er gehen solle.

„Sie haben Recht," sagte er zu dem Maler, „so ein Mensch kann gar nicht beleidigen. Die Zeichnung ist auch so stümperhaft, man sieht ihr an, daß sie ein Pfuscher gemacht hat. Gehen wir! Und wenn ich Sie einladen darf, mit uns im Rathauskeller eine Flasche Wein zu trinken, so wird mir das eine große Freude sein."

Der junge Künstler atmete erleichtert auf, daß seine List so wohl gelungen.

Als sie die Treppe hinabstiegen und die beiden jungen Leute dem voranschreitenden Brauneberger folgten, fragte Susanne den Maler leise: „Was denken Sie sich jetzt von uns?"

„Nur Gutes!" versicherte der junge Mann. „Was aber denken Sie sich von mir?"

„Daß Sie ein Erzschelm sind!" antwortete Susanne lächelnd. „Ich habe die ganze Geschichte durchschaut."

„Und wollen mich verraten?" fragte Ebner, dem Mädchen die Hand drückend.

„Nein," entgegnete dieses. „Sie wissen ja immer wieder den richtigen Weg zu finden."

„O, wir sind schon auf dem rechten Weg," versetzte Brauneberger, der die letzten Worte gehört und falsch gedeutet hatte. „Ich kenn' mich im Rathaus schon aus, trotz der so beliebten ägyptischen Finsternis."

Ebner und Susanne sahen sich lächelnd an. „Ich kenne von nun an nur einen richtigen Weg," sagte der erstere, „und der führt zu Ihrem Herzen."

Dieser Weg war für den hübschen jungen Mann nicht reich an Hindernissen. Einige Monate später fuhr das junge Paar zum Standesamt.

Bald nach der Hochzeit traf es sich, daß Bömlein und Brauneberger sich im Hofbräuhause begegneten. Der Farbenreiber sah noch heruntergekommener aus als damals am Vermittlungsamt, weshalb ihn Brauneberger herzuwinkte und ihm ein paar Mark mit den Worten in die Hand drückte: „Sie müssen mir eine Gefälligkeit thun."

„Ich?" fragte Bömlein, durch das Geld in seiner Hand neu belebt. „Soll ich vielleicht heute jemand um Verzeihung bitten, den Sie beleidigt haben?"

„Ich verstehe Sie nicht," erwiderte Brauneberger. „Auf das Wohl des glücklichen jungen Paares sollen Sie trinken. Sie wissen doch, daß Ihr Namenskollege mein Schwiegersohn ist? Alles andere ist vergessen, Herr Ebner, ja, ja – vergessen."

„Wie nennen Sie mich? Ebner? Mein Name ist ja Bömlein, Gottfried Bömlein!"

„Machen Sie keinen Spaß," versetzte Brauneberger. „Sie heißen ja Hans Ebner! Das weiß ich besser."

„Wie – wie? Sie wissen besser als ich, wie ich heiße? Aber erlauben Sie –"

„Erlauben Sie," unterbrach ihn Brauneberger. „Sie heißen Hans Ebner, wenn Sie gleich unter der Karikatur aus gewissen Gründen eine Änderung vornahmen."

„Unter welcher Karikatur?"

„Die Sie sich erlaubten – Trambahn – fliegender Protz –"

„Weiß ich gar nicht," versicherte Bömlein.

„Aber Sie haben doch Ihre Zeich- Ihr Machwerk mit Johannes Ebner unterschrieben."

„Ich? Ich kann ja gar nicht zeichnen. Auf Ehr' und Seligkeit, ich bin der Farbenreiber Gottfried Bömlein. Ah, jetzt fällt mir's ein: Sie meinen jene lustige Zeichnung „der fliegende Protz." Ja, das ist ja von Ihrem Herrn Schwiegersohn komponiert, und zwar sehr gelungen."

„Von meinem Schwiegersohn?" fragte Brauneberger entsetzt.

„Nun freilich," erwiderte Bömlein. „Ich weiß aber nicht, wen er damit im Sinne hatte, jedenfalls einen Geldprotzen. Ich wollte, ich hätte diese Ehre gehabt; ich verschluckte den Protzen gern, ich meine die Zeichnung. Kennen Sie vielleicht das glückliche dicke Original?"

„Nein," entgegnete der Privatier gereizt. „Habe kein Verlangen darnach! Und jetzt adieu!"

Er wendete dem Farbenreiber den Rücken. Dieser war erst verblüfft, dann lachte er laut auf und entfernte sich kopfschüttelnd.

„Mir geschieht's recht!" sagte Brauneberger nach einigem Nachsinnen. „Meine gleichmäßige Ruhe war mir zuwider, ich wollte mich hie und da ärgern, daß mein Blut mehr in Wallung komme. Jetzt nimmt der Ärger gar kein Ende mehr,

– was sag' ich, Ärger? – die Wut, – die Wut! Hätt' ich ihn nur gleich vor mir, den Falschen! den Hinterlistigen, den –; kommt er wir nur zurück von der Hochzeitsreise, – da giebt's eine fürchterliche Katastrophe!“

Es gab aber keine. Angesichts des Glückes der Neuvermählten schmolz des Alten Wut hin wie Schnee in der Sonne. Schließlich überkam es ihn, als hätten sich etwelche Weisheitsbazillen in seinem Hirn festgenistet, und lachend sagte er zu sich: „Wer sich zu einer Dummheit hergiebt, muß es sich gefallen lassen, wenn man über ihn lacht. Darüber sich ärgern, das ist die zweite Dummheit. Und damit ich keine dritte begehe, so verschlucke ich auch den Protzen. *Eine* Rache aber behalte ich mir vor. Damit meinem Schwiegersohn das Protzenzeichnen ein für allemal vergeht, mache ich ihn extra selbst zu einem solchen. Ich kann's, ich hab's, zu einem riesigen Geldprotzen mach' ich ihn. Dann ist das Lachen an mir, und wer zuletzt lacht, der – Teufel, am End' ist das gar der andere!“ –

Lazarus Sauerteig

Lazurus Sauerteig zählte unter die Kategorie jener Menschen, welche so zu sagen jedermann um Entschuldigung bitten, daß sie auf der Welt sind. Hierzu trug schon die Wahl seiner Eltern bei. Sein Vater war ein armseliger Dorfbarbier, der zu jener Zeit der unterwürfige Knecht aller Gemeinde-Angehörigen war, indem er ja von deren Liebesgaben lebte, ohne welche er bei seiner spärlichen Einnahme und seiner starken Familie dem Verhungern wäre preisgegeben worden. So sah Lazarus seinen Vater stets nur mit gekrümmtem Rücken und verbindlichem Lächeln, und als er in die Stadt zum Studieren kam, gab ihm jener beim Abschiede nebst einem fast leeren Geldbeutel die Lehre mit auf den Weg: „Mit dem Hute in der Hand, kommt man durchs ganze Land.“

Hut hatte zwar der junge Studiosus keinen, aber seine Mütze zog er vor jeder Thüre, wo er um ein Viatikum anklopfte. In der Stadt bettelte er sich sieben Kosttage für die Woche zusammen und holte sich gleich vielen andern armen Studenten sein Mittagsmahl in dem zweiteiligen, mit einem Henkel versehenen „Kosthaferl“ nach Hause.

Bei seinem auffallenden Äußeren, das sich mit den drei Worten: „lang, hager, häßlich“ bezeichnen läßt, war er oft dem Spotte der Gassenjungen ausgesetzt, die den Kostbettlern den Spottvers nachschrieen:

„Student, Student!
Is d'Suppen verbrennt,
Wirf's Haferl an d'Wänd',
Du Bettelstudent!“

Lazarus Sauerteig hatte schon in seiner Jugend ein schlaff aussehendes Gesicht, in welchem alle Züge nach abwärts strebten, ebenso wie die sparsam anliegenden, langen, herabhängenden, weißblonden Haare. Eine stumpfe Nase und blaßblaue Augen machten sein Antlitz nicht ansprechender. Seine Kleider waren ihm durchwegs zu kurz, und bei seiner Länge und Hagerkeit war er einer ausgewachsenen Salatstaude wohl vergleichbar.

Im Studium zählte er zu den Durchschnittsschülern, und so wand und bettelte er sich durch das Gymnasium glücklich hindurch. Auf der Universität erging es Lazarus nicht besser. Während andere Studiosi nach dem Kolleg oder auch statt des Kollegs die Kneipe besuchen und sich ihres Mittagstisches erfreuen konnten, mußte er sich in die verschiedenen Klöster schleichen, wo er in liebenswürdiger Weise in einem Separatzimmer sein Mittagsmahl erhielt. Das kostete aber viele „Vergelts Gott“ und manchen gekrümmten Rücken.

Morgens und abends hungerte er meist, wenn er nicht so glücklich war, durch Abschreiben bei einem Advokaten einige Sechser zu verdienen, die in erster Linie zur Bestreitung seiner Schlafstelle benutzt werden mußten.

Oft meinte er freilich, das praktischste in seinen ärmlichen Verhältnissen wäre es, jetzt noch einen anderen Beruf zu ergreifen, der ihm das tägliche Brot verdienen ließe, aber dazu war seine Sehnsucht nach etwas Höherem zu groß. Er fühlte den unwiderstehlichen Drang in sich, Rechtsgelehrter zu werden. Glücklich bestand er auch das theoretische Examen, doch brachte es für ihn die allerschlechteste Zeit mit im Gefolge. Das Praktizieren ohne jeden Gehalt und ohne jede Beihilfe von außen machte ihm die zwei Jahre bis zum Staatskonkurse zu einer wahren Marterzeit. Nach seinem mit einem guten „Dreier“ bestandenen Staatsexamen gelang es ihm, am Landgerichte zu Berghofen mit zeitweisen Tagegeldern als Praktikant unterzukommen. Da hieß es vor allem, sich mit dem Amtsvorstande auf gutem Fuße zu halten, und da dieser den Adel in seinem Wappen führte, so sah der stets demütige Lazarus zu ihm auf wie zu einem Herrgott und erstarb täglich und stündlich im unterwürfigsten Respekte. Seine Arbeitskraft hingegen wußte der bequeme Herr Baron in jeder Weise auszubeuten. Doch vergingen viele Jahre, bis Lazarus Sauerteig endlich zum Funktionär ernannt wurde und damit einen kleinen Gehalt erhielt.

Obwohl er nun erst Mitte der Dreißiger stand, glich der Funktionär Sauerteig schon einem ältlichen Manne; alles an ihm strebte jetzt noch mehr hernieder wie vordem. Auf seiner etwas knolligen Nase saß eine gewaltige Hornbrille, über die ein paar blasse Augen unstet hinwegsahen. Er trug gewöhnlich eine Kappe mit großem Schirmdache, hohe Vatermörder, eine weiße, hoch hinaufgehende und festgeschlungene Halsbinde, einen etwas kurzen, braunen, abgeschabten Rock und Beinkleider, die kaum bis zu den Knöcheln reichten.

Aber trotz aller dieser äußeren Mängel gelang es ihm doch, die Neigung einer hübschen Assessorswitwe Namens Amalie Fruhmann zu gewinnen, mit welcher er sich zu verehelichen gedachte, sobald er zum Assessor befördert würde. Vergebens aber wartete er, und nicht minder sehnsüchtig seine Freundin, von Jahr zu Jahr auf die Beförderung.

Lazarus konnte sich nicht erklären, warum er fortwährend übergangen wurde. Sein Chef war doch stets mit ihm zufrieden, er konnte nicht pflichteifriger sein und war jedenfalls der fleißigste Beamte am ganzen Landgerichte. Die Ursache aber lag daran, daß der Amtsvorstand ihn nicht zur Beförderung als Richter begutachtete. Einesteils mochte es ja wahr sein, daß sich der stets unterwürfige Mann und aller Welt gehorsamste Diener zum Richter nicht eignete. Der Landrichter hatte aber noch seinen ganz besonderen Grund. Er konnte nämlich die Hilfe Sauerteigs, der alle Arbeiten fertigen mußte und ihn jeder Selbstarbeit überhob, namentlich in Verwaltungssachen, die damals noch dem Ressort der Landgerichte unterstellt waren, nicht mehr wohl entbehren. Als Assessor mußte aber Sauerteig wahrscheinlich versetzt werden, und in dieser Eigenschaft hätte ihn der Landrichter dann nicht mehr ausbeuten können.

Und so harrte der Ärmste Jahr um Jahr. Endlich – endlich gingen aber auch ihm die Augen auf, und er sah ein, daß er bisher nur der Pudel des Herrn Baron gewesen und dieser allein die Schuld an seiner Zurücksetzung trug. Er hatte nämlich zufällig von seiner Qualifikation an das Ministerium Einsicht genommen, worin es hieß: „Ist zwar sehr diensteifrig, eignet sich aber nicht zum Assessor, wegen großer Unbehilflichkeit und völligem Mangel an Energie und Selbständigkeit. Auch würde seine äußere Erscheinung der Würde des Richterstandes nicht entsprechen &c. &c.“

Von diesem Augenblicke an war Lazarus Sauerteig wie umgewandelt. Eine Bitterkeit griff in seinem Herzen Platz, wie er sie in seinem ganzen Leben nie gefühlt. Jetzt endlich taute es in ihm auf; er fing an, sich seiner selbst bewußt zu werden.

Mangel an Energie! Der Landrichter hatte da schon recht, aber der Teufel habe Energie und Selbstbewußtsein, wenn er stets nur mit Pfennigen und Kreuzern rechnen und dabei hungern muß! Die Assessorswitwe riet ihm als das Beste an, selbst nach der Hauptstadt zu reisen und sich dem Minister vorstellig zu machen. Sie glaubte, es wäre auch von guter Wirkung, wenn er die Excellenz an dessen Korpsbruder Fruhmann, ihren verstorbenen Mann, den Assessor, mit dem er in der Jugend sehr intim gewesen, erinnern würde. Die Zeit war jetzt günstig, da in dem Nachbarorte Sterzenfeld eine Assessorstelle frei geworden; um die er gleich supplizieren könne.

Dem Lazarus Sauerteig gefiel das. Auch war es ihm darum zu thun, dem Landrichter bei dieser Gelegenheit eines anzuhängen, weil ihn dieser so meuchlings verschlagen hatte.

Der Landrichter hatte sich daran gewöhnt, alles ungelesen zu unterschreiben, was ihm der Funktionär unterbreitete. Gnaden Herr Landrichter las überhaupt nichts. Er wußte, daß nichts fehlte, wenn der gewissenhafte Sauerteig es gefertigt hatte, und da kam der sonst so sanftmütige Lazarus auf den Einfall, ein Todesurteil für den Landrichter aufzusetzen, worin in satyrisch-mutwilliger Weise die strafbare Bequemlichkeit und mancherlei anderes, sowie die Qualifikation des Funktionärs als hinterlistig richtig beleuchtet wurde und schließlich der Landrichter sich selbst zum Tode verurteilte.

Dieses Dokument, an das Justizministerium adressiert, legte der Funktionär nebst anderen Schriftstücken dem Amtsvorstande zur Unterschrift vor und – richtig unterschrieb dieser, ohne gelesen oder sich auch nur um den Inhalt bekümmert zu haben – und das Amtssiegel ward vorschriftsmäßig darauf gepreßt. Und mit diesem Dokument in der Tasche, wanderte der Funktionär nach erhaltenem Urlaub, teils zu Fuß, teils per Stellwagen, nach der Hauptstadt.

Dort borgte er sich in einer Kleiderleihanstalt einen schwarzen Frack und kaufte sich weiße Handschuhe und eine weiße Halsbinde. Der Frack roch zwar verdächtig nach Weihrauch, denn er hatte erst am vorhergehenden Tage bei einer Beerdigung Verwendung gefunden, aber das genierte den Funktionär nicht. Er hatte nur die Form seiner Ansprache an den Minister im Kopfe, und nicht ohne Zagen stieg er die Treppe hinauf, die ihn zum Bureau des Ministers führte. Auf seine Anfrage wies man ihn nach dem Anmeldezimmer.

Ein alter, scheinbar sehr jovialer Diener befand sich hier.

„Ah – Sie entschuldigen – ich wollte nur um die Gnade einer Audienz bei Seiner Excellenz unterthänigst gehorsamst gebeten haben."

„Sind Sie hieher befohlen?" fragte der Diener, sich in Position setzend, als er die demütige Haltung Sauerteigs gewahrte.

„Befohlen? O nein, nichts weniger als das. Ich bin der Landgerichtsfunktionär Lazarus Sauerteig von Berghofen."

„So – so – Lazarus Sauerteig – ein komischer Name. Aber was wollen Sie denn von uns?" fragte der Diener, sich in die Brust werfend.

„Ich möchte Se. Excellenz unterthänigst gebeten haben, auf die erledigte Assessorstelle in Sterzenfeld befördert zu werden."

„Ah so!" machte der andere. „Da war heute schon ein Herr hier in derselben Absicht. Ihre Excellenz sind aber vor elf Uhr nicht im Bureau, und so ist es jedenfalls für Sie ein Glück, wenn Sie der erste sind, der persönlich auf den Posten suppliziert, denn wer zuerst kommt – Sie kennen das Sprichwort schon. Bleiben Sie nur einstweilen hier, nehmen Sie Platz. Sobald Excellenz kommen, werde ich Sie melden. In der Regel gehen Excellenz durch den vorderen Eingang in ihr Kabinett. Ich werde es Ihnen schon sagen, wenn es Zeit ist. Nehmen Sie doch Platz, Herr – Sauerteig." Lachend entfernte er sich mit einem Aktenbündel.

Lazarus gab sich seinen Betrachtungen hin. Er fühlte, er war an einem Scheidepunkte seines Lebens angelangt. Da, nach einer geraumen Weile, kam ein Herr in Frack und Hut und ging geraden Wegs auf die Thüre zum Kabinett des Ministers zu.

Das war ohne Zweifel der Mitbewerber für die erledigte Assessorstelle, von dem der Diener ihm gesagt.

„Sie! pst! pst!" machte Sauerteig. „Wo wollen Sie denn hin? Der Minister ist ja nicht zugegen. Wenn er aber kommt, bin ich bereits als der erste zur Audienz vorgemerkt."

Der Herr wandte sich zu Sauerteig und konnte sich bei dessen Anblick des Lächelns kaum erwehren.

„Befürchten Sie nichts," sagte er. „Ich mache Ihnen den Vortritt nicht streitig. Mit wem habe ich die Ehre?"

„O, ich bitte, ganz meinerseits," entgegnete Lazarus jetzt unter Bücklingen und wieder voll Höflichkeit. „Ich bin der Landgerichtsfunktionär Sauerteig aus Berghofen."

„Und was wünschen Sie vom Minister?"

„Mein Recht!" erwiderte Lazarus mit einem Anflug von Entschiedenheit.

„Nun, das wird Ihnen unter allen Umständen auch zu teil werden. Kennen Sie den Minister?"

„Nein – wie sollte ich auch – aber ich möchte doch ergebenst gebeten haben, mir zu sagen, mit wem ich –"

„Ah so – ich – ich bin zur Zeit in sehr abhängiger Stellung, so was man sagt, Prügeljunge für alles –"

„Ah – und da supplizieren Sie auf den Assessorposten in Sterzenfeld?"

„Warum nicht gar!"

„Nicht? O, dann wird mir schon wieder leichter ums Herz. Ich glaubte einen Mitbewerber – aber erlauben Sie mir," sagte er, jetzt plötzlich den Herrn musternd, „ich möchte Sie auf etwas aufmerksam machen – in Ihrem eigenen Interesse. Sie haben nicht einmal eine weiße Kravatte und weiße Handschuhe. Wagen Sie denn ohne solche eine Audienz beim Herrn Minister?"

„Warum nicht? Kravatte und Handschuhe machen den Mann nicht, besonders wenn letztere so defekt sind, wie die Ihrigen."

Lazarus schien sein linke Hand rasch verstecken zu wollen.

„Haben Sie's bemerkt, daß die linke Hand nur so eingewickelt ist?" fragte er erschrocken. „Beim ersten Einschlupf – patsch – rissen Sie wie Fließpapier auseinander. Ich kann mir aber kein zweites Paar mehr kaufen. Glauben Sie, Excellenz bemerkt das? Und könnte es ungnädig aufnehmen – mich entgelten zu lassen?"

„Gewiß nicht," beruhigte der andere. „Er wird weniger auf Ihre Hand, als auf Ihren Kopf schauen."

„Auf meinen Kopf? Ja, mein Kopf – den hab' ich schon lange – wollte sagen, der gehört schon lange nicht mehr mir."

„Nicht Ihnen? Wem denn?“

„Der gehört meinem Amtsvorstand. Dieser Kopf, man sieht's ihm gar nicht an, ist seine rechte Hand. Sie müssen nämlich wissen, daß“ – er stockte plötzlich.

„O sagen Sie mir nur, was Sie auf dem Herzen haben. Ich kann Ihnen vielleicht gefällig sein – Sie dürfen mir ungeniert vertrauen. Aber warten Sie einen Augenblick, ich will nur sehen, ob wir nicht gestört werden.“

Der Fremde ging zur Thüre hinaus; Sauerteig glaubte ihn mit jemand sprechen zu hören. Nach wenigen Augenblicken erschien er wieder und setzte sich neben Sauerteig, den er ebenfalls einlud, Platz zu nehmen.

„So, jetzt legen Sie los. Der Landrichter von Berghofen macht immer sehr umfassende, musterhafte Berichte, soviel ich – zufällig hörte. Er ward zum letzten Neujahr auch mit einem Orden ausgezeichnet. Ist es nicht so?“

„Ja, ganz richtig. Ich beneide ihn nicht darum, aber es ist hart, wenn man zusehen muß, wie ein anderer die Pastete verzehrt, die man mit so großer Mühe zubereitet und selbst dabei Hunger leidet.“

„Ist das Ihr Fall?“

„Ja, die Pastete – wollte sagen, die Berichte sind mein Werk. Alles, was von Berghofen aus an das Ministerium gelangt, ist mein Werk. Ich sage das nur Ihnen im Vertrauen. Ich möchte mich nicht beim Minister damit groß machen, oder die Verdienste meines Amtsvorstandes verkleinern, aber es wird mir grün und gelb vor den Augen, wenn ich daran denke, wie er mich in der Qualifikation förmlich als Trottel hingestellt, mich, der ich alles so fix und fertig mache, daß er nur seine hochadelige Unterschrift darunter setzen darf. Er weiß auch, daß er sich auf mich verlassen kann und unterschreibt alles, ohne es zu lesen, selbst die wichtigsten Dokumente, und das würde er gewiß nicht thun, wenn er nicht überzeugt wäre, daß alles in Ordnung ist, und daß alles in Ordnung war, bezeugt der Orden, den er bekommen hat.“

„Das ist allerdings sehr unbillig, wenn dem so ist,“ meinte der andere. „Aber der Vorwurf, daß Ihr Amtsvorstand selbst die wichtigsten Dokumente ungelesen unterschreibt, bedürfte doch wohl eines Beweises –“

„Hab' ihn, hab' ihn!“ unterbrach ihn Lazarus mit schlauer Miene, „hab' ihn in der Tasche. Sie glauben mir nicht, weil Sie so zweifelhaft lächeln, Sie halten mich wohl gar für einen Verleumder. Werden Sie mir glauben, wenn ich Sie ein Dokument sehen lasse – aber Sie müssen mir versprechen, daß die Sache unter uns bleibt. Ich werde es auch dem Minister nur im dringendsten Falle zeigen, denn ich möchte meinem Vorstand keinen Schaden bringen. Ich will nichts, als befördert werden, um meine Braut, die Assessorswitwe Fruhmann heiraten zu können."

„Was ist das für ein Dokument?" fragte der andere neugierig. Lazarus zog das Schriftstück aus der Tasche.

„Und Sie versprechen mir –" fragte er zögernd.

„Daß die Sache unter uns bleibt," versicherte der andere.

„Sehen Sie, hier hat der Herr Landrichter sein eigenes Todesurteil unterschrieben."

„Sein Todesurteil?"

Lazarus zeigte dem Herrn schmunzelnd das Papier.

„Es war just ein Streich von mir, den mich der Ärger über meine Qualifikation hat spielen lassen," entschuldigte er sich gewissermaßen.

Der Fremde las mit Erstaunen das Todesurteil, dessen Motivierung von großem Witze des Verfassers zeugte. Auf der Unterschrift haftete sein Auge eine geraume Weile. Dann schüttelte er verwundert den Kopf und gab das Schriftstück wieder an Sauerteig zurück.

„Nun, was sagen Sie jetzt?" fragte dieser, das Papier in die Tasche steckend.

„Daß Sie ein witziger Kopf sind. Und da Sie sich so vertrauensselig an mich wandten, so möchte ich Ihnen den Rat geben, von diesem Beweise, der doch eine Vertrauensverletzung Ihrerseits gegen Ihren Amtsvorstand involviert, keinen weiteren Gebrauch zu machen. Ich finde derartige Racheakte – verzeihen Sie mir – nicht besonders empfehlenswert."

„Nicht wahr? Das hab' ich mir auch schon gesagt," stimmte Lazarus bei. „Es sollte auch nur für den äußersten Notfall sein. Aber Sie haben recht, es wäre hinterlistig, davon Gebrauch zu machen, und damit ich nicht in Versuchung komme, so was man sagt, ein Denunziant zu sein, so –" damit nahm er das Papier wieder aus der Tasche und zerriß es in kleine Fetzen – „so! Und jetzt will ich halt sehen, ob mir der Minister aufs Gesicht glaubt, daß ich einer Beförderung würdig bin. Ich glaube kaum."

„Glauben Sie's immerhin. Nicht auf das Gesicht, sondern auf Charakter und Fähigkeiten kommt es beim Manne an."

„Das sagt meine Braut auch."

„Nannten Sie nicht den Namen Fruhmann?"

„Ja, ihr verstorbener Mann, der Assessor, war ein Freund und Corpsbruder des Ministers, und meine Braut hat mir aufgetragen, ihn daran zu erinnern."

Der Fremde blickte ihn eine Weile forschend an, dann sagte er:

„Sind Sie denn gerade darauf passioniert, Richter zu werden? Ich an Ihrer Stelle würde eine einträgliche Obersekretärsstelle bei einem Appellgerichte vorziehen."

„Ja, das wäre mir freilich auch lieber. Aber ich fürchte, es ist zu unbescheiden, und der Herr Minister könnte es mir verübeln, wenn ich –"

„Nun, allzu große Bescheidenheit empfiehlt gerade auch nicht. Jeder muß seinen eigenen Wert fühlen." Und sich erhebend fuhr er fort: „Ich wünsche Ihnen zu allem herzlich Glück. Reisen Sie getrost nach Hause. Überlassen Sie es mir, dem Minister in Ihrem Namen alles das zu sagen, was er hören darf, und er wird Ihnen ganz gewiß gerecht werden."

„Was fällt Ihnen ein?" rief Sauerteig. „Ich habe meinen letzten Heller für die Reise und den Anzug da verwendet und sollte nicht einmal den Minister sprechen?"

„Wenn ich Ihnen aber sage. daß ich –"

„Aber ich kenne Sie ja gar nicht," sprach Lazarus jetzt entschiedener. „Am Ende sind Sie doch der Mitkonkurrent auf die Assessorstelle in Sterzenfeld? Da möchten Sie mich nun bereden, eine andere Carriere zu ergreifen – mich fortschicken – wie?"

„Beruhigen Sie sich. Sie werden mich kennen lernen und, wie ich hoffe, auch in freundlicher Erinnerung behalten. Ich werde jetzt nachfragen, ob der Minister noch nicht zu Hause. Warten Sie halt ab, und sollten wir uns nicht mehr sehen, so leben Sie wohl und Glück auf für die Zukunft!"

Damit reichte er Sauerteig die Hand und schritt dann zur Thüre hinaus.

Lazarus Sauerteig wußte nicht, was er denken sollte. Wer war es, dem er so unvorsichtigerweise vertraut und der sich so hartnäckig der Pflicht entzogen, sich vorzustellen? War es der Mitbewerber, war er es nicht? Er grübelte und grübelte, und schließlich setzte er sich wieder und wartete, in Gedanken vertieft.

Nach einiger Zeit öffnete sich die Thüre, die zum Kabinett des Ministers führte, und der joviale Diener kam mit einem Schreiben heraus, das er dem überraschten Funktionär mit den Worten übergab:

„Von Sr. Excellenz, dem Herrn Minister. Er mußte zu einer Sitzung und ist nicht mehr zu sprechen. Den Bescheid auf Ihr Gesuch enthält dies Schreiben."

„O weh!" rief Sauerteig, dem es zu dämmern begann, „das wird mein Todesurteil sein!"

Mit zitternden Händen erbrach er das Kouvert. Der Inhalt war eine Hundertguldennote und folgendes Schreiben:

„Es macht mir Vergnügen, Ihnen mitteilen zu können, daß Sie zur Besetzung der erledigten Obersekretärsstelle am Appellgerichte zu N. durch mich bei Sr. Majestät in Vorschlag gebracht werden. Anbei eine Entschädigung für Reise- und Toilettekosten. Zur Beförderung und Verehelichung alles Glück wünschend, bin ich Ihr N. N., Staatsminister."

Sauerteig sperrte den Mund in einer Art Verzückung angelweit auf: er glaubte zu träumen. Nach einer Weile fragte er den Diener:

„Aber – wie wußte – ich habe doch kein Wort mit Excellenz gesprochen?"

„Na, ich meine, Sie hätten sich lange genug mit ihr unterhalten," erwiderte lächelnd der Diener.

„Ich? Wo?"

„Nun vorhin – hier in diesem Zimmer."

„Was? Da – da – das war –?"

„Se. Excellenz der Herr Minister," bestätigte der Diener.

„Und ich – gute Nacht!" Mehr brachte Lazarus Sauerteig nicht heraus. Eine Art Schwindel erfaßte ihn. Wie er zur Thüre hinaus- und die Treppe hinabgekommen, wußte er kaum. Als er noch an demselben Tage auf der Heimreise wieder im Stellwagen saß, lachte er stoßweise für sich hin. Die Mitreisenden hielten ihn für verrückt, doch es waren nur Ausbrüche der Freude, die nach seiner Heimkehr seine Braut mit ihm teilte.

Das Dekret zu seiner Ernennung traf schon nach einigen Tagen ein. Jetzt war das Überraschtsein an dem Herrn Landrichter. Als dieser ihm gratulierte, konnte er nicht umhin, etwas sauersüß zu bemerken:

„Sie müssen diese für Sie so günstige Ernennung einem äußerst glücklichen Umstande zu verdanken haben."

„So scheint es," antwortete der neugebackene Obersekretär. „Ganz eigentümliche Ursachen sind es oft, die das Glück herbeiführen. Ich kenne sogar einen Fall, wo dies durch ein Todesurteil erreicht wurde."

„Nicht möglich! Diesen Fall müssen Sie mir erzählen!" meinte der Landrichter, verwundert lachend.

Lazarus Sauerteig lachte auch, erzählte aber nichts. Daß dieser Fall vielleicht auch mit der bald darauf angeblich wegen vorgerückten Alters erfolgten Pensionierung des Landrichters im Zusammenhang stand, ahnte dieser letztere natürlich nicht.

Sauerteig aber machte es sich und seinen Untergebenen zur wichtigsten Regel: niemals etwas zu unterschreiben, was man nicht gelesen hat.

Der Wohlthäter wider Willen

I.

Doktor Weiß war Doctor philosophiae und philosophischer Schriftsteller. Er hatte schon verschiedene Werke geschrieben, die allenthalben günstige Beurteilung fanden. Er wurde dadurch immerhin bekannt, wenn auch nicht reich; doch brachte ihm die Mitarbeiterschaft bei einigen wissenschaftlichen Blättern so viel ein, daß er für sich allein anständig leben konnte bis zu dem Tage, an welchem er sein fünfzigjähriges Jubiläum als Mensch feierte. An diesem Tage aber fing plötzlich sein philosophisches Junggesellenherz zu galoppieren an, es galoppierte hinüber zu seinem hübschen Vis-à-vis mit Namen Adelgunde, der Tochter seines um einige Jahre älteren Freundes, des Professors der Algebra an der Realschule. Die kluge Frau Professor sorgte für das Übrige: Abends Einladung, Punsch – Erklärung – Verlobung. Einen Monat später wurde die Hochzeit gefeiert. Der Himmel hing ihnen, wie man zu sagen pflegt, voller

Baßgeigen und die junge Frau Doktor hatte, was sie im allgemeinen wünschte: einen Mann. Der Jubilar that ihr keinen Eintrag.

Da kam ihr Wiegenfest in Sicht, das erste, seit sie verheiratet war. Das erste Geschenk machte dem Herrn Gemahl Sorge, um so mehr, da auch Weihnachten in der Nähe. Die Schwiegermutter ward ins Vertrauen gezogen und diese wußte Rat.

„Wollen Sie Adelgunden eine besondere Freude machen," sagte sie, „so kaufen Sie ihr eine mit Pelz besetzte Seidenplüschjacke, Mütze und Muff. Das ist längst ihr Wunsch – und muß sie reizend kleiden!"

„Bestellen Sie das Gewünschte!" bat der verliebte Doktor.

„Aber die Garnitur kostet mindestens –" wollte die Schwiegermutter etwas kleinlaut einwerfen.

„Bestellen Sie, Frau Schwiegermutter," unterbrach der Doktor ihren Einwand, „ich werde diesen Posten durch Vorträge decken, die ich im Sachsenlande halte. Mein Freund, Doktor Welser in C., hat mich dieser Tage eingeladen, für einen erkrankten Redner in C. und F. einzuspringen. Ich erhalte per Abend hundertundfünfzig Mark, für die zwei Abende dreihundert Mark. Schwiegermama, bestellen Sie die Garnitur! In acht Tagen bin ich wieder hier, dann händige ich Ihnen das nötige Geld ein. Abgemacht!"

„Abgemacht!" echote die Schwiegermutter.

Sie beneidete beinahe ihre Tochter um das Glück, das dieselbe gemacht. Ihr eigener Mann war nie so galant gewesen. Aber freilich, wenn man in wenigen Stunden so viel verdient, da kann man schon ein Übriges thun. Als Adelgunde gelegentlich zu Besuch kam, beglückwünschte sie dieselbe dann auch in Gegenwart des Vaters und gab ihren Gedanken hiebei Ausdruck.

„Wie bist du beneidenswert," sagte sie zu ihrer Tochter. „Dreihundert Mark erhält dein Mann für zwei Abende, dreihundert Mark! Ist das eine Summe! Dein Vater muß für die Hälfte einen ganzen Monat lang vortragen. Du bist wahrlich beneidenswert! Hab' ich nicht recht, Adular?"

Adular, der Professor der Algebra, aber zuckte die Achseln.

„Unser Schwiegersohn mag ein guter Philosoph sein," meinte er, „aber er ist kein Mathematikus; er wird keine dreihundert Mark mit nach Hause bringen, sondern x."

„x?“ fragte die Tochter. „Was ist denn das?“

„x ist eine unbekannte Größe.“

„Aber Papa!“ rief Adelgunde, „zweimal hundertfünfzig macht dreihundert; das ist doch glatt.“

„Wohl,“ entgegnete der Professor. „Aber die Rechnung deines Mannes ist nicht so glatt. Er erhält 300 Mark – setzen wir dafür a. Dieses a bringt er aber nicht mit nach Hause. Da kommen die Reisespesen, eine Menge anderer Ausgaben; ich nenne diese insgesamt b. Das Ersparnis oder das x des Doktors wird also nach seiner Heimkehr a - b = xa weniger b gleich xsein. Es kommt also darauf an, wie umfangreich dieses b ist. Es kann sein, daß x = nix wird.“

„Ach Väterchen, du bist ein Schwarzseher,“ lachte Adelgunde sorglos. „Mein Mann hat alles genau berechnet. Im ungünstigsten Falle bleiben ihm 225 Mark. Wollte er die Vorträge fortsetzen, könnte er mindestens monatlich das Fünffache verdienen, also 1125 Mark und in zwölf Monaten 13 500 Mark –“

„Ja wenn das b nicht wäre,“ behauptete lachend der Mathematikus. „Dieses b macht wir Sorge. Nun, in acht Tagen wissen wir ja genau die Werte einzusetzen und das x zu finden.“

Der Doktor wollte von den mathematischen Skrupeln des Schwiegervaters auch nichts wissen und packte seinen Handkoffer. Mit dem Nachtzuge wollte er nach Sachsen abreisen. Den Tag über hatte er fein säuberlich sein Thema geschrieben und wohlgefällig blickte er nun auf sein Geisteswerk, das den Titel führte: „Über die Bildung der Seele.“

Die Schwiegermutter war voll Entzücken.

Die junge Frau stimmte der Abschied freilich traurig; war es doch die erste Trennung in ihrer jungen Ehe. Hätte sie geahnt, was die eigentliche Ursache dieser Reise sei, sie hätte nie und nimmer darein gewilligt.

Der Doktor mußte es sich gefallen lassen, daß ihm Frau und Schwiegermutter das Geleite nach dem Bahnhof gaben. Vor Abgang des Zuges wurde feierlich Abschied genommen und mit den Taschentüchern nachgegrüßt, so lange die Visierlinie frei war. Dann warf sich der Doktor in die Ecke des Coupees und durchflog die verschiedenen Zeitungsblätter, welche er vom Kolporteur erworben. Sonderbarer Weise fiel sein Blick bei jedem Blatt immer zuerst auf die Notiz: „Ein durchgegangener Bankdirektor. Tausend Mark – Finderlohn.“

„Von mir aus kann er verloren bleiben," sagte der Doktor für sich; „ich vertraue meine Kapitalien niemand an, ich trage sie mit mir, sie sind meine Bildung, mein Geist – in zwei Stunden 300 Mark Zinsen! Rothschild, du hast deinen Konkurrenten gefunden!" Und nun schwelgte er ob der kommenden Freuden. Er war allein, er konnte sich's bequem machen. Draußen stürmte der November, die Wärme im Coupee that ihm wohl; er schlief ein und träumte.

Es war ein sonderbarer Traum. Er stand vor dem Auditorium, welchem er Vortrag zu halten hatte, doch als er beginnen wollte, fand er nirgends das Heft, in welches er so sauber und fein sein Thema geschrieben. Und auswendig konnte er nichts. Unter dem Hohngelächter seines Traum-Auditoriums erwachte er.

„Gottlob, es ist nur ein Traum gewesen! Ich vergaß mein Thema nicht!" sagte er sich wie zum Troste, „ich –"

Da stieg es plötzlich siedend heiß in ihm auf. Er hatte das Manuskript kurz vor seinem Weggehen noch einmal aus dem Koffer genommen, um einige Worte einzusetzen. Hatte er es da auch wirklich wieder eingepackt? Hatte er es nicht etwa auf dem Schreibtische liegen lassen? Einen Eid hätte er nicht darauf schwören können.

Diese Ungewißheit ward ihm immer peinlicher, sie fing an, ihn zu foltern. Um ihr ein Ende zu machen, nahm er seinen Handkoffer herab, um nach dem schwarzen Hefte zu suchen.

Er suchte mit nervöser Hast – endlich fand er es. Gottlob, er hatte es also nicht vergessen. Da er nun einmal aus dem Schlafe gestört war, studierte er seinen Vortrag nochmals durch. Der Koffer stand offen auf dem Sitze, die ausgepackten Gegenstände lagen in malerischer Unordnung rings umher – Da pfeift es. Die Wagenthüre ward aufgerissen und der Schaffner ruft:

„In der Richtung auf C. Wagenwechsel, awwer schnell! Der Zug geht Se gleich wieder ab, denn wir haben gefälligst Verspätung."

Der Doktor wollte Einwendungen machen, aber der höfliche Schaffner rief unerbittlich und dringend:

„Aussteigen! sonst müssen Se gefälligst mit nach Berlin."

Nun schoppte der Doktor die Dinge eiligst in den Koffer, wie ihm alles gerade in die Hand kam. Er brachte infolge dessen den Koffer nicht mehr zu und mehrere Sachen entfielen ihm beim Aussteigen. Indem er sich bückte, dieselben aufzuheben, rutschte das kleine schwarze Heft hinter die Heizdampfröhre.

Deshalb fiel er dem Schaffner in den Arm, als dieser die Wagenthüre schließen wollte und rief:

„Mein Thema! Mein Thema liegt noch drinnen!“

„Ich seh Se nischt nich!“ erwiderte der Kondukteur, in das Coupee blickend.

Das Zeichen zur Abfahrt wurde gegeben.

„Mein Thema! Mein Thema!“ rief der Doktor mit allen Zeichen jammervollsten Schreckens. „Sehen Sie denn nicht?“

„Ach Herrcheeses nochemal!“ rief der Schaffner. „Was ist Se das – ein Thema für ein Ding? Ich seh Se keenes.“

„Ein Thema! Eine Abhandlung!“ rief jammernd der Doktor.

„Ich seh Se keene Handlung!“ entgegnete der Schaffner. „Glooben Se, die Coupees sein Se Trödlerbuden? Da is 'ne Zippelkappe – ist das die vermaledeite Thema? Herrcheeses, was is das für 'ne Plag mit Se!“

„Einen Thaler für mein Thema!“ schrie der Doktor wieder.

„Und wenn Se mir noch önen Groschen uffgebe, ich seh Se nischt.“

Jetzt pfiff die Lokomotive heiser, wie eine Nachteule und der Zug setzte sich in Bewegung. Der Doktor, in beiden Händen Reisegepäck, lief nebenher.

Der Schaffner suchte noch immer im Coupe nach dem verloren gegangenen Thema.

„Mein Thema! Ein Heft in schwarzem Umschlag – unterm Sitz – um Gotteswillen, sehen Sie nicht?“

Endlich hatte es der Schaffner erblickt.

„Wenn Se das der Pfifferling is, da haben Se Ihr Thema,“ sagte er. „Awwer jetzt geht Se der andere Zug ooch schon fort, jetzt sind Se man angefroren bis morgen früh. He da – fangen Se zu!“

Damit warf er ihm aus dem Wagen das Heft zu; aber der Doktor, der alle Hände voll hatte, konnte nicht fangen und so fiel es auf den von Schnee und Regen durchweichten Boden. Der Schreckensschrei des Doktors verhallte in dem Getöse des abgehenden Zuges. Er suchte in der Dunkelheit das Thema herauszuschälen aus dem weichen, schmutzigen Bette. Ein Schmerzensseufzer entrang sich seiner Brust.

„Ach," meinte er, „das ist schon das erste b, das mir mein Schwiegervater prophezeite."

Doch gab es jetzt keine Zeit zu solchen Betrachtungen. In raschem Laufe ging es hinüber in den anderen Teil des Bahnhofes, wo es in der Richtung nach C. weiter ging. Aber o weh! da ertönte schon das Zeichen zur Abfahrt, der Zug setzte sich in Bewegung, des Doktors Rufen war vergebens, ehe er ganz zur Stelle, war der Zug zum Bahnhof hinaus.

Entsetzt starrte der Doktor dem davonbrausenden Zuge nach.

Der dienstthuende Bahnbeamte gab lächelnd Bescheid.

„Der nächste Zug geht morgen früh um acht Uhr; es ist ein Güterzug. Wenn Sie in den Ort hineinfahren wollen, müssen Sie sich eilen; der Hotelomnibus fährt gleich ab."

„Ich danke!" entgegnete der Doktor. „Das ist ja schrecklich! Ich habe für Schnellzug bezahlt und jetzt muß ich mit dem Bummelzug weiterfahren."

„Sie können auch mit dem Kourierzuge reisen," erklärte der Beamte.

„Wann?" fragte der Doktor.

„Morgen um diese Zeit. Aber Sie müssen rechtzeitig einsteigen."

„Nein, da reise ich doch mit dem Güterzuge. Ich werde mit dem Omnibus in den Ort fahren," entschied der Doktor.

„Der Omnibus ist Se schon alle!" rief jetzt ein Bahndiener;"er ist Se ganz leer heimgefahren. Herrcheeses, da hätten Se sich's bequem machen können."

„Ist denn keine andere Fahrgelegenheit da?" fragte der Doktor ärgerlich.

„Keene eenzige nich!" versetzte der Bahndiener. „Awwer ich will Se aus 'ner Verlegenheit reißen, mei' kutestes Herrche, ich trag Se Ihr Gepäck hinein um drei Groschen. Da haben Se doch eene Unterhaltung, wenn mer zu zwee sein."

„Nehmen Sie!" sagte der Doktor mit einem tiefen Seufzer; „b Numero 3."

„Nee, nich Numero 3!" rief der Bahndiener; „ich bin keen numerierter Lohndiener, ich thu Se nur aus Gefälligkeit."

„So gehen wir!" sagte der Doktor.

„Ja, machen mer!“ wiederholte der Diener. „Ich weeß Se 'nen kürzeren Weg über die Wiesen, da gleich hinter den Stauden; sehr finster is es zwar, und der Weg is Se schmal und schmutzig, awwer zweemal kürzer als die Landstraße.“

Der Doktor folgte wortlos dem geschwätzigen Führer. Er dachte über seine neue, unerwartete Lage nach und hörte kaum, was der andere ihm vorplauderte.

„Wie heißt der Gasthof, in den Sie mich führen?“ fragte er nach einiger Zeit. „Kann man dort anständig übernachten?“

„Im Gasthof zu Dräsden, meenen Se? Na', das will ich glooben! Im Gasthof zu Dräsden is es sehr nobel. Er hat erst geheiratet aus dem Plauenschen Grund, ja, ja, aus dem schönen, herrlichen Grund.“

„Aus was für einem Grund hat er geheiratet?“ fragte der Doktor zerstreut.

„Herrcheeses, sind Se so weit her, daß Se das nich eemal wissen?“

„Das geht mich ja gar nichts an,“ antwortete der Doktor ärgerlich und abweisend, „oder, wie man bei uns zu Hause sagt, das ist mir Wurst.“

„Was?“ rief der Bahndiener verletzt. „Also sind Se keen Freund von unserm schönen Sachsenlande, von Plauen und Dräsden?“

„Wer spricht denn von Plauen und Dresden?“ entgegnete der Doktor gereizt. „Ich will nichts mehr hören. In den Gasthof sollen Sie mich führen, sonst nichts.“

„Sonst nischt? Ja nu freilich sonst nischt, sonst müßten Se noch önen Groschen dazuthun. Oder wünschen Se gar nicht nach Dräsden?“

„Natürlich will ich nicht nach Dräsden, sonst wäre ich ja mit dem direkten Zuge weitergefahren.“

„Ja, wenn Se nich nach Dräsden wollen, so führ' ich Se zu die „Rote Hirsche.“

„Sie haben mich in den Gasthof zu führen,“ fuhr jetzt der Doktor auf. „So einen geschwätzigen und verrückten Sachsen habe ich noch nie gesehen.“

„Was? Se schimpfen mich eenen geschwätzigen, verrückten Sachsen? Herrcheeses noch ämal, das will ich Se gedenken! Das leid ich nich, und wenn Se mich sechs Groschen geben – das beleidigt mein nationales sächsisches Gefühl. Ei – i ja, da haben Se eere tausend Sache – ich mag nimmer – hören Se, ich verzicht auf dieses Pläsier! Mahlzeit!“

Mit diesen Worten schleuderte der beleidigte Sachse das Reisegepäck des Doktors in den Kot und eilte schleunigen Schrittes zurück zum Bahnhof.

Der Doktor stand allein da in der Nacht.

Vergebens rief er den Diener mit schönen Worten zurück, der Beleidigte reagierte nicht. So blieb dem Verlassenen nichts übrig, als seine Sachen zusammenzuraffen und so gut, oder vielmehr so schlecht es ging, den Weg zu suchen nach dem Örtchen, das ihm durch einige hell erleuchtete Fenster entgegengrüßte. Erschöpft kam er mit Hilfe des Nachtwächters, der ihm am Eingange des Ortes wie ein rettender Engel erschien, im Gasthofe zur Stadt Dresden an.

„Awwer warum hamm Se nich unsern herrlichen Omnibus benützt?" fragte der Wirt neugierig.

„Ich habe ihn versäumt," entgegnete der Doktor. „Lassen Sie mir rasch ein Zimmer heizen. Mich friert."

„Sie werden doch noch gefälligst zu Abend essen? Unterdessen lasse ich Se das Zimmer warm heizen."

„Meinetwegen."

Die verschiedenen Reisegegenstände wurden aufs Zimmer getragen, der Doktor aber in das Gastlokal hineinkomplimentiert, wo noch einige Bürger des Ortes, Stammgäste des Hauses, anwesend waren. Sie trugen sämtlich Tuchmützen mit großen Schirmen, wie sie vor Jahrzehnten in kleineren Städten noch in Mode waren und rauchten aus mittellangen Tabakspfeifen. Neugierig betrachteten alle den Fremdling, neugierig und mißtrauisch, denn der Doktor sah in Wirklichkeit sehr verstört aus. Es waren ehrbare, spießbürgerliche Handwerksleute, der Schneider, der Spuldrechsler, Weber, Schuster und Schmied des Ortes, und diesen kam der sonderbare, aufgeregte Mann verdächtig vor.

Der Doktor setzte sich an einen Tisch, entfernt von den übrigen Gästen und nahm keine Notiz von diesen. Sie aber desto mehr von ihm Sie warfen sich bedeutungsvolle Blicke zu. Der eine nahm ein Zeitungsblatt zur Hand und zeigte es mit vielsagender Miene den andern.

Dieses Zeitungsblatt enthielt die Nachricht von dem flüchtig gegangenen Bankdirektor und den auf seine Habhaftwerdung ausgesetzten tausend Mark. Das Signalement paßte nach ihrer Meinung Haar auf Haar: Grau meliert und sehr üppig, das waren des Doktors Haare auch; Gesicht und Nase regelmäßig; dieses beliebte Signalement traf auch bei ihm zu, denn regelmäßig war sein

Gesicht, er hatte die Nase zwischen den Augen und den Mund unter der Nase, darüber war ja kein Zweifel für die kleinstädtischen Sachsen. Und der Flucht verdächtig war er auch. Warum hätte er sonst den beleuchteten Omnibus leer abfahren lassen, um sich in finsterer Nacht durch ein Kotmeer in das Städtchen hineinzutappen. Warum, fragten sie sich, sitzt er jetzt allein an dem hinteren Tische, während er an dem ihrigen Gesellschaft haben könnte? Warum blickte er, während er seinen Kalbskopf verzehrte, immer nur auf diesen und nicht auch auf die Gäste? Und hob er hin und wieder seinen Kopf, so sahen sie nur ein verdrießliches Gesicht. Natürlich, ein Flüchtling ist immer verdrießlich. Einer der Gäste entfernte sich auf Verabredung leise und begab sich zur Polizei und die anderen harrten gespannt der Dinge, die da kommen sollten.

Der Doktor hatte abgespeist. Er zündete sich eine Zigarre an und sah einige Augenblicke prüfend zu dem Stammtisch hinüber, dann stand er auf und lenkte seine Schritte schnurgerade zu den darob nicht wenig Erschrockenen.

„Meine Herren, erlauben Sie, daß ich an Ihrem Tische Platz nehme?“ fragte der Unbekannte artig. „Ich bin Dr. Weiß aus N., versäumte den Zug nach C. und muß daher wohl oder übel hier übernachten.“

„Ei Herrcheeses!“ erwiderte der Schneider, „das wird Se wohl von Übel sein. Nehmen Se nur Platz bei uns. Ei – i ja!“

„Also ä Doktor sind Se?“ fragte der Spulendrechsler. „Hamm Se viele Patienten? Ä Doktor is Se ä schwerer Stand, wenn er keene Patienten nich hat und hat er eene, so is es ooch so eene Geschichte, ich meen, bis man sie alle begraben sind –“

„Ich bin ja kein Doktor der Medizin,“ fiel Dr. Weiß dem Schwätzer in die Rede; „ich bin Doktor der Philosophie.“

„An was für äne Krankheit leidet die – Sophie? dee is Se wohl äne Brinzessin?“ fragte der Spulendrechsler, der nicht recht verstanden hatte.

„Philosophie hab ich gesagt – das ist Weltweisheit,“ erklärte der Doktor lächelnd.

„Ach Herrcheeses, än Gelehrter sind Se?“ staunte der Schneider. „Ach, da sind Se än gar großes Tierche und wir fühlen uns sehre hochgeehrt, sehre! durch Ihre Anwesenheit. Nich wahr, Nachbarn, und och du, Spule, nich wahr? es is sehr schön von dem Herre Weltweisen, daß Se mit uns Tisch und Trank teilen? Wo geht Se die Reise hin, Herr Doktor? Nach C.? Was gedenken Se in C. zu thun? Ich bin nich neugierig, nur des Diskurses halber Ei – i ja!“

„Ich halte einen Vortrag in C.,“ erwiderte der Doktor.

„Anen Vortrag?“ fragte der Spulendreher, „wie unser Herr Pastor –“

„Schweig, Spule!“ fiel der Schneider ein; „nich wie unser Herr Pastor, nich in der Kerche, ich weeß's schon, in der Verheiterung oder wie die Gesellschaft heeßt, da spricht man und die anderen applaudieren.“

„So ist es,“ pflichtete der Doktor lachend bei. „Ich lese dort ein populärphilosophisches Thema: Über die Bildung der Seele.“

„Ah, das is Se een schöner Titel!“ rief der Schneider. “Da möcht ich ooch dabei sein, wenn Se über das sophistische Thema sprechen. Du auch, Spule, nich wahr? Awwer das verstehst du nich, was über dein' Horizont hinausgeht.“

„Heere, mach mer'sch nich zu bunt, du Schafskopp!“ entgegnete der Angezogene;“machst immer deene rebedierten Späße, du Groschenflicker –“

„Stilanz!“ rief der Schuster, „än jeder flickt, so gut er's kann.“

„Und jeder trägt vor, so gut er's kann,“ meinte der Doktor, und plötzlich kam ihm ein weiser Gedanke. Wenn er hier probeweise seinen Vortrag hielte? Für ihn wäre das eine Übung im lauten Sprechen und für die anderen – mußte es ein Genuß sein.

„Meine Herren,“ sagte er resolut, „Sie nehmen so viel Anteil an meinem philosophischen Vortrag, daß ich gerne bereit bin, Ihnen denselben hier zu halten.“

„Ach herrcheeses!“ riefen die Stammgäste. Sie nahmen die langen Pfeifen aus dem Munde und rückten an den Mützen. „Se wollten wärklich? –“

„Is Se das mit Unkosten für uns verbunden?“ fragte der Spulendreher geradezu.

„Warum nicht gar,“ erwiderte der Doktor. „Es muß Ihnen aber eine Freude machen.“

„Ei – i ja! Sehr viel Freude, ei – i ja!“ rief der Schneider. „Da trink ich gleech noch eene Kanne. He, Wirt, eene frische! Bei so etwas muß man se feucht bleiben.“

„Mir ooch! mir ooch!“ tönte es in der Runde.

Der Wirt schmunzelte. Ihm war es recht, daß der schlechte Rest im Fasse noch heute geleert wurde. Der Doktor aber eilte auf sein Zimmer, das Manuskript zu holen.

Inzwischen kam der abgesandte Bote mit dem Polizeirottmeister zurück.

„Ei scheen guden Awend, meine Herren! Wo is se der Flüchtling?“ fragte der letztere mit erhobener Stimme.

„Ach schrei nich so mächtig,“ entgegnete der Schneider; „nischt is es mit dem Bankdirektor. Mer haben uns geirrt. Der Fremde is Se än Doktor, der in Vorlesungen macht, ä ganz ungefährliches, ganz gemeenes Subjekt. Er holt eben sein Buch und hält uns eenen Vortrag über – wie heeßt's?“

„Über die populäre Sophie!“ ergänzte der Spulendreher.

„Seh doch eener den Naivitätsschwindel an!“ rief der Schneider. „Wer sagt denn von Sophie? Philosophie heeßt's.“

„Ich verbitt' mir awwer jetzt ernstlich jede weedere Beleidigung!“ versetzte der Spulendreher gereizt, „sonst krieg ich vor lauter Ärger die Gelbsucht, weeßt du, du Schneiderziegenbock.“

„Stilanz!“ rief der Schuster.

„Wo is der Mensch?“ fragte jetzt der Rottmeister wiederholt. „Kann mer ihn nich gefälligst zu Gesicht bekommen? Am Ende is er dorch!“

„Gloobs nich, bestes Rottmeesterle!“ rief der Schneider.

„Wie soll ich mich davon überzeugen?“ meinte der erstere. „Wie erfahre ich Gewißheit?“

„Weeßt du was, Polizeiorganismus,“ entgegnete der Schneider, „setz dich her zu uns. Kommt er wieder, so is er nich dorch, kommt er nich mehr, so is se das eene kitzliche Frage.“

„Stilanz!“ rief der Schuster. „Er is nich dorch!“

Der Doktor war zurückgekehrt. Die Stammgäste erhoben sich von ihren Plätzen, um ihn zu begrüßen. – Der Doktor stellte sich hinter einen Stuhl, das Manuskript in der Hand. Auf sein Zeichen, daß sich die Anwesenden wieder setzen sollten, fielen alle zu gleicher Zeit auf ihre hölzernen Stühle zurück, um dann mit offenem Munde den fremden Gelehrten anzustarren. Der Wirt aber setzte sich an den Schenktisch und spielte mit einem großen Kater, der ihm auf Schultern und Nacken herumkrabbelte.

„Meine hochverehrten Anwesenden!" begann nun der Doktor mit lauter Stimme, und angestaunt von seinen Zuhörern hielt er seinen philosophischen Vortrag.

Er vermied es wohl, seinem Auditorium in das Gesicht zu sehen, denn dies hätte ihn sicher zum Lachen gebracht. Er sah und sprach also ins Blaue hinein, sich ganz in seine morgige Lage versetzend.

Er mochte ungefähr eine halbe Stunde gesprochen haben, da fühlte er sich ganz unangenehm gestört durch ein abscheuliches, schnarchendes Geräusch. Ein Blick auf seine Zuhörer und – sollte er lachen oder sich ärgern? Sie waren sämtlich eingeschlafen. Selbst der dicke Wirt am Schenktisch hinten nickte ganz bedenklich mit dem Kopfe und der Kater, mit dem er gespielt, lag mit ausgestreckten Pfoten neben ihm. Mensch und Vieh verspürten die Wirkung des philosophischen Vortrages.

Ein ironischer Zug flog über des Doktors Gesicht.

„Perlen für die Säue!" sagte er zu sich. „Schlaft zu, ihr Kannegießer, euern Dank begehr ich nicht!"

Er nahm ein Licht und begab sich auf sein Zimmer.

Lange konnte er sich in dem feuchtkalten Bette nicht erwärmen, und als er endlich eingeschlafen war, schreckte ihn ein lautes Gepolter unter seinem Zimmer, untermischt von Lachen und Schimpfen, wieder auf.

Seine Zuhörer waren erwacht. Ihnen mochte es zu Mute sein, wie den Studenten in Auerbachs Keller, nachdem sie Mephisto und Faust verlassen.

„Morgen hauen wir ihm!" rief der Schneider unter der Hausthüre, laut genug, daß es der Doktor hören konnte.

Das war sein Dank! – Was aber die Wirkung seines Vortrages betraf, so waren ihm ganz bedeutende Skrupel aufgestiegen. Sollte der richtige Titel für sein Werk etwa „Philosophisches Morphium" sein? Nein, nein! Morgen wird er ja zu Gebildeten sprechen, morgen werden ihm die Augen schöner Damen entgegenleuchten – morgen – –

II.

Am nächsten Morgen erwachte Dr. Weiß zeitig. – Der Wirt brachte ihm höchst eigenhändig den blaßblauen Bliemchenkaffee. Als er die Brühe vor den Doktor hinstellte, konnte er nicht umhin, einen bedeutsamen Seitenblick auf die Katze zu werfen, die noch immer schlafend auf ihrem Platze lag.

„Hören Se," sagte er, „das liebe Vieche liegt noch am alten Fleck, wie tot. Wenn meine Frau gestern Abend doch ooch dagewesen wäre, vielleicht hätte sie die Nacht schlafen könne; die Ärmste hat sie keen Oge nich zugemacht vor lauter Zahnweh."

Der Doktor fand des Wirtes Witz so geschmacklos, wie seinen Kaffee. Die Rechnung ward beglichen, dann rollte Weiß in dem alten Omnibus über das holperige Kieselpflaster dahin, hinaus zum Bahnhof. Hier mußte er noch über eine Stunde bis zum Abgange des Güterzuges warten. Der gereizte Bahndiener von gestern ging einige Male stolz an ihm vorüber, wobei er ihn die möglichste Tiefe seiner Verachtung empfinden ließ.

Endlich saß der Doktor wieder im Coupee. Im Freien betrug die Temperatur 3°R. und auch hier war es empfindlich kalt. Er kauerte sich in die Ecke und suchte sich durch Schlafen die Zeit abzukürzen. Aber das gelang ihm nicht. Das Resultat seiner gestrigen Vorlesung machte ihm doch heimlich Sorge. Noch peinlicher aber war ihm ein öfter wiederkehrender Husten und die Zigarre wollte ihm nicht munden.

„Nur heute keinen Katarrh!" stöhnte er besorgt. „Nur heute keine Heiserkeit!"

Einmal in Angst darüber, nahm er ein warmes Tuch aus dem Koffer und wickelte es sich so um den Hals, daß das Gesicht bis zur Nasenspitze darin vergraben war. Er bemerkte nicht, daß während der stundenlangen Fahrt der Kopf des Schaffners ungewöhnlich oft am Fenster erschien und neugierig zu ihm hereinguckte. Der durchgegangene Bankdirektor spukte auch hier.

Endlich, endlich war C. erreicht.

Mit einem „Gott sei's gedankt!" wollte der Doktor die Thüre seines Coupees öffnen, aber er vermochte es nicht. Er rief dem Schaffner. Dieser kam auch, jedoch in Begleitung von zwei Sicherheitswachmännern, von denen der eine den Doktor höflich, aber bestimmt um seine Legitimation fragte.

„Eine Legitimation?“ fragte der Doktor verwundert. „Eine solche brauche ich ja in Deutschland nicht. Ich bin Dr. Weiß aus N. und komme hieher, einen Vortrag zu halten.“

„Sie werden uns aufs Gericht folgen müssen,“ sagte das Sicherheitsorgan.

„Warum? Wie kommen Sie dazu?“

„Weil von dem Orte, wo Se heute übernachteten, die telegraphische Nachricht kam, daß Se gefälligst verdächtig wären, mit einem flüchtigen Bankdirektor identisch zu sein. Höre Se! Ohne Grund verhüllt man sich nicht so auffällig das Gesicht. Bitte gefälligst keene Umstände zu machen; der Wagen steht vor dem Bahnhofe.“

Also sein Auditorium von gestern, vielleicht der gekränkte Bahndiener hatten ihm diesen Schabernack gespielt. Was war da zu thun? Hatte er auch gehofft, auf dem Bahnhofe in C. von seinem Freunde erwartet zu werden, eines so offiziellen Empfanges hatte er sich nicht versehen. Mit einem gewissen Galgenhumor folgte er den ihn Geleitenden; auf der Polizei mußte sich ja alles aufklären.

Und es klärte sich auf, denn kaum hatte er das Verhörzimmer betreten, da kam auch schon sein Freund, der Vereinsvorstand Dr. Walser hereingestürzt, stellte des Doktors Identität fest und bewillkommte diesen, indem er ihm vor Freude um den Hals fiel. Arm in Arm verließen dann die Vereinten unbehelligt das Zimmer des Beamten. Ein Polizeisoldat trug das Reisegepäck nach. Auf die Straße gelangt, bestiegen die beiden Freunde eine Droschke und fuhren direkt ins Hotel „zum Elephanten.“

Dort brannte im Zimmer Nr. 1 seit gestern nachts 12 Uhr das Feuer im Ofen. Der Doktor machte Toilette, dann begab er sich mit dem Freunde zur Table d'hôte. Über dem heiteren Gespräche und dem guten Wein vergaß der Doktor all das Ungemach der Reise. Das Andenken an frühere, schön verlebte Stunden wurde erneuert und sie gerieten in eine sehr animierte Stimmung, die in dem schönen Klang der Gläser ihren Ausdruck fand. Aber auch des Doktors Thaler klangen schön auf dem silbernen Teller des Oberkellners, auf welchem ihm dieser die Rechnung präsentierte. Der Freund und Vereinsvorstand wollte diese zwar begleichen, aber der Doktor beeilte sich, ihm vorzukommen. Der alte Mathematikus würde freilich schon wieder eine Vergrößerung des b konstatiert haben, doch sein Schwiegersohn dachte jetzt an so etwas nicht. Er fühlte sich sehr behaglich, hätte aber jetzt am liebsten ein wenig ausgeruht. Der Freund ließ dies nicht zu. Der Doktor wurde bei Verwandten desselben, welche eine Villa außer der Stadt bewohnten, erwartet. Der Wagen, der sie dahinbringen sollte, war schon bestellt, es gab keine Widerrede. Man fuhr nach dem Landhause, wo sich der Gelehrte bald zum Mittelpunkte einer zahlreichen Gesellschaft von Herren und Damen gemacht sah. Die Zeit flog nur so dahin, man unterhielt sich köstlich und erst kurz vor der Vortragsstunde wurde in die Stadt und in das Hotel zurückgekehrt.

Der Vereinsvorstand gab dem Freunde nun eine halbe Stunde Zeit, sich zu sammeln und Toilette zu machen.

Toilette? Er trug doch schon einen glänzend schwarzen Rock, was sollte er noch andere Toilette machen?

Aber sein Freund setzte ihm auseinander, daß er sich nur im Frack und Cylinder, mit weißer Halsbinde und weißen Glacéhandschuhen seinen Zuhörern zeigen könne, und diese Erkenntnis setzte den Vortragenden in nicht geringe Verlegenheit. Er hatte in seinem Koffer nichts von alledem.

Aber Freund Walser wußte Rat. Es würde sich im Hotel wohl der Frack und Hut eines Kellners finden, meinte er, die passen, und gegen angemessenes Trinkgeld gerne für die wenigen Stunden geliehen werden. Weiße Halsbinde und Handschuhe erbot er sich selbst dem Freunde zu kaufen. Er möchte ihm nur die Nummer der letzteren nennen; bevor zehn Minuten verflossen, würde er im Besitze des Gewünschten sein.

„Ruhe aus, sammle dich und mache dem Rufe, den ich über dich verbreitet, Ehre!“

Mit dieser Mahnung verließ Dr. Walser seinen Freund.

Dieser nahm sich dieselbe zu Herzen. Er trat vor den Spiegel, um vor allem seine äußere Erscheinung zu mustern. Sein Vollbart schien ihm heute ganz abscheulich grau zu sein und seine Haare flatterten in der Luft, wie Schilf am Gestade. Er klingelte dem Kellner und befahl ihm, einen Friseur zu holen. Dieser sollte Haar und Bart zustutzen und mittelst Kosmetik und Pomade das aufdringliche Grau mindern.

Das geschah denn auch. Ein Jahr nach dem andern schwindelte ihm der Haarkünstler von seinem Kopfe, und bald waren Zimmer und Doktor erfüllt mit wonnigem Duft. Ein blanker Thaler lohnte den, der dieses Zauberwerk vollbracht. Nun erschienen auch Frack, Hut, Handschuhe und Kravatte – und alsbald stand der Doktor, gerüstet zur Schlacht vor dem Spiegel.

„So wenn mich Adelgunde sähe!“ sagte er sich. „Ich will ihr nur schnell telegraphieren, daß ich glücklich hier angekommen und soeben im Begriffe bin, in tadelloser Toilette zur Vorlesung zu fahren.“

Die Depesche ward abgeschickt. Was lag an den anderthalb Mark! Für die Teuren zu Hause war ihm nichts zu teuer. Schließlich bestellte er noch einige Stück rohe Eier zur Konservierung seiner Stimme und eine Flasche Bordeaux und nun – er war bereit.

Freund Walser ließ nicht lange warten.

„Der Wagen steht bereit!“ berichtete der Eintretende. „Ich nahm den Wagen des Hotels. Er kostet zwar das Doppelte einer Mietkutsche, aber er steht ganz zu unserer Verfügung.“

Der Doktor war's zufrieden. Er hatte sich ganz den Anordnungen seines Freundes ergeben.

„So komm!“ sagte Walser, ihn unter den Arm nehmend und die Treppe hinabführend. „Wie befindest du dich?“

„O, mir ist fürchterlich zu Mute!“ stöhnte der Doktor. Sein Traum und die Erlebnisse des gestrigen Abends kamen ihm in Erinnerung.

„Nur keine Sorge!“ tröstete der Freund; „ich habe dir den Boden schon geebnet. Wer auf Bildung Anspruch macht, muß dich heute hören. Ich habe dich riesig populär gemacht, denn ich ließ durchblicken, daß du morgen einen zweiten Vortrag halten wolltest zu Gunsten eines Christbaumes für arme Waisen verunglückter Bergleute.“

„Was?“ rief der Doktor. „Das kann ich ja gar nicht.“

„Das kannst du und wirst du,“ entgegnete der andere. „Du verdankst dein heutiges Renommee deinem Wohlthätigkeitssinn.“

„Aber ich bin –“

„Du bist ein Mann mit einem warmfühlenden, kindlichen Herzen,“ unterbrach ihn Walser, „du fühlst das Elend des Volkes wie dein eigenes, du hilfst mit dem Edelsten, was der Mensch besitzt, mit dem Geiste.“

„Hör' auf, oder ich vergesse mein heutiges Thema," rief der Dokter. „Du betrachtest mich in der That als dein Schlachtopfer."

„Höre, dein Schlachtopfer werde ich sein, wenn die Fahrt noch lange dauert," lachte der Freund. „Mensch, du duftest ja wie ein ganzes Blumenlager. Du wirst das gesamte Auditorium betäuben."

„Fürchtest du, daß es einschläft?" stieß der Doktor entsetzt hervor.

Da hielt der Wagen vor einem hellerleuchteten Hause. Der Schlag wurde aufgerissen und der Vereinsdiener half den beiden Herren beim Aussteigen.

Barhaupt, um die Frisur nicht zu verderben, stieg der Doktor mit dem Freunde die kalte Treppe hinan, um gleich darauf in einen glühend heißen, mit Menschen vollgepfropften Saal einzutreten. Sofort verstummte das Gemurmel, tiefste Stille herrschte und als der Doktor den Katheder bestiegen, empfing ihn ein allgemeiner Applaus.

„Das ist für morgen," raunte ihm sein Freund zu.

Der Doktor wünschte, es möchte für heute sein und mit Bangen begann er seinen Vortrag. Doch bald merkte er das Interesse, welches er bei seinen Zuhörern erweckt, und manchmal unterbrochen von wahren Beifallssalven, verfolgte und beschloß er nach einer Stunde seinen Vortrag. Der Applaus war großartig.

Diese gute Stimmung benützte der Vorstand, ihn nochmals zu bitten, einen zweiten Vortrag zu halten, und als wüßten die Anwesenden, um was es sich handelte, wurde er immer von neuem hervorgejubelt.

Halb betäubt von dem unerwarteten Erfolge und hochgradig erregt, betrat er nun abermals die Rednerbühne und begann:

„Meine hochverehrten Damen und Herren! Ihr Beifall macht mich stolz, macht mich glücklich. Um ihnen einen schwachen Beweis meines Dankes zu geben, erkläre ich mich bereit, morgen noch einmal vor ihnen zu lesen und den Erlös des heutigen Vortrages den armen Waisen verunglückter Bergleute zuzuwenden."

Jetzt brach der Beifallssturm von neuem los. Der Vorstand aber eilte zu ihm und fiel ihm vor der ganzen Versammlung um den Hals.

„Du bist ein edler Mensch!" rief er. „Den Erlös der heutigen Vorlesung übergiebst du uns? Das ist mehr, als wir zu hoffen gewagt."

Der Doktor erwachte wie aus einem Traume. Die heutige Vorlesung hatte er gesagt? Wie konnte er sich nur so entsetzlich versprechen! Den Erlös der morgigen hatte er ja sagen wollen. Konnte er sich jetzt korrigieren, sein vor dem gesamten Auditorium gegebenes Wort zurücknehmen, jetzt, nachdem ihm von allen Seiten gedankt wurde und er sich als den Helden aller Tugenden auf den Schild erhoben sah? Sein Irrtum war schrecklich, aber er war nicht mehr gut zu machen; er konnte es wenigstens nicht, ohne sich zu blamieren. Und sich blamieren, nein, das wollte er nicht; lieber das Honorar für die heutige Vorlesung verschmerzen!

Mit sauersüßer Miene empfing er die Dankesbezeugungen, die ihm von allen Seiten zu teil wurden, hörte er die Dankrede, die der Armenrat mit thränenfeuchtem Blick an ihn richtete. Vor seinen Augen flimmerte und flirrte es, in seinem Gehirn hämmerte und pochte es, als wären tausend Kobolde geschäftig, ihn zu necken. Er merkte es kaum, daß Freund Walser seinen Arm ergriff und ihn unter hundert Schmeichelreden aus dem Saale führte und mit sich fortzog, während den beiden eine Anzahl Herren und Damen auf dem Fuße folgte. Erst die kühle Luft auf dem Korridore brachte ihn wieder zu sich.

„Wohin?“ fragte er den Freund.

„Ins Restaurationslokal,“ versetzte dieser. „Man hat dir zu Ehren einen „Abend“ veranstaltet. Wir wollen vergnügt sein, edles, großmütiges Menschenherz!“

Wohl waren sie vergnügt bis lange nach Mitternacht, und der Doktor wußte kaum, wann und wie er in sein Hotel zurückgekommen. Als er des anderen Tages gegen Mittag erwachte, fühlte er nur die Wirkung eines doppelten Katers, der eine kam vom übervollen Magen, der andere vom überleeren Portemonnaie. –

Er hatte gestern seinen ersten Triumph gefeiert! –

III.

Der Kassasturz ergab das Resultat, daß er mit genauer Not noch die Fahrt nach F. bezahlen konnte, aber er durfte weiter keinen Pfennig mehr ausgeben; die Bezahlung der Hotelrechnung war ohnedies unmöglich. Um das Übel voll zu machen, verspürte er einen abscheulichen Reiz in der Kehle, seine Stimme war belegt, klang sogar rauh und heiser. Unter solchen Umständen war gar nicht daran zu denken, an diesem Abend eine zweite Vorlesung zu halten. Er mußte sich schonen, gewaltig schonen, wollte er nicht zum Vortrag in F. ganz untauglich sein. Und dieser Vortrag war für ihn jetzt zu einer Lebensfrage geworden, mußte ihn aus mancherlei Verlegenheiten erretten.

Er nahm all seine Weltweisheit zusammen, um ein Mittel zu finden, sich einstweilen anständig aus der Klemme zu ziehen. Dem Freunde wollte er sich nicht anvertrauen. Sein Nimbus müßte erblassen, befürchtete er, wenn dieser wüßte, wie es um seine Kasse stünde. Nach Hause telegraphieren? Das ging noch viel weniger an. Für heute war ja zu helfen: er durfte nur außer dem Hause nichts genießen und alle seine Bedürfnisse auf die Hotelrechnung setzen lassen. Morgen bei seiner Abreise nach F. würde er sich das Zimmer bis zu seiner Rückkehr von dort reservieren, um dann noch einen Tag mit seinem Freunde, dem lieben, so lang entbehrten, verleben zu können! –

So ging's! die Hotelrechnung wuchs zwar durch diese Manipulation riesig an, aber das Decorum war gewahrt.

In der That merkte weder des Doktors Freund, noch sonst jemand das Verhängnis des doktorlichen Geldbeutels. Gleich nach dem gemeinsam eingenommenen Diner, das der Oberkellner heute unaufgefordert auf des Gelehrten Konto setzte, wurde eine Deputation des Armenrates gemeldet, welche sich einfand, um dem edlen Spender nochmals und in feierlicher Weise für seine Gabe zu danken. Der Freund stand hocherhobenen Hauptes neben ihm. Es war ein weihevoller Moment. –

Die Absage des zweiten Vortrages wurde zwar lebhaft bedauert, doch fand man es selbstverständlich, daß der Vortragende sich unter den obwaltenden Verhältnissen Schonung auferlegte. Um den Abend dennoch angenehm zu verbringen, bestellte Walser zwei Theaterplätze für sich und den Gefeierten.

„Ich sonne mich in deinem reichen Glanze," sagte er.

„Thue das!" lächelte der Doktor. „Ich komme mir trotzdem dabei sehr arm vor."

„Das ist die wahre Größe!" versetzte der Freund mit Hochachtung.

Nach dem Souper, bei welchem einige Flaschen Rheinwein die gute Laune erhöhten, nahmen die Freunde Abschied. Walser wollte es sich um keinen Preis nehmen lassen, morgen früh mit auf den Bahnhof zu fahren, um ihm dort ein letztes Lebewohl zu sagen. Aber der Doktor verbat sich das kategorisch. Walser dürfe sich nicht aus seiner Morgenruhe stören lassen. Er versprach von F. hieher zurückzukehren und ihm noch einen Tag zu schenken.

Walser war von diesem Freundschaftsbeweise hoch entzückt und der Doktor war froh, ohne Zeugen abreisen zu können; mußte er doch ganz bescheiden dritter Klasse fahren. –

In F. hatte der Vortragende zwar nicht den gleichen Riesenerfolg zu verzeichnen, wie in C., immerhin aber konnte er mit seiner Aufnahme zufrieden sein. Und als ihm nach Schluß der Vorlesung ein Komitémitglied das bedungene Honorar von hundertundfünfzig Mark überreichte, griff er beinahe zu hastig darnach. Das sollte sein Christbaum sein!

Wieder mußte er eine bis lange nach Mitternacht währende Kneiperei mitmachen, aber er amüsierte sich köstlich und schlief dann so gut, daß er beinahe den um zehn Uhr durchfahrenden Schnellzug versäumt hätte.

Sein „Christbaum" war hier schon durch die beglichene Rechnung etwas entleert worden. Wenige Stunden später traf er wieder im „Elephanten" zu C. ein, natürlich schon erwartet von seinem Freunde. Wieder ward diniert, soupiert, eine Spazierfahrt gemacht, abends das Theater besucht, und dabei fanden es Kellner und Kutscher für ganz selbstverständlich, daß der so hoch Geehrte bezahle. Walser, dessen Einspruch früher zurückgewiesen worden war, machte keinen Versuch mehr, sich einer neuen Ablehnung auszusetzen. So kam es, daß im Gefolge der fröhlich verlebten Stunden eine lange Hotelrechnung erschien, so lang – ach, nennen wir keine Summe! Viel Wissen macht Kopfweh, und dem Doktor that in der That der Kopf weh. Schon im Begriffe, in den Hotelwagen zu steigen, hielt ihn noch der Hausdiener mit den Worten zurück:

„Herr Doktor, verzeihen's, ich hab Se dee Droschke verkehrt."

„Recht!" sagte der Doktor, der den Sinn dieser Worte nicht verstand. Er mochte wohl glauben, der Hausdiener habe etwa eine Droschke abbestellt, weil er den Hotelwagen benutze.

„Ich hab Se dee Droschke verkehrt!" rief der Mann nun etwas bestimmter.

„Ich habe ja auch keine nötig," sagte der Doktor. „Hier haben Sie ein Trinkgeld für Ihre Mühe." Damit reichte er ihm etwas Kleingeld.

„Eiherrjewersch, nee," versetzte der Sachse, „ich hab Se dee Droschke verkehrt, hören Se, bezahlt hab ich dee Droschke, neulich, wie Se gefälligst angekommen sind in der Mitternacht und doch nicht angekommen sind. Die Droschke war Se pünktlich uff dem Bahnhof! Ihr kutester Herr Freund dahier hat mer das strenge befohlen.“

Die Droschke kostete abermals einen Thaler. Und in jener Nacht hatte er höchsteigenhändig sein Gepäck durch Wind und Wetter ins Städtchen geschleppt!

Jetzt kam noch ein letzter Kampf. Es galt, den Freund abzuschütteln, der ihm durchaus das Geleite geben wollte. Was brauchte der zu wissen, daß der so viel Gefeierte wie ein ganz ordinärer Reisender, sich's abermals mit der III. Klasse genügen ließ? Es war ein harter Kampf, den er zu bestehen hatte, aber endlich ging er doch siegreich daraus hervor. Ein herzlicher Kuß, eine kräftige Umarmung, ein lautes, letztes Lebewohl und – der Freund blieb zurück.

Auf der kurzen Fahrt zum Bahnhof sah sich der Doktor wie ein echter Wohlthäter verehrt, überall hochachtungsvollst gegrüßt. In gehobener Stimmung und voll Selbstbewußtsein dankte er. Dieses Selbstbewußtsein kam aber stark ins Wanken, als er auf dem Bahnhofe anlangte.

Der Expeditor wollte ihn durchaus nicht verstehen, als er ein Billet III. Klasse verlangte; der Hoteldiener konnte nicht begreifen, warum er durchaus sein Gepäck selbst zum Wagen tragen wollte, und als das Signal zum Einsteigen gegeben wurde, da beeilte er sich, ein Koupé für Nichtraucher zu erobern.

Schon war der Zug zur Abfahrt fertig, da erschien auf dem Perron der Vorstand des Armenrates mit einer Schar Kinder.

„Wo ist Herr Dr. Weiß? Herr Dr. Weiß! Herr Dr. Weiß!“ so rief es den Zug entlang. Da wurde das Zeichen zur Abfahrt gegeben. Die Kinder schwenkten Mützen und Tücher und riefen unisono ein lautes „Vivat!“ dem abgehenden Zuge nach.

Der Doktor aber hatte sich in die Ecke gedrückt. Er atmete erleichtert auf, als er die Bahnhofhalle hinter sich hatte. Dann rief er: „Der Herr bewahre mich vor meinen – doch nein, er bewahre mich vor künftigen Vorlesungen. Schwiegerpapa, dein Rechenexempel wird mich vernichten!“ –

Zur selben Stunde lasen Frau und Elternpaar mit Stolz im Hauptblatte eine von Walser herrührende Notiz über des Doktors Vortrag, welche von dem glänzenden Erfolge Zeugnis gab, den derselbe errungen.

Der Tag der Heimkehr war auch der Geburtstag der jungen Frau. Doch hatte man den Doktor, der schon am Mittag eintraf, erst am Abend mit dem

Kourierzug erwartet. Mit schmerzenden Gliedern, gepeinigt von heftigem Kopfweh und starkem Katarrh, kam er an. Doch als er seine hübsche Frau umarmte, vergaß er alle Schmerzen, selbst den Mangel an Kleingeld, um den Kofferträger zu zahlen.

Der Schwiegervater ordnete das.

„Darf ich die Plüschjacke holen lassen?“ fragte die Schwiegermutter, als sich ihre Tochter auf einen Augenblick entfernt hatte.

„Noch nicht, Mama,“ entgegnete der Doktor rasch. „Ich möchte meine Frau zuvor das erste Geschenk genießen lassen, das ich ihr heute gebracht, nämlich mich selbst; alles andere kommt – ein ander Mal. Heute gestattet es das bewußte x nicht.“

„Du bist doch nicht ganz ohne x gekommen?“ fragte der Mathematiker.

„x ist gleich nix!“ entgegnete lachend der Doktor, und er erzählte während des Mahles seine Reiseerlebnisse, die ganz besonders den Mathematikus höchlich ergötzten.

„Was hab' ich gesagt?“ rief dieser mit triumphierender Miene. „Aber das thut nichts; Adelgunde erhält von mir das bewußte Geschenk. Die Hauptsache ist, daß du wieder gesund zurück bist! Der Kourierzug, mit dem du reisen wolltest und mit welchem wir dich auch erwarteten, blieb, wie die soeben ausgegebene Zeitungsnummer unter ihren Telegrammen berichtet, im Schnee stecken und muß ausgeschaufelt werden. Der glückliche Umstand, der dich vor diesem Ungemach bewahrte, indem er dich zwang, mit dem Postzuge zu fahren, war das x.“

„So lassen wir das x leben!“ rief die junge Frau, indem sie die Gläser mit duftendem Rheinwein füllte.

Die Mutter drohte zwar mit dem Finger, aber sie stieß doch mit an; nur meinte sie:

„Wie kann man ein x, das nix ist, leben lassen?“

„Verzeihung, Frau Schwiegermutter,“ bemerkte der Doktor, „für was wäre meine Adelgunde die Frau eines Philosophen? Es giebt kein x, das „nix“ wird; etwas bleibt von allem: die Erinnerung – sei sie nun peinlich oder freundlich. Mein x ist allerdings eine von jenen Erinnerungen, die mich deshalb am besten amüsieren, weil sie sich auf Begebenheiten beziehen, die gottlob! – vorüber sind."

Lustige Haft

I.

Mensch, du mußt brummen! Brummen an einem der größten Flüsse Deutschlands, in hochromantischer Lage, auf der hoch am jäh abfallenden Felsen thronenden, die zu ihren Füßen liegende schöne Stadt und die Landschaft ringsumher beherrschenden Feste!

Dieses Los traf den jungen Gesandtschafts-Attaché Otto Ritter von Bormann, den beliebtesten Kavalier der Residenz, von vielseitiger, gesellschaftlicher Begabung, einen der hübschesten und liebenswürdigsten Männer und Tänzer. Er hatte sich für eine der schönsten Damen geschlagen, den ehrabschneiderischen Gegner stark, aber nicht gefährlich verwundet, und wenn auch alles sagte, diesem sei Recht geschehen, so sprach das Gesetz: „Mensch, du thatest Unrecht, und zwei Monate Festungshaft sei die wohlverdiente Strafe!"

Die ganze vornehme Gesellschaft, der Hof voran, nahmen lebhafteste Teilnahme an dem kleinen Mißgeschick des jungen Mannes, und dieser hätte natürlich die prächtige Herbstzeit auch lieber im Gebirge oder an einem der herrlichen Seen verlebt, als dort oben hinter den altersgrauen Mauern, welche zwar der Landschaft hohen Reiz verliehen, in dem Innern Ottos aber ein gewisses Gruseln verursachten, als er an einem herrlichen Herbstmorgen von der Stadt aus, wo er übernachtet, die Schritte fast zögernd hinanlenkte zum steilen Pfade, der ihn zur Feste brachte.

Einigermaßen beruhigte ihn das Bewußtsein, daß der Kommandant der Feste, Oberst von Nordeck und dessen Frau vor vielen Jahren mit seinen Eltern sehr befreundet waren, und auch er erinnerte sich aus seiner Kindheit her noch des freundlichen Offiziers. – Aber „tempi passati!" dachte er – jetzt wird er im Dienste ergraut sein, und zeigte er mir vordem lachend die Buchstaben der bemalten Fibel, so zeigt er mir heute sicherlich die Buchstaben der strengen Instruktion – seine Pflicht – und wäre er noch so jovial, er kann im wesentlichen nichts an meiner Lage ändern, ich muß brummen!

Ein donnerndes „Halt!“ schreckte den in seine Gedanken vertieften, der herrlichen Gegend nicht achtenden jungen Mann plötzlich auf. Er war am ersten, düsteren Thoreingang der Festung angelangt; ein Soldat streckte ihm das gefällte Gewehr entgegen.

Otto folgte dem Befehle und hielt.

„Es darf niemand ohne Erlaubnis herein!“ schrie der Posten.

„Ich bin so glücklich, diese Erlaubnis zu besitzen,“ sagte Bormann lächelnd. „Rufen Sie nur den Kommandanten der Thorwache.“

Dies geschah. Der dienstthuende Unteroffizier kam ihm höflich entgegen, und als ihm Bormann mitteilte, er wünsche den Festungskommandanten zu sprechen, gab er ihm einen Soldaten als Führer mit, der ihn zur Kommandantenwohnung geleitete. Otto mußte unwillkürlich lächeln, wenn er bedachte, wie viel weniger höflich der Empfang des Unteroffiziers gewesen sein dürfte, hätte er in ihm einen Gefangenen geahnt.

Der Oberst umarmte ihn, sobald er den Namen Otto Bormann gehört; er hatte den Knaben so oft auf den Knieen geschaukelt und sich an ihm erfreut, auch jetzt erfreute er sich herzlich des jungen Mannes und bewillkommnete ihn wie einen lieben Besuch, nicht wie einen Gefangenen. Er stellte ihn sofort seiner Gemahlin und Tochter vor, die den Angekommenen gleichfalls aufs liebenswürdigste begrüßten und Otto zu der Meinung veranlaßten, eines so herzlichen Empfanges halber könne man schon einige Monate „brummen.“

„Zum Brummen werden wir Ihnen hier keine Zeit lassen,“ sagte der Oberst. „Wir werden Ihre gesellschaftlichen Talente auszubeuten suchen. Sie sollen in das tägliche Einerlei dieses Aufenthaltes frisches Leben bringen, das soll Ihre eigentliche Strafe sein. Fügen Sie sich dem, so lasse ich Sie auf Ihr Ehrenwort hin frei im Festungsrayon herumgehen, wo nicht, lasse ich Sie in Fesseln legen und werfe Sie in das finsterste Verließ, wo Heulen und Zähneklappern herrscht.“

„Brr, wie schaurig!“ rief Otto lachend. „Da will ich mich doch lieber Ihren Anordnungen fügen. Fesseln wird zwar jeder fühlen, der sich eines so liebenswürdigen Empfanges von Ihrer Seite zu erfreuen hat, aber sie sind leicht zu ertragen. Verfügen Sie ganz über mich. Kann ich dazu beitragen, Ihnen ein paar fröhliche Stunden zu schaffen, so bin ich gern dazu bereit, ja ich halte es geradezu für meine Pflicht.“

Adele, des Obersten Töchterchen, dankte für diese Bereitwilligkeit mit holdem Lächeln und in ihrem Köpfchen entstand sofort ein kühner Plan. Sie hatte ein kleines Herzensgeheimnis, und dieser junge, gefällige Mann, auf den ihr Vater so große Stücke zu halten schien, war ganz dazu angethan, ihr Vertrauter zu werden. Sie zweifelte keinen Augenblick, daß er gern die Hand bieten würde, wenn es galt, das Glück ihres Lebens erringen zu helfen, und als er ihr nun die Hand küßte und sich anschickte, mit dem Oberst von dannen zu gehen, da sah sie ihm vertrauensvoll in die Augen.

Adele zählte kaum achtzehn Jahre. Aus ihrem unschuldsvollen Gesichtchen leuchtete ein Paar treuer, blauer Augen, ihre Lippen waren rot wie Kirschen und ihr üppiges, hellblondes Haar fiel in langen, dichten Flechten über die Schultern hinab. Die Gattin des Obersten dagegen war eine stattliche Frau in den besten Jahren und mußte in ihrer Jugend sehr schön gewesen sein.

Otto hoffte für sich im Kreise dieser Familie mehr Vergnügen, als auf seiner Arreststube, die ihm der Oberst sofort anweisen lassen wollte.

Zu diesem Behufe führte er ihn nach dem Adjutanturgebäude, wo sich das Dienstbureau befand.

Er bot ihm eine Zigarre an, hing sich in Bormanns Arm und ging mit ihm über den Hof, dabei sich angelegentlichst nach seinem alten Freunde, Ottos Vater, erkundigend. Plaudernd stiegen sie die Treppe zur Adjutantur hinauf und traten in diese ein.

Der Adjutant sprang sogleich von seinem Stuhle auf und stand stramm und unbeweglich da.

„Das ist der Herr, welcher auf zwei Monate interniert bleibt," stellte der Oberst diesen dem Adjutanten vor. „Die Papiere habe ich auf meinem Schreibtische liegen lassen; ich schicke sie dann herüber. Machen Sie den Herrn mit der Instruktion bekannt und weisen Sie ihm ein passendes Zimmer an."

„Sehr wohl, Herr Oberst!" antwortete der Adjutant.

„Sonst nichts Neues" fragte der Kommandant.

„Nein, Herr Oberst! Doch ich wollte eben gehorsamst melden, daß einer der Militärsträflinge heute Morgen einen Fluchtversuch machte, von einem Soldaten der Besatzung aber eingeholt und wieder zurückgebracht wurde."

„Also doch etwas Neues! Wie heißt der Soldat?"

„Das weiß ich nicht."

„Das sollen Sie aber wissen!" ließ ihn der Oberst ziemlich ungnädig an. „Der Mann muß belobt werden. Ich will mich auf der Wache selbst erkundigen."

Damit entfernte sich der Oberst eiligst.

Der Adjutant nahm jetzt eine andere Miene an. Er dehnte und streckte sich, um die durch die stramme Haltung anscheinend steif gewordenen Glieder wieder in Bewegung zu bringen. Dann sah er mit geradezu ärgerlichen Blicken nach dem neuen Ankömmling.

„Warum haben Sie sich nicht zuerst bei mir gemeldet?" fragte er ihn in gereiztem Tone.

Bormann merkte aus diesem Dienstton, daß der Adjutant die freundschaftliche Gesinnung des Obersten nicht teile, und er war verlegen um die Antwort, welche er dem Offizier geben sollte, der, an den Spitzen seines blonden Schnurrbärtchens drehend, ihn vom Kopf bis zum Fuße musterte.

„Haben Sie meine Frage nicht gehört?" fragte der Oberleutnant abermals.

„O ja," erwiderte Otto lächelnd, „aber Sie scheinen zu vergessen, daß ich über den Dienstgang hier erst belehrt werden muß, bevor ich Ihnen einen Grund für mein Handeln zu nennen schuldig sein dürfte."

„Sie scheinen mit Ihren Antworten schnell fertig zu sein," entgegnete der Adjutant.

„Wie Sie sahen, ließ ich mich zweimal fragen," lächelte Otto.

Jetzt bemerkte der Offizier die Zigarre in Bormanns Hand.

„Was ist das?" rief er entrüstet. „So etwas ist mir doch noch nicht vorgekommen! Sie erlauben sich, mit brennender Zigarre hier zu erscheinen!"

„Ah, Verzeihung!" sagte Bormann, die Zigarre auf den Ofen legend, „ich dachte, weil der Herr Oberst –"

„So?" unterbrach ihn der Offizier. „Sie haben eine sonderbare Meinung, wenn Sie glauben, Sie hätten als Gefangener dieselben Rechte, wie der Oberst. Da hört sich doch mehreres auf! Sie werden bald eines anderen belehrt werden!"

„Ihr freundlicher Empfang belehrt mich bereits," erwiderte Otto. „Doch ich glaube – die Instruktion –"

„Ja, die sollen Sie hören!“ rief der Adjutant, ein großes Buch zur Hand nehmend. Er setzte sich nieder und las die ersten Paragraphen mit gleichgültigem Tone. Als er aber zu dem Passus kam, welcher von der Flucht handelte, wurden seine Worte langsamer und er las mit erhobener Stimme, jedes Wort betonend: „Paragraph zwölf: Sollte sich ein Gefangener durch die Flucht befreien wollen, so hat die Wachtmannschaft den Befehl, nach vorhergegangenem „Halt!“ Feuer zu geben und nach dem Flüchtlinge zu schießen. Haben Sie mich verstanden?“

„Ich glaube, ja,“ entgegnete Otto.

In diesem Augenblick drang aus dem Hofe die Stimme der Oberstin herauf. Der Adjutant eilte sofort zum Fenster, öffnete den ohnehin nur angelehnten Flügel ganz, und indem er hinabgrüßte, verzog sich sein Gesicht plötzlich zu einem zuckersüßen Lächeln. Die Damen schienen sich unten mit einem eben angekommenen Besuche zu unterhalten.

Jetzt kam der Offizier vom Fenster zurück, nahm seine Dienstmiene wieder an und las den Paragraph zwölf wiederholt vor. Dann aber zog es ihn wieder nach dem Fenster. Die Stimmen der Damen entfernten sich, und jetzt mußten dieselben in das Wohngebäude eingetreten sein. Der Adjutant verbeugte sich noch einmal mit verbindlichstem Lächeln, rieb sich vergnügt die Hände und sah noch einige Minuten, seinen Schnurrbart drehend, zum Fenster hinaus. Dann aber schien er sich plötzlich wieder des Gefangenen zu erinnern, dessen Anwesenheit er ganz vergessen hatte.

„Ja so!“ sagte er, sich zu diesem wendend und nahm das Buch wieder auf. „Also,“ begann er, „haben wir den Paragraph zwölf über die Flucht und das Erschießen schon?“

„Schießen Sie immerhin noch einmal, es thut nicht weh,“ entgegnete Otto lachend.

„Soll das ein Witz sein?“

„Wenn Sie ihn als solchen gelten lassen!“

„Unverschämt!“ brummte der Offizier vor sich hin.

„Sie wissen nun alles,“ sagte er dann. „Außer der Freistunde von elf bis zwölf bleiben Sie in Ihrer Stube eingesperrt. Haben Sie Geld, so ist Ihnen gestattet, sich abends ein Glas Bier durch den Profoßengehilfen bringen zu lassen. Besitzen Sie außer diesen hellen Sommerkleidern noch einen Anzug?“

„Ich habe meinen Koffer in der Stadt unten zurückgelassen. Er steht im Hotel „zum wilden Mann", wo ich auf kurze Zeit abgestiegen bin. Ich werde ihn hierher bringen lassen."

„In „wilden Mann" sind Sie abgestiegen?" fragte der Offizier erstaunt. „Sie besuchen einen solchen Gasthof ersten Ranges?"

„Ich mußte mich doch auf hierher vorbereiten," antwortete Bormann lächelnd.

Der Adjutant schien jedoch diese Anspielung nicht zu verstehen.

„Merkwürdig!" sagte er. „Immer nobel – immer nobel! Da wundert man sich dann, wenn der Begriff von Mein und Dein verloren geht."

„Wie verstehen Sie das?" fragte Otto.

„Nach dem Sinne," lautete die Antwort.

Jetzt war die Geduld des jungen Mannes zu Ende.

„Mein Herr," sagte er, „ich muß mir die Bemerkung erlauben, daß ich hier bin, eine zweimonatliche Festungshaft zu erstehen, nicht aber, Ihre geradezu unartigen Bemerkungen mir gefallen zu lassen. Ich bin der Gesandtschaftsattaché von Bormann, und mein Vergehen besteht darin, daß ich im Duell einen frechen Burschen verwundete, der sein loses Maul nicht zähmen wollte, nicht aber in der Verwechslung von Mein und Dein."

„So – o – o?" versetzte der Offizier errötend. „Sie sind Herr von Bormann? Ich habe ja Ihre Papiere noch nicht gelesen, ich hielt Sie für jemand, der wegen Defraudation hierher verurteilt wurde und heute ankommen muß. Habe ich Ihnen die Instruktion schon ganz vorgelesen? Ich weiß gar nicht, wo mir der Kopf steht."

„Das sind Milderungsgründe," entgegnete Otto.

Der Offizier war jetzt augenscheinlich in Verlegenheit, die er umsonst zu verbergen suchte. Er läutete und der Profoß, einen großen Schlüsselbund in der Hand, erschien.

„Zu Befehl, Herr Adjutant!" sagte er, sich bemühend, seine dicke Figur in eine militärische Haltung zu bringen.

„Weisen Sie diesem Herrn Nr. 14 als Arreststube an."

„Sehr wohl, Herr Adjutant. Aber an der Menage kann er heute nicht mehr teil nehmen," erwiderte der Profoß.

„Warum?“ versetzte der Offizier. „Man teilt sie eben so ein, daß eine Portion mehr herauskommt.“

„Wenn Sie es wir gestatten wollen, werde ich mir meinen Mittagstisch anderswo suchen,“ warf Bormann ein.

„Wo?“ fragte der Adjutant.

„An der Tafel des Herrn Obersten,“ lautete die Antwort.

„Jetzt, da schau her!“ rief der Profoß verwundert.

„Sind Sie schon eingeladen?“ fragte der Adjutant spöttisch.

„Noch nicht,“ antwortete Otto. „Aber ich bin überzeugt, der Herr Oberst läßt mich nicht Hunger leiden und wird gern sein Brot mit mir teilen. Ich glaube, er kommt, und nun wird die ebenso unerquickliche, als komische Szene gottlob ein Ende haben.“

Die Thüre öffnete sich und der Oberst erschien. Adjutant und Profoß machten wie auf Kommando „Stillgestanden!“

„Was wollen Sie hier?“ fragte der Oberst den Profoßen.

„Diesen Arrestanten habe ich auf Befehl des Herrn Adjutanten auf Nr. 14 zu verbringen. Ich fragte nur gehorsamst wegen der Menage an, da heute für diesen Mann nicht angetragen ist.“

„So? Und was wurde Ihnen befohlen?“

„Daß ich die Portionen so einrichten soll, daß ich auch für diesen Mann eine heraus–“ er stockte unwillkürlich.

„Was heraus?“ fragte der Oberst.

„Heraus – schinden kann.“

„Ist gut!“ sprach der Oberst. „Treten Sie ab!“

„Vorwärts Marsch!“ rief der Profoß, Otto am Rockkragen fassend.

„Sind Sie des Teufels?“ rief der Oberst. „Kehrt Euch, Marsch!“

Der Profoß stolperte mit seinem Schlüsselbunde zur Thür hinaus.

„Welche Nummer haben Sie Herrn von Bormann angewiesen?“ fragte jetzt der Oberst den Adjutanten.

„Nr. 14,“ entgegnete dieser.

„Mit der Aussicht auf die Wallmauer," lachte der Oberst. „So gar hart wollen wir's ihm doch nicht machen. Herr von Bormann kann das Zimmer neben dem Theatersaal beziehen, und was die Menage anbelangt, so wollen wir diese aus meiner Küche „herausschinden", das heißt, wenn Sie mir die Ehre erweisen wollen, während Ihres Aufenthaltes mein Gast zu sein."

„Mit Vergnügen," sagte Otto, „wenn es nicht gegen die Vorschrift ist."

„In der Regel speisen zwar die Arrestanten nicht an der Tafel des Kommandanten," versetzte der Oberst heiter, „aber es giebt Ausnahmen von der Regel, und eine Zuschrift aus dem Kabinett hat mich beauftragt, Ihnen den Aufenthalt auf der Festung in jeder Weise zu erleichtern."

Der Adjutant erblaßte zuerst, dann bedeckte ein tiefes Rot sein Gesicht. Er mußte sich's im stillen eingestehen, daß er einen Fehler gemacht.

„Ich werde Ihnen gleich selbst Ihr Quartier anweisen," sagte der Oberst zu Bormann, und den Adjutanten flüchtig grüßend, verließ er die Kanzlei.

Otto war zu sehr Diplomat, um des Adjutanten Verlegenheit nicht zu bemerken, und da er keinen unangenehmen Eindruck in demselben zu hinterlassen wünschte, sagte er zu ihm: „Vielleicht gelingt es mir, im Laufe der Zeit Ihr Wohlwollen zu gewinnen, das mir ein Mißverständnis in der ersten Stunde versagt hat."

Der Adjutant stutzte einen Augenblick, dann sagte er: „Sie werden mich schon besser kennen lernen!"

Otto folgte dem Obersten nach. Er wußte nicht, sollten des Adjutanten Worte eine Entschuldigung oder eine Drohung sein, doch hatte er nicht Zeit, darüber nachzudenken, denn schon war der Oberst an seiner Seite, der ihn freundlich fragte, wie ihm der Adjutant gefalle.

„Gar nicht!" bekannte Bormann offen.

„Dann geht es Ihnen, wie mir," versetzte der Oberst. "Der erste Eindruck ist immer der richtige, das habe ich schon oft bestätigt gefunden. Der Mann ist von einer Schüchternheit, die bei einem Soldaten geradezu ein Verbrechen ist."

„Von Schüchternheit habe ich bei ihm gerade nichts bemerkt," meinte Bormann. „Im Gegenteil hatte ich Gelegenheit, zu erfahren, daß er wenigstens nach unten hin, sehr „schneidig" sein kann."

„Nach unten hin? Das mag sein. Haben Sie das beobachtet, vielleicht dem Profoßen gegenüber?“

„Nein, ich machte diese Beobachtung schon mehr an mir selbst. Ich stand heute sehr unten. Freilich hat man als Arrestant nicht Anspruch auf besondere Zuvorkommenheit.“

„Man darf aber nie vergessen, wen man vor sich hat und weshalb der betreffende Arrestant ist,“ sagte der Oberst. „Selbst Männer, die sich in unglückseliger Stunde eines Verbrechens schuldig gemacht, bedürfen unseres Mitgefühls. Gerade sie empfinden ein unfreundliches Benehmen am schmerzlichsten, und nichts drückt sie moralisch mehr nieder, als wenn man sie mißachtet. Sie glauben nicht, wie rührend dankbar sie oft sind, wenn man freundlich mit ihnen spricht und sie ihrer Bildung gemäß behandelt. Dieses Bewußtsein, manchem Unglücklichen sein trauriges Los erleichtern zu können, macht mir meine Stellung hier erträglicher und erhält mir meinen Humor, der mir über manches Unangenehme hinweghilft.“

Sie waren inzwischen an das Hauptgebäude der Festung gelangt, der“Prälatenstock“ geheißen, da die Festung ehemals eine befestigte Abtei gewesen, in welche sich die Bischöfe in unruhigen Zeiten zurückzuziehen pflegten. Alles zeugte von früherer Pracht und Herrlichkeit. Sie stiegen über eine breite Marmortreppe hinauf in die sogenannte Prälatenwohnung. Ein breiter, heller Gang, dessen Wände und Decke mit reicher Stuccatur verziert war, welche die Einfassung der überall angebrachten, noch in frischen Farben erglänzenden Freskogemälde bildete, führte an eine große Flügelthür, deren vergoldetes Schnitzwerk das Auge auf sich zog.

Otto konnte einen Ausruf der Bewunderung nicht unterdrücken, die sich noch steigerte, als der Oberst die Thür öffnete und ihn in den sogenannten Fürstensaal eintreten ließ. Die Wände waren hier mit Malereien und vergoldeten Arabesken überzogen, große Spiegel waren an den Pfeilern angebracht und ein hoher Marmorkamin bildete für sich ein eigenes Prachtstück in dem Saale. Aus den Fenstern aber eröffnete sich dem entzückten Blick die reizendste Landschaft, am Horizonte abgegrenzt durch dunkle Waldungen, zu Füßen der mächtig dahinrauschende Strom und darüber hinweg die Stadt mit ihrer Menge von Giebeln und Türmen. Von letzteren ertönte soeben das Mittagsgeläute mit allen Glocken und zitterte in zauberischen Akkorden hinauf zu der hochgelegenen Feste.

Otto konnte sich an dem Bilde nicht satt sehen und trennte sich nur ungern von dem Fenster.

„Diesen Anblick sollen Sie auch von Ihrer Arreststube aus genießen," versprach der Oberst. „Folgen Sie mir!"

Nun trat der Oberst mit seinem Begleiter in den Theatersaal. Auch dieser strotzte von silbernen Verzierungen, und, was Ottos Blick gleich auf sich zog, ein vollständiges Theater mit neuen Coulissen stand im Hintergrunde.

„Wie, die Bühne ist noch erhalten?" rief er.

„Das überrascht Sie?" fragte der Oberst, zufrieden schmunzelnd. „Sie sehen hier mein bescheidenes Werk," fuhr er fort. „Was Sie hier sehen, ist meine Arbeit, die Coulissen sind von mir gemalt in meinen Mußestunden."

„Ah, das ist ja herrlich!" rief Bormann. „Hier wird hoffentlich auch gespielt?"

„Freilich!" entgegnete der Oberst. „Ich sehe von Zeit zu Zeit größere Gesellschaft bei mir, Familien aus der Stadt kommen herauf und dann wird Theater gespielt. O, wir können uns schon sehen lassen!"

„Zweifle nicht im mindesten. Wer sind die Darsteller?"

„Meine Frau, meine Tochter, ich selbst, Herren und Damen aus der Stadt; es finden sich darunter immer welche, die Talent und Lust zur Sache haben. Unter meiner Leitung geht die Vorstellung vor sich. Leider haben wir aber einen schweren Verlust zu beklagen, der unsern Spielen einen argen Stoß versetzte. Der frühere Adjutant, ein erster Liebhaber par excellence, wurde versetzt, und der jetzige hat keine Idee vom Theaterspielen, ist überhaupt viel zu langweilig und schüchtern. Da liegt nun die ganze Plage auf mir, und wenn ich mich auch gerne plage, so ist es doch immer angenehmer, wenn man noch Hilfe dabei hat."

„Dann lassen Sie mich diese Hilfe sein, Herr Oberst," bat Bormann. „Ich bin mit Leib und Seele dieser Sache zugethan, und brauchen Sie einen ersten Liebhaber, so stelle ich mich gleichfalls als solcher zur Verfügung."

„Sie? Ja, Sie sehen mir ganz darnach aus, als ob Sie das Zeug dazu hätten!" sagte der Oberst erfreut. „Ich nehme Ihr Anerbieten an. Das ermöglicht mir, mein neuestes Lustspiel bald zur Aufführung zu bringen."

„Ah, Herr Oberst sind auch Dichter?" fragte Otto.

„Was man so fürs Haus braucht,“ sagte der Oberst, vergnügt lächelnd. „Zu jener Zeit, da ich noch Leutnant war, mußte man rein aus Verzweiflung zur Kunst greifen, wenn man nicht vor Langeweile sterben wollte, und so eine Neigung bleibt dann das ganze Leben lang. Man singt mit Scheffels Kater:

Eig'ner Sang erfreut den Biedern,
Denn die Kunst ging längst ins Breite;
Seinen Hausbedarf an Liedern
Macht ein jeder selbst sich heute.

Und so habe auch ich ein „Heer von Liedern“ gedichtet, als ich noch verliebt war, späterhin wählte ich die Prosa und vor allem das Lustspiel. Wir haben schon mehrere Stücke hier aufgeführt, die Anerkennung fanden. Mein letztes Lustspiel, von welchem ich vorhin sprach, war schon halb eingeübt, da fuhr wie ein Blitz aus heiterem Himmel die Versetzung des Adjutanten dazwischen, für den dieser langweilige Mensch aus der Garnison unten in die Festung heraufkommandiert wurde. Da kam die Sache in's Stocken. Nun aber, wenn Sie den Liebhaber übernehmen wollen, dann wird gespielt. Wie wird sich meine Frau und besonders Adele über diese Nachricht freuen!“

Bormann besah sich die Bühne und machte dem Oberst das Kompliment, daß Einrichtung und Malerei ganz vorzüglich sei, und daß er vor Begierde brenne, sich auf diesen Brettern zu versuchen. Strahlend vor Vergnügen führte ihn nun der Kommandant in das anstoßende Zimmer, welches er ihm als „Arrestlokal“ anwies. Dasselbe war nicht sehr groß und hatte nur ein Fenster, auch war es nur notdürftig möbliert, aber der Oberst versprach, alles Nötige herbeischaffen zu lassen. Otto hatte nur einen Blick für die herrliche Aussicht, die er schon wieder bewunderte.

„Ich danke Ihnen herzlich für Ihre Güte,“ sagte er, dem Oberst die Hand reichend. „Ich werde hier herrliche Monate verleben! Wie schön ist es, hier eingesperrt zu sein!“

„Nun, auf die Dauer bleibt es doch ein Gefängnis,“ meinte der Oberst. „Es ist eben ein goldenes Vogelhaus in einem prächtigen Park. Ich kenne das aus Erfahrung. Ich war hier selbst unfreiwillig einige Monate zu Gast, als ich einen Kameraden, der meine Frau mit Zudringlichkeiten belästigte, im Zweikampfe verwundete. Je entzückender die Natur ist, desto mehr sehnt man sich hinaus.

Jetzt aber lassen Sie uns zur Menage gehen und sehen, ob, wie der Profoß meint, eine Portion für Sie herauszuschinden ist."

Unter heiterem Geplauder verging das Mahl. Der Kaffee wurde im Garten des Kommandanten eingenommen, welcher gerade unter den Fenstern von Bormanns künftiger Wohnung lag. Neben diesem Garten befand sich, durch eine Mauer mit Schießscharten geschieden, ein zweiter, etwas tiefer liegender, kleinerer Garten, welcher dem Adjutanten zur Benützung überlassen war. Man konnte den jungen Offizier durch die Schießscharte wohl sehen. Er saß in der Laube und starrte regungslos in die Stadt hinab.

„Da sitzt er drunten, wie der Ritter Toggenburg," sagte der Oberst. „Der Mensch ist ohne Freud' und ohne Leid. Er sitzt anscheinend ganz gedankenlos da; man sollte doch meinen, in seinem Alter käme er auf Gedanken, die ihn in Bewegung brächten." Und leise sagte er zu Otto: „Wenn der Mensch nur wenigstens verliebt wäre! Aber ohne jede Leidenschaft, das ist zum Totschießen.

Otto trennte sich nach eingenommenem Kaffee von der kleinen Gesellschaft, um sein Zimmer in Ordnung zu bringen und seinen Koffer aus dem „wilden Mann" holen zu lassen. Der Oberst schickte ihm Zeitungen und mehrere seiner poetischen Arbeiten, darunter auch das neue Lustspiel, in welchem Otto seine Gastrolle als erster Liebhaber spielen sollte. Abends ward Bormann wieder zum Essen in den Kommandantengarten geladen, wo man blieb, bis die kühle Nachtluft zum Rückzug zwang. Mit großem Vergnügen suchte dann Bormann sein reizend gelegenes Zimmer auf, um ausruhen und mit sich allein sein zu können.

Er saß noch lange am offenen Fenster und blickte hinaus auf das vom Mondlicht reizend beschienene Thal, auf den in glitzernden Wellen spiegelnden Strom und die hell erleuchteten Häuser der Stadt. Es lag ein unbeschreiblicher Zauber in dieser reizenden Mondlandschaft. Er hatte das Licht längst ausgelöscht, denn ein Nachtschmetterling nach dem andern war neugierig ins Zimmer gekommen, um sich nach dem hier ungewohnten Schimmer umzusehen und sich in der Flamme die Flügel zu verbrennen.

Da war es ihm, als hörte er die unter seinem Fenster befindliche Gartenthür leise öffnen. Ein flüchtiger Blick und er erkannte beim Mondlicht des Obersten Töchterchen und in respektvoller Entfernung, gleichsam als Leibwache, das Stubenmädchen. Otto zog seinen Kopf rasch zurück, lehnte das Fenster leise zu und wartete hinter dem Vorhange der Dinge, die da kommen sollten.

Adele ging geraden Weges auf die Schießscharte zu, durch welche man in den Garten des Adjutanten blicken konnte, und bald hörte er sie einige Male husten. Dann bemerkte er, wie in dem tiefer gelegenen Garten ein Mann der Mauer zueilte, eine kleine Leiter anlegte und so hoch hinanstieg, daß er durch erwähnte Schießscharte in den Garten des Kommandanten blicken konnte. Er blickte zwar jetzt nicht in den Garten, sondern in zwei prächtige Augen, in denen das Mondlicht wiederstrahlte, und Otto sah ganz deutlich, wie er seinen Arm durch die Scharte zwang und Adelens Hand erfaßte.

Bormann mußte unwillkürlich lächeln. Das waren Pyramus und Thisbe aus dem Sommernachtstraum, wie sie sich durch die Ritze einer improvisierten Mauer ihre Liebesbeteuerungen zuflüstern. Aber noch konnte er das Gesicht des Pyramus nicht erkennen, so viel er sich auch Mühe geben mochte, denn es war zu verlockend, das süße Geheimnis zu entdecken. Was die beiden sprachen, darauf achtete er nicht, er wußte ohnedem, daß sie sich zu solcher Stunde und auf diese Weise nicht über das Wetter unterhielten. Jetzt machte der Unbekannte eine Bewegung mit dem Kopfe, das Mondlicht fiel voll auf seine Züge und beleuchtete das Gesicht – des Adjutanten.

Bormann mußte an sich halten, um einen Ruf der Überraschung zu unterdrücken. Der langweilige Adjutant, der, wie der Oberst noch vor wenigen Stunden ärgerlich bemerkte, nicht einmal verliebt sein konnte, stieg jetzt wie ein Romeo zu seiner Julia empor. Davon hatte der Oberst gewiß keine Ahnung, sonst würde er über den Offizier ein anderes Urteil gefällt haben. Es war also ein geheimes Liebesverhältnis, das so schnell entdeckt zu haben, dem jungen Manne großes Vergnügen gewährte. Während er über die sich unter seinem Fenster abspielende Szene lächelte und sich alle Mühe gab, nichts zu hören, wurde er plötzlich durch die Nennung seines Namens überrascht.

„Daß dieser Bormann gerade da oben wohnen muß!“ sagte der Offizier ärgerlich. „So wird uns auch die einzige Möglichkeit, uns hier allein sprechen zu können, genommen. Aber das soll er mir büßen! Er kommt mir schon einmal unter die Zähne, mag ihn dein Papa auch noch so sehr in Schutz nehmen.“

„Nein, lieber August,“ sagte Adele, „gerade in ihn setze ich mein Vertrauen. Ich hielte es fürs beste, wir machten ihn zum Mitwisser unseres Geheimnisses. Ich glaube, er könnte uns nützlich sein, da Papa so große Stücke auf ihn hält.“

„Ihn um eine Gefälligkeit angehen,“ erwiderte der Offizier, „nein, Adele, das ist nichts. Wir müssen unsere Rendezvous hier aufgeben, so lange dieser Herr da oben wohnt. Der würde sich eine Lust daraus machen, mich in Verlegenheit zu bringen."

„Meinst du?" antwortete das Mädchen, „das glaube ich nicht. Eine Ahnung sagt mir, daß er dazu beitragen wird, unser Glück zu begründen. Aber du mußt dich unserm Hause mehr nähern, mit Papa in freundschaftlichere Beziehungen zu kommen trachten."

„Versuchte ich denn nicht schon alles?" versetzte der Adjutant. „Als es mir endlich nach langer, langer Mühe gelungen war, die Adjutantenstelle hier auf der Festung zu erlangen, um dir, die ich bereits seit zwei Jahren anbete, nahe sein zu können, da wurde ich von deinem Papa so ungnädig als möglich empfangen, er behandelte mich wie einen Korporal, und wenn ich seitdem mit ihm zusammenkomme, so schnürt es mir förmlich die Kehle zu, ich vermag nichts zu sagen als „sehr wohl!" und „zu Befehl!" und dein Papa ist sichtlich erfreut, wenn er mich entlassen kann. O, er wird niemals in unsere Verbindung willigen."

„Wie du so mutlos bist!" sagte Adele. „Du kennst Papa nicht; er hat ein gutes Herz. Um mich glücklich zu machen, willigt er in alles, und wenn du dich nur einmal entschließen kannst, dich ihm zu nähern, so wird noch alles gut werden. Jetzt aber lebe wohl, liebster Mann: ich hoffe, dich bald bei Papa zu sehen."

„Denke an mich, liebster Schatz," sagte der Adjutant zärtlich, „und gebe ich dir am Kanzleifenster das Zeichen mit den gekreuzten Linealen, dann ist die Luft hier wieder rein und wir treffen uns abends auf wenige Minuten. So lange der Herr da oben ist, wird freilich dieses Glück selten sein, aber ich werde mein Möglichstes thun, ihn von da zu vertreiben, verlaß dich drauf! Adieu, süßes Kind! Vielleicht sehen wir uns schon morgen wieder."

Otto hörte, wie sie sich gegenseitig die Hände küßten, und Adele huschte dann ins Haus zurück. Dann stieg auch der Adjutant die Leiter hinab, legte sie auf den Boden nieder und machte eine Bewegung, die eine merkwürdige Ähnlichkeit mit dem Drohen der Faust hatte, was wahrscheinlich dem unliebsamen Störenfried galt; dann verschwand auch er.

Bormann schloß jetzt das Fenster. Er dachte darüber nach, wie ihm der erste Tag seines Hierseins gleich Freunde und Feinde gebracht, und ob wohl seine Haft das Glück zweier Liebenden zur Folge haben könnte. Dann machte er nochmals Licht und durchstöberte die Manuskripte, die ihm der Oberst zur Durchsicht geschickt. Es war ein ganzer Stoß.

„Nun, das alles durchzulesen, das giebt eine hübsche Arbeit," sagte er lächelnd. „Es ist wirklich schade, daß ich gar so wenig Neigung in mir fühle, das Zeug kennen zu lernen. Was mache ich da? Am besten wird es sein, ich lese von jedem Heft die erste und die letzte Seite und verwende meine ganze Aufmerksamkeit für das neu einzustudierende Lustspiel."

Dasselbe lag gleichfalls im Manuskript vor ihm, und seine Rolle, von schöner Hand abgeschrieben, war beigegeben. Das Stück war betitelt: „Der geprellte Alte."

„Guter, bester Oberst!" rief Otto lachend, „diesen Titel hat dir dein Verhängnis in die Feder diktiert. Du sollst die Geister nicht umsonst beschworen haben!"

Jetzt schlug die Mitternachtsstunde.

„Schildwach! Hab Obacht!" tönte es von dem Posten auf dem Walle, und alle Wachen auf den äußeren Werken wiederholten langsam und feierlich diesen Ruf.

„Ich lege mich wenigstens mit dem Bewußtsein zu Bette, vortrefflich bewacht zu sein!" sagte Otto zu sich. Und als er im Bette lag, fügte er den Wunsch bei: „Möchten alle Gefangenen so gut schlafen, wie ich!"

Jetzt fiel ihm die Drohung des Adjutanten ein, daß er ihn aus diesem Zimmer vertreiben wolle. Was konnte er vorhaben? „Vielleicht sehen wir uns schon morgen wieder," sagte er mit Bezug auf Ottos Vertreibung. Er schien also schon einen Plan gefaßt zu haben.

„Als Diplomat habe ich zu viel vernommen, um nicht auf meiner Hut zu sein," sagte Bormann zu sich selbst. Dann stand er nochmals auf, sperrte die Thüre nach dem Theatersaale ab und stellte zu größerem Schutz noch einen Tisch davor, um im Schlafe nicht auf unangenehme Weise überrascht zu werden. Er ahnte, daß irgend ein Schabernack in Szene gesetzt werden solle, um ihm den Aufenthalt in diesem prächtigen Zimmer zu verleiden.

„Was nun auch kommen mag, es trifft mich nichts unvorbereitet," sagte er, sich selbst tröstend, und wenige Minuten später träumte er bereits.

II.

Er mochte ungefähr eine Stunde geschlafen haben, da erwachte er plötzlich. Es war kein freiwilliges Erwachen, doch war es ihm in den ersten Minuten nicht recht klar, wodurch er aufgeschreckt worden. Es mußte ein Geräusch im Theatersaale gewesen sein. Er setzte sich im Bette auf und horchte. Nicht lange, so hörte er deutlich das Rollen von Kugeln, welche bald an seine Thüre, bald nach der Bühne geschleudert wurden. Dazwischen klangen Laute wie schmerzliche Seufzer.

„Aha," dachte Bormann, „das Vertreibungsmanöver beginnt!"

So gern er gewußt hätte, was er für eine lärmende Nachbarschaft habe, so unterließ er es doch, Licht zu machen.

„Die Gespenster scheuen das Licht," sagte er, „und ich will dem guten Freunde die Freude nicht verderben." Er drehte sich nach der andern Seite, legte sich bequem hin und versuchte wieder einzuschlafen, da außen eine Ruhepause eingetreten war. Bald aber ging der Spektakel von neuem an und zwar in einem Grade, daß an ein Schlafen schlechterdings nicht mehr zu denken war. Die Kugeln rollten hin und her, bald langsamer, bald schneller, dann war es, als ob etwas Lebendiges hin- und hersauste, die Laute und Seufzer wurden stärker, und Otto war jetzt nicht mehr länger im Zweifel darüber, daß da draußen von Katzen eine Jagd auf Mäuse und Ratten abgehalten werde. Daß man den Katzen Kugeln angehängt, um den Lärm zu vergrößern, war nicht schwer zu erraten.

Im ersten Augenblicke wollte Otto Licht machen und sich über den Grund seiner Vermutung vergewissern. Doch bei näherer Überlegung erkannte er, daß durch Öffnen der Thüre die Jagd leicht in sein eigenes Zimmer verlegt werden könnte, und das wäre sicher noch unangenehmer gewesen. So entschloß er sich, den Tag abzuwarten, der ja schon gegen vier Uhr zu grauen begann. Nachdem es so hell geworden, daß er durch das Schlüsselloch in den Saal sehen konnte, stellte er seine Beobachtungen an. Richtig, da waren zwei große Katzen, die mit Mäusen spielten und von denen jede an einer langen Schnur eine hölzerne Kugel nachzog. In der Mitte des Saales stand eine Mausfalle. Jetzt öffnete sich leise die Thüre, welche vom Fürsten- in den Theatersaal ging, und der Profoß, der ihn gestern beim Kragen packen wollte, erschien in derselben. Er hatte die Stiefel ausgezogen und schlich in Strumpfsocken leise vorwärts nach der Stelle, wo die Mausfalle stand, nahm diese unter den Arm, löste von den Katzen, die sofort zu ihm herankamen, die Kugeln und jagte sie zur Thüre hinaus, die er dann leise hinter sich wieder zuschloß.

Bormann lachte jetzt laut auf.

„Dieser erste Versuch ist dir mißglückt, Adjutantchen!“ sagte er. „Warten wir die andern ab.“ Und nun legte er sich wieder zu Bett und holte das Versäumte redlich nach. Er schlief noch, als man ihm das Frühstück brachte, und mußte erst durch Klopfen an seine Thür geweckt werden.

Kaum hatte er sich angekleidet, erschien auch schon der Oberst.

„Ich gehe in die Stadt hinab, um meine Schauspieler zusammenzutrommeln,“ sagte er. „Gleich morgen halten wir Leseprobe. Nächster Tage wird das jetzige Detachement abgelöst, und der neue Hauptmann, der mit seiner Kompagnie kommen wird, ist eine ganz vorzügliche Kraft. Es wird alles vortrefflich gehen. Wie hat Ihnen mein Stück gefallen?“

„Ganz vorzüglich,“ beteuerte Otto höflich. „Wem aber werden Sie die Rolle des „geprellten Alten“ zuweisen? Sie muß sehr gut gespielt werden und bedarf einer guten Charakterisierung.“

„Ich spiele sie selbst,“ sagte der Oberst. „Die Haupteigenschaft besitze ich, nämlich das Alter.“

„Ja, dann bleibt nichts zu wünschen übrig,“ meinte Bormann. „Ich beginne sofort mit dem Studium meiner Rolle. Die Liebhaberin ist doch Fräulein Adele?“

„Jawohl!“ antwortete der Oberst. „Das Mädel spielt ganz nett, recht naiv und hat ein prächtiges Organ. Hauptmann Bergen, der, wie erwähnt, nächstens hier eintreffen wird, übernimmt die komische Rolle, und die andern Partieen sind nicht von Belang.“

„Hauptmann Bergen ist hierher kommandiert?“ fragte Otto erfreut. „Da treffe ich ja einen lieben Freund.“

„Nun, dann werde ich ihm noch heute die erfreuliche Nachricht von – Ihrem Besuche bringen. Schade, daß Sie nicht im „wilden Mann“ ein Schöppchen mit uns trinken können! Meine Frau wird sich erlauben, Ihnen ein Frühstück hieher zu schicken. Bei Tisch treffen wir uns wieder. Benutzen Sie meinen Garten nach Gefallen und vertreiben Sie sich die Zeit, so gut Sie können.“

Bormann beruhigte den Oberst deshalb und geleitete ihn bis zur ersten Thorwache, wo er sich von ihm empfahl. In den Schloßhof zurückgekehrt, sah er auf einer Bank vor der Profoßenwohnung die zwei Katzen sich sonnen. Er mußte beim Anblick dieser Nachtgespenster lächeln. Er näherte sich der Bank und streichelte die Katzen. Da trat der Profoß aus der Thüre, eine Pfeife im Munde und eine rote Hauskappe auf dem Kopfe.

„Guten Morgen!“ wünschte Bormann.

„Guten Morgen!“ erwiderte der Profoß in etwas gereiztem Tone, denn es ärgerte ihn, daß dieser Gefangene seiner Macht entrückt war und ihm so die vielen Trinkgelder entgingen, welche bei dessen gewöhnlicher Haft unvermeidlich in seine Taschen hätten fließen müssen, denn die verschiedenen kleinen Dienste und Gänge, die Extrabereitung der Speisen von seiten seiner Frau, das hätte alles bezahlt werden müssen, wenn Bormann nicht des Obersten Gast gewesen wäre.

Otto, der so zu sagen „eine gute Nase hatte“ und den Braten roch, sagte zu ihm, er wisse wohl, was sich dem Profoßen gegenüber gehöre, und wenn er auch vorderhand nichts aus der Küche seiner Frau nötig habe, so werde der Herr Profoß ihn doch so generös finden, als wenn er seine Verpflegung durch dessen Vermittlung erhielte.

„O bitte,“ stammelte der alte Veteran, „nicht nötig! Alles freier Wille! Salutiere! Sind der Freund unsers Kommandanten! Vortrefflicher Mann! War ein Teufelskerl! Hat allen Mädchen die Köpfe verrückt! Schöne Zeit gewesen!“

Diese Sätze wurden kurz abgestoßen, mehr herausgebellt, als gesprochen, aber sie waren immerhin ein Zeichen, daß der Profoß in einer versöhnlicheren Stimmung war.

„Haben Sie gut geschlafen?“ fragte jetzt der alte Soldat, den jungen Mann fest anblickend, mit eigentümlichem Tone.

„Geht an,“ entgegnete dieser. „Etwas unruhig.“

„Unruhig?“ fragte der Profoß. „Möchte nicht in den alten Zimmern schlafen. Ehemalige Klosterherrn! Weißer Bischof! Eingemauerte! Man erzählt manches. Sollen schon Erdrosselungen vorgekommen sein – früher – sagt man – Gespenster! Möchte nicht dort schlafen!“

„So, ist es das?“ sagte Bormann ernst. „War das, was ich heute nacht hörte, übernatürlich?“

„Sie haben einen Spuk gehört?“ that der Alte erschrocken. „Da blieb' ich keine Nacht länger. Haben im andern Flügel auch schöne Zimmer, auch schöne Aussicht, aber Ruhe und Frieden. Muß nicht Gespenster stören. Oberst sagen – wird noch heute ein anderes Gemach bestellen.“

„O, ich fürchte mich gar nicht,“ beteuerte Bormann. „Heute nacht bleibe ich jedenfalls noch. Geht dann der Spektakel wieder an, so ziehe ich aus. Ich möchte aber die Ursache niemand wissen lassen.“

„Diskretion!“ versicherte der Profoß. „Haben Recht! Viel Plaudern taugt nichts! Probieren Sie's noch diese Nacht. Halten Sie sich ja ruhig, könnte sonst gefährlich werden. Weiß, was ich weiß.“

Otto empfahl sich jetzt rasch von dem Alten, denn er hätte das Lachen nicht mehr länger zurückhalten können.

„Nun warte,“ sagte er für sich, „heute nacht wollen wir den Geist erlösen!“ Er benutzte den Vormittag dazu, sich einen Plan zurecht zu legen, wie er den Geist erlösen und zugleich Adelens Vertrauen belohnen könne. Als er dieser beim Mittagstisch gegenübersaß, da dachte er: „Was würdest du für Augen machen, wenn du ahnen könntest, was ich seit gestern abend alles weiß.“

Der Oberst war ganz heiter aus der Stadt zurückgekehrt und sprach nur vom Liebhabertheater, das nun als gesichert betrachtet werden konnte.

Adele fragte den Gast einigemale, wie er die erste Nacht als Gefangener geschlafen und ob er auch geträumt habe, da Träume, die man an einem fremden Ort in der ersten Nacht hat, gern in Erfüllung gehen. Aber Otto hütete sich wohl, von den durchwachten Stunden zu sprechen, die er dem Adjutanten zu danken hatte.

„Ich schlafe so fest,“ sagte er, „daß ich durch nichts zu erwecken bin, und gehe in der Regel früh zu Bette.“

„So?“ fragte das Fräulein. „Um welche Zeit?“

„Gewöhnlich um neun Uhr,“ log Bormann.

Adelens Augen leuchteten auf; ein Gedanke durchzuckte sie. Otto, der diesen Gedanken kannte, studierte sich einen Traum zusammen, den er vergangene Nacht gehabt haben wollte.

„Denken Sie nur, Fräulein, mir träumte von Ihnen,“ sagte er.

„Von mir?“ fragte das Mädchen neugierig und errötend.

„Ja, von Ihnen, und sogar von Ihrer Hand.“

„Von meiner Hand?“

„Sie hatten Ihre Hand in eine Maueröffnung gebracht und so eingezwängt, daß Sie weder vor- noch rückwärts konnten. Da erschien ich als Retter, suchte Ihre Hand zu befreien, und –“

„Und?“ fragte die Oberstin.

„Legte sie in die Ihres Bräutigams.“

„Das träumte Ihnen?“ rief Adele. Die Frage klang sehr ungläubig und errötend sah sie mit so forschendem Blick auf Otto, daß dieser den seinen beinahe senken mußte.

„Nun,“ meinte die Oberstin, „bestelle dir bei Herrn Bormann dann nur den richtigen Bräutigam.“

„Da haben Sie das richtige Thema gewählt,“ sagte der Oberst, „das spinnt sich ins Unendliche. Jetzt giebt es aber Besseres zu thun, als von Bräutigams zu träumen. Jetzt heißt es Rollen lernen, denn in vierzehn Tagen muß die Aufführung vor sich gehen.“

Nach Tische traf es sich, daß Adele mit Bormann allein in der Fensternische stand. Jetzt konnte sie ihre Neugierde nicht mehr länger bezähmen, sie mußte wissen, wie sie daran war.

„Ist Ihr Traum Thatsache?“ fragte sie ihn leise.

„Das größte Stück davon ist Phantasie,“ bekannte er aufrichtig. „Wenn Sie meiner Dienste bedürfen, so können Sie auf mich vertrauen.“

Adelens dankbarer Blick zeigte, daß sie ihn verstanden habe.

Nachmittags sah Otto am Fenster der Adjutantur die zwei gekreuzten Lineale. Als er abends mit den andern im Kommandantengarten saß, studierte er sich einen kleinen Racheplan zusammen, und Adelens Blick, der sehr oft auf die bekannte Schießscharte fiel, zeigte ihm das Wie. Als sich bei eintretender Dunkelheit die Familie zurückzog, bat er, noch ein Viertelstündchen hier bleiben zu dürfen, um seine Rolle durchzudenken. Das war dem Oberst ganz recht und man wünschte sich gegenseitig „gute Nacht.“

Nun ging Bormann sofort an die Ausführung seines Planes. Er verstopfte die Schießscharte so fest mit Erde und Steinen, daß die Hinwegräumung ohne lärmende Werkzeuge gar nicht möglich war. Dann eilte er auf sein Zimmer und erwartete hinter dem Vorhange, was sich infolge der gekreuzten Lineale da unten ereignen würde.

Er mußte lange warten. Endlich, es mochte ungefähr zehn Uhr sein, öffnete sich wieder die Thüre unter seinem Fenster und das kleine Fräulein huschte nach der Schießscharte, während das Stubenmädchen an der Thüre Wache hielt. Zu gleicher Zeit erschien auch der Adjutant, legte die Leiter an die Mauer und stieg hinauf.

Jetzt hörte Bormann ganz deutlich, wie beide kratzten und scharrten; aber es half nichts. Der Keil, den Otto hineingezwängt, steckte zu fest.

„Alle Teufel!“ rief der Adjutant, „wer hat das gemacht? Adele, bist du da?“

„Bst!“ sagte diese, „nicht so laut! Man könnte uns hören. Ich kann die Öffnung nicht aufmachen; es ist wie eingemauert.“

„Warte,“ rief der Offizier, „ich hole eine längere Leiter und steige über die Mauer zu dir hinüber.“

„Um Gotteswillen, nein!“ antwortete Adele. „Ich gehe wieder ins Haus zurück, leb wohl!“

„Bleibe,“ rief der Adjutant, „ich muß zu dir!“

Jetzt hielt es Otto an der Zeit, seine Freundesrolle zu beginnen. Er riß am Fenster, daß es laut klirrte, Adele entfloh sofort ins Haus. Otto öffnete nun das Fenster ganz und rief hinab. „Was giebt's da unten?“

Der Adjutant stand noch immer auf der Leiter.

„Was soll's geben?“ rief er gefaßt zu Bormann hinauf. „Ich mache meine nächtliche Ronde.“

„Das ist ein verteufelter Dienst, nachts auf den Festungsmauern herumzuklettern!“ lachte Bormann. „Da ziehe ich mein bequemes Bett vor.“

„Das ist mir gleich, was Sie vorziehen,“ entgegnete der Offizier, die Leiter hinabkletternd.

Otto hatte das Fenster wieder geräuschvoll geschlossen und sah dann zu, wie sich der Adjutant langsam entfernte.

„So," sagte er für sich, „das war die Rache für die verdorbene Nacht. Jetzt will ich für heute sorgen.

Er nahm eine lange Stange aus dem Theatersaal und band sein Betttuch daran; dann machte er aus Papier eine Bischofsmütze und befestigte sie auf der Stange. An die Mütze hing er eine aus Papier geschnittene Totenlarve. Diese Dinge richtete er dann so täuschend auf einen Stuhl, zunächst der Eingangsthüre im Fürstensaal, daß man glauben konnte, es säße das riesige Gespenst eines Bischofs da.

Wieder ward es Mitternacht, wieder hörte er den langgedehnten Ruf der Schildwachen, dann war alles ruhig.

„Mein Bischof muß sich da draußen langweilen," sagte Otto zu sich, „und ich kann den Schlaf kaum mehr zurückhalten, wenn der Profoß nicht bald seine Gespenster bringt. Oder sollte man wir heute Ruhe gönnen?"

Er hatte dies noch nicht ganz ausgedacht, als ein furchtbarer Schrei ertönte. Es war ein Schrei des Entsetzens, der aus dem Fürstensaal kam und in der Nacht unheimlich in den leeren Räumen hallte.

Bormann zündete das Licht an und begab sich durch den Theatersaal nach dem Fürstensaale. Da sah er auf dem Boden den Profoß wie regungslos daliegen. Otto neigte sich zu ihm, hob seinen Kopf empor und bemerkte zu seiner Beruhigung, daß er noch atme. Schnell eilte er in sein Zimmer zurück, holte Wasser und übergoß ihm damit Gesicht und Brust. Das hatte gute Wirkung. Otto entfernte schnell die Ursache des Schreckens und näherte sich dann wieder dem noch immer am Boden liegenden Profoßen.

„Wie ist Ihnen," fragte er ihn, als dieser sich einigermaßen wieder erholt hatte und die Augen aufschlug.

„Sie hier, Herr Bormann," fragte der Profoß befremdet. „Was thun Sie bei mir? Sapperment! Hausordnung!"

„Ich bin nicht bei Ihnen, sondern Sie bei mir. Sapperment! Haben Unrechtes thun wollen! Sind bestraft worden," rief Bormann lachend.

Jetzt setzte sich der Profoß auf, sah herum und besann sich, indem er sich an der Stirne rieb. Allmählich schienen ihm seine Gedanken wieder zu kommen.

„Jesses, was hab' ich geseh'n!" rief er, und seine wenigen Haare sträubten sich nach aufwärts. „Da hat er gesessen im silbernen Ornat mit der Bischofskappe! Zähnegrinsend! Hohläugig! Gott steh' wir bei!"

„Kommen Sie in mein Zimmer," sagte Bormann. „Ich habe noch ein Restchen Wein, das trinken Sie, und dann Vertrauen um Vertrauen."

Der Profoß folgte ihm wie ein Kind. Der Name „Wein" war ein Magnet, der selbst in dieser kritischen Lage seine Macht auf ihn übte. Otto gab ihm die Flasche, aus der er in tiefen Zügen trank. Das machte ihn gesprächig.

„Schleswig-Holstein gewesen," sagte er. „Nichts gegen den heutigen Schrecken!"

„Das glaube ich," entgegnete Otto. „In der Regel fürchtet man sich aber vor Geistern nur da, wo keine vorhanden sind. Doch das ist nun abgethan. Gestehen Sie jetzt ehrlich ein, was hatten Sie um diese Stunde im Fürstensaal zu thun? Wollten Sie einen Herrn Bormann aus seinem Zimmer vertreiben, wie man den Fuchs ausräuchert?"

„O, Herr Bormann: Ihr Wein ist sehr gut! Fuchs ausräuchern? Ich? Weiß nicht –"

„Sie entschlüpfen mir nicht. Gestehen Sie die Wahrheit nicht sofort, so laß ich gleich den weißen Bischof kommen. Ich kann das. Damit Ihnen aber das Eingestehen leichter wird, will ich Ihnen sagen, daß ich Ihren Schabernack von der vorigen Nacht vollständig durchschaut, die Katzen mit den hölzernen Kugeln selbst gesehen und Sie dazu, Sie, der das alles auf Befehl des Adjutanten ausführen mußte, um mich aus dieser Wohnung zu vertreiben. Heute nacht wollten Sie Ähnliches beginnen, aber der weiße Bischof hat mich davor bewahrt."

Der Profoß staunte ihn mit weit aufgesperrtem Munde an.

„Sie wissen das?" fragte er. „Aber nein! Dienstgeheimnis! Gestern, ja! Heute – Scharren im Kamin – nein, nichts!"

„Also im Kamin sollten Sie heute scharren? Sehr erfindungsreich! Gehen Sie jetzt nur nach Hause und schlafen Sie. Und damit Sie keine Furcht mehr haben vor dem weißen Bischof, Sie Held, so setzen Sie seine Mütze auf und nehmen Sie seine Larve vors Gesicht. Bringen Sie diese Sachen dem Herrn Adjutanten nebst meinem Dank, und melden Sie ihm, daß ich mich durch solche Kindereien nicht aus diesem Zimmer vertreiben lasse."

Damit stülpte er ihm die papierne Bischofsmütze auf den Kopf und zeigte dem Verblüfften seinen ganzen Geisterapparat.

„Esel gewesen!“ rief der Profoß, sich vor die Stirne schlagend. „Memme! Ein Leintuch und eine Papiermütze! Meine Reputation! Meine Autorität! Sapperment! Hol mich der Teufel, Sie sind ein Mann! Gute Nacht! Sapperment, weißer Bischof!“

Unter diesen Ausbrüchen seiner Stimmung entfernte er sich. Otto leuchtete ihm die Treppe hinab und gab noch an die Frau Profoßin einen schönen Gruß auf.

„Braucht nichts von dieser Blamage zu wissen,“ weinte ihr Eheherr. „Ist gegen die Disziplin. Herr Bormann, Sie haben mir ordentlich aus dem Hause geleuchtet. Ist mir recht geschehen. Danke!“

Dann entfernte er sich, und auch Otto suchte sein Bett. Es tagte bereits im Osten, als er das Licht ausblies.

„Recht angenehme Nächte!“ sagte er lachend. „Ich glaube jedoch, ich habe mir ein für allemal Ruhe geschaffen.“

Niemand in der Festung hatte von diesem Abenteuer im Fürstensaale eine Ahnung. Der Profoß aber mußte infolge des ausgestandenen Schreckens das Bett hüten.

Als Otto andern Tages gegen Mittag mit Fräulein Adele im Garten zusammentraf, benutzte er diese Gelegenheit des Alleinseins, als Freund, wie sie es ihm gestern erlaubte, zu ihr zu sprechen. Er gestand ihr, daß er die Schießscharte verstopfte, um sich an dem Adjutanten zu rächen, und daß er dann dessen Übersteigen der Mauer verhinderte, weil es für sie unpassend gewesen wäre, um diese Stunde mit ihm allein zu sein.

Adele, erst über und über rot, erfaßte jetzt seine Hand und dankte ihm für seine Freundschaft. Sie versprach ihn, sich zu keinem nächtlichen Rendezvous mehr verleiten zu lassen, und Otto teilte ihr, um sie vollständig zu beruhigen, einen Plan mit, mittelst dessen er ihren Vater für den Erwählten ihres Herzens zu gewinnen hoffte. Adele war entzückt über seine Idee und sagte ihn, sie lege ihr Geschick in seine Freundeshand und überlasse es ihm, zu handeln, wie er es für gut finde. Ihre Mutter aber wollte sie in das Geheimnis ziehen.

Jetzt kam der Oberst, und sein erster Blick fiel auf die verstopfte Schießscharte.

„Sehen Sie nur dieses neue Hirschauerstückl!“ sagte er zu Bormann. „Verstopft der Adjutant die Schießscharte, damit man ihn nicht mehr in seinem Garten sitzen sieht. Das ist doch zum Lachen! Ein so junger, hübscher Mensch – und ein solcher Griesgram!“

Adele wurde wieder verlegen und eilte unter dem Vorwande, den Tisch zu decken, ins Haus zurück.

„Das muß ich sofort wegräumen lassen,“ sagte der Oberst, die Schießscharte betrachtend.

„Warum?“ fragte Otto. „Was liegt daran, ob man den Adjutanten in seinem Garten schmachten sieht oder nicht?“

„Was schmachten?“ rief der Oberst. „Das ist es ja eben! So jung sein, die Uniform tragen, und nicht einmal verliebt sein!“

„Wer kann das wissen?“ sagte Otto. „Stille Wasser sind tief. Solche Leute klettern oft nachts über Mauern und Zinnen und brechen sich den Hals mit Wollust im Dienst der Liebe.“

„Nun, bei dem hat man so etwas nicht zu fürchten. Ich glaube nicht, daß der imstande wäre, einer Dame eine ordentliche Liebeserklärung zu machen.“

„Wollen Sie es darauf ankommen lassen?“ fragte Otto lächelnd. „Wenn ich dem Treiben dieses Herrn ein wenig nachspüren darf, so liefere ich Ihnen binnen vierzehn Tagen den Beweis, daß er nicht nur bis über die Ohren verliebt sein kann, sondern auch in der Wahl seiner Dame einen Geschmack verrät, der ihm nur zur Ehre gereicht.“

„Das wollten Sie mir während Ihres Hierseins beweisen?“ lachte der Oberst.

„Ja, ich verpflichte mich dazu.“

„Da wette ich doch, was Sie wollen, daß Ihre Forschungen vergebens sind,“ rief der Oberst.

„Ich nehme die Wette an,“ sagte Otto. „Sie sollen ihn vor der Dame seines Herzens knieen sehen!“

„Bestimmen Sie den Preis der Wette,“ befahl der Oberst, „doch denken Sie dabei daran, daß Sie verlieren werden.“

Otto überlegte einen Moment.

„Gut," sprach er dann. „Gewinne ich, was geschieht, wenn Sie den Adjutanten vor seiner Herzenskönigin knieen sehen, dann verlange ich von Ihnen einen Kuß."

„Für die Dame Ihrer Phantasie?" fragte der Oberst. „Recht gern, wenn sie hübsch ist."

„Nicht für die Dame, sondern für den Adjutanten," erklärte Bormann.

„Den Adjutanten soll ich küssen?" rief der alte Herr verwundert. „Was fällt Ihnen ein? Der müßte mich ja doch für einen Narren halten. Man küßt doch nicht ohne Grund."

„Einen Grund wollen Sie haben? Nun, dann schmollieren Sie mit ihm, und der Grund ist gefunden."

„Wie Sie nur auf so etwas kommen können! Der Chargenunterschied würde mich gewiß nicht hindern, auch nicht das Alter, soweit wird man mich kennen; aber man muß in diesem Falle doch gut Freund mit dem andern sein, man muß sich gern haben. – Doch was besinne ich mich lange! Das Verlieren ist ja doch an Ihnen! Also, ich gehe darauf ein!"

„Ihre Hand darauf?"

„Hand und Wort!" entgegnete der Oberst. „Jetzt aber bestimme ich Ihre Strafe. Sie sind verurteilt, bei der nächsten Unterhaltung drei von mir verfaßte, lange Balladen auswendig zu lernen und tadellos vorzutragen."

„Geben Sie mir die Balladen," sagte Otto. „Ich studiere sie schon jetzt ein."

„Das wird Ihnen sehr zu gute kommen!" meinte lächelnd der Oberst. „Doch jetzt kommen Sie; es ist Essenszeit."

Arm in Arm schlenderten die beiden nach dem Hause, wo das Diner schon der Ankommenden harrte.

Nachmittags kamen mehrere Herren und Damen aus der Stadt, welche beim Liebhabertheater mitwirken sollten, mit Ihnen auch Hauptmann Bergen, der Bormann aufs herzlichste begrüßte. Der Hauptmann war ein Mann von stattlicher Figur, und obwohl er schon die Mitte der Vierziger überschritten, zeigte sein glänzend schwarzes Haar noch kein Atom von Grau. Er galt ehedem für einen der schönsten Offiziere in der Armee und war unter dem Namen „Friederich der Schöne" bekannt. Er hatte ein außerordentlich gesellschaftliches Talent und Otto dankte einen großen Teil seiner diesbezüglichen Gaben diesem

Vorbilde. Wo Bergen in Garnison stand, da wurde die Langeweile mit Feuer und Schwert vertrieben und Witz und Humor herrschten an ihrer Stelle; deshalb war er auch überall gern gesehen und stets der Mittelpunkt der männlichen gesellschaftlichen Welt. Nicht minder würdigten die Damen seine Bemühungen. War er es doch, der Tänzchen und Bälle und alle möglichen Belustigungen arrangierte und ihren Wünschen aufs angenehmste entgegenkam Auch dem Oberst war Bergen stets ein höchst willkommener Besuch.

Sobald sich eine Gelegenheit fand, nahm Otto den Freund auf sein Zimmer, wo er ihm seine Erlebnisse seit seinem Hiersein mitteilte und ihm von den Manövern des Adjutanten erzählte.

„Der Adjutant ist sonst ein ganz liebenswürdiger Mensch,“ versicherte Bergen. „Ich weiß, der Oberst ist gegen ihn eingenommen, aber mit Unrecht. Er wird ihn bald näher kennen lernen und dann gewiß anders behandeln.“

„Ich glaube, sein Hauptverbrechen ist, daß er nicht Theater spielen kann,“ meinte Bormann.

„Wenigstens würde ihm das einige Sympathie des Obersten gewinnen,“ bestätigte der Hauptmann. „Aber um auf die Spukgeschichte zurückzukommen, die ist so drastisch, daß ich lebhaft bedauere, sie nicht zum besten geben zu dürfen. Ich werde übrigens den Geisterzitierer ins Gebet nehmen, und du sollst von nun an Ruhe haben.“

Er begab sich auch sofort zum Adjutanten, und schon nach einer Viertelstunde kam er in Begleitung desselben zurück.

„Mein Kamerad hier ist bereit, dir in jeder Weise für die kleinen Angriffe Satisfaktion zu geben,“ sagte Bergen zu Otto. „Er erkennt sich als besiegt an und verspricht dir, dich künftig in Frieden zu lassen und denselben auch nicht zu stören, wenn du ihm das Vergnügen gönnst, sich dir in freundlicher Weise nähern zu dürfen.“

„Mit Freuden!“ sagte Otto, dem etwas verlegenen Adjutanten die Hand reichend.

„Damit Sie mich aber für keinen Narren halten, werde ich Ihnen die Beweggründe, welche mich zu so sonderbarem Handeln bestimmten, unter dem Siegel der Verschwiegenheit mitteilen,“ erklärte der letztere.

„Nicht nötig!“ gab Bormann zurück, „ich kenne sie bereits.“

„Nicht möglich!“ rief der Adjutant errötend.

„Sie vergessen, daß ich Diplomat bin,“ machte ihn Otto aufmerksam. „Als solcher sehe ich mehr als andere, suche für jedes Warum das Darum, und Sie haben mir das letztere zu finden wahrlich nicht schwer gemacht.“

„So haben Sie mich vorgestern abend gesehen?“ fragte der Offizier.

„Gewiß. Und für die Katzenunterhaltung habe ich mich durch Verstopfen der Schießscharte gerächt.“

„Sie?“

„Freilich. Es beruht alles auf Gegenseitigkeit. Für die mir heute nacht angedachte Kaminscharrerei ließ ich „den weißen Bischof“ erscheinen. Der arme Profoß gespenstert gewiß nicht mehr.“

„Ich erkläre mich, wie gesagt, für besiegt,“ sagte der Adjutant.

„Und Sie geben mir jede Satisfaktion.“

„Jede!“

„Nun, dann verlange ich von Ihnen, daß Sie sofort diese Rolle, welche ich zu spielen übernommen habe, einstudieren und sich von mir und meinem Freunde Bergen darin unterrichten lassen. Doch darf niemand darum wissen, am wenigsten der Oberst.“

„Das wird gut werden,“ erwiderte der Adjutant lächelnd. „Ich habe in meinem Leben nie Theater gespielt, und werde mich dabei nur wieder blamieren.“

„Die Liebe kann alles, nur nicht seiltanzen,“ entgegnete Otto. „Das Theaterspielen ist unter dem „alles“ noch inbegriffen. Lassen das Weitere unsere Sorge sein. Ich bringe Sie Ihrem Ziele näher, vielleicht ganz nahe. Habe ich Ihnen erst meinen Plan enthüllt, so bin ich sicher, daß Sie gar nichts Eifrigeres mehr zu thun haben, als an Ihrer Rolle zu studieren. Vergessen Sie nicht, daß Fräulein Adele Ihre Partnerin ist. Das wird in Ihr Studium das nötige Feuer bringen.“

„Wohlan,“ sprach der Offizier, „ich habe mich Ihrem Wunsche zu fügen, und Sie haben es sich selbst zuzuschreiben, wenn Sie künftig an mir statt des Poltereinen Plagegeist erhalten.“

„Als letzterer werden Sie mir gewiß angenehmer sein, ich werde dann doch ruhig schlafen können.“

„Pax vobiscum!“ rief lachend der Hauptmann. „Da sieht man, zu was das Reden gut ist. Das Gold des Schweigens wäre in diesem Falle Blech gewesen.“

„Ob aber das Reden meiner Rolle mir Silber bringt, das möchte ich auch bezweifeln,“ meinte der Adjutant.

„Silber bringt es Ihnen nicht,“ entgegnete Otto, „aber ein allerliebstes Weibchen, wenn es nach meinem Wunsche geht.“

III.

Bormanns Festungshaft gestaltete sich in der liebenswürdigen Gesellschaft, in der er verkehrte, zu einer Reihe schöner Tage und Stunden, und auch seine Freunde hatten sich so an den heiteren jungen Mann gewöhnt, daß es dem Obersten fast leid that, als er eines Tages ein Schreiben erhielt, das ihm anzeigte, daß Bormanns Gefangenschaft statt der festgesetzten drei Monate auf einen herabgesetzt wurde. Es kam ihn schwer an, Otto von der Begnadigung zu verständigen.

„Wäre es nach mir gegangen,“ sagte er bei dieser Gelegenheit zu dem jungen Manne, „ich hätte Ihnen noch einige Monate zugelegt.“

„Sehr liebenswürdig!“ versetzte dieser lachend^“Ich weiß übrigens die Schmeichelei, welche in Ihren Worten liegt, zu schätzen, und, aufrichtig gesagt, ich wüßte mir keinen reizenderen Aufenthalt, als hier, wo Natur und Menschen wetteifern, das Leben so schön zu machen.“

Die Damen gratulierten ihm zwar herzlich zu der ihm zu teil gewordenen Gnade des Fürsten, aber ihr Nachsatz war auch nur ein Bedauern, den liebgewonnenen Hausgenossen so bald schon wieder fortziehen zu sehen.

„Es ist nur gut, daß ich das Theater noch rechtzeitig angesetzt habe,“ meinte der Oberst. „Jetzt trifft es sich so, daß Sie gerade am Tage der Vorstellung frei werden und demgemäß Ihre Rolle als freier Mann spielen können.“

„Das ist mir auch sehr angenehm,“ versicherte der junge Mann. „Ich verliere zwar dabei etwas an Interesse in den Augen des schönen Geschlechts, das dem Gefangenen sicher ungleich mehr Sympathie entgegengebracht hätte; aber ich kann mich freier bewegen und das besonders Ihnen gegenüber, Herr Oberst, den ich nun einmal nach Vorschrift meiner Rolle prellen muß.“

„Glauben Sie, das Stück gefällt?“ fragte der Oberst zum so und so vielten Male, denn es war ihm stets eine Freude, eine bejahende Antwort zu hören. „Ich meine, es wäre nicht so ganz ohne Witz und Humor.“

„Es ist allerliebst!“ versicherte Otto. „Es wird einen für alle vergnügten, für Sie aber ganz besonders ehrenvollen Abend geben.“

„Besonders interessant wird es, wenn Sie die drei Balladen noch zum besten geben,“ lachte der Oberst, „Sie studieren doch daran?“

„Wohl. Aber nicht aus Furcht vor der zu verlierenden Wette.“

„Wollen Sie wirklich noch nicht einsehen, daß Sie verlieren?“ fragte der alte Herr. „Wie ich höre, kommen Sie öfter mit dem Adjutanten zusammen. Finden Sie ihn nicht unheilbar?“

„Ganz und gar nicht. Der Mann sah sich in der ersten Zeit seines Hierseins nichts weniger als wohlwollend behandelt und das schreckte ihn. Kommt man ihm freundlich entgegen, so taut er auf und man hat einen gutmütigen, gesetzten Mann vor sich.“

„Der mehr reden kann, als ›Sehr wohl!‹ und ›zu Befehl‹?“ fragte der Oberst.

„Gewiß,“ antwortete Otto. „Es wird von Ihnen abhängen, Herr Oberst, ihn mit meinen Augen zu erkennen.“

„Glauben Sie, daß ihm darum zu thun ist? Ein junger Mann, der das Schießloch verstopft, um ungesehen in seinem Garten schmollen zu können, hat keinen Sinn für gesellschaftliche Kreise. Übrigens habe ich allerdings selbst einen Teil der Schuld zu tragen. Es ist wahr, ich kam ihm nicht sonderlich wohlwollend entgegen, denn es ärgerte mich, daß er hinter meinem Rücken sich beim Ministerium um die Adjutantenstelle hier bewarb, und zwar so unerwartet schnell, daß meine Vorschläge noch unterwegs waren, als seine Ernennung schon erfolgte.“

„Vielleicht wünschte er nur hierher zu kommen, weil der Herr Oberst hier kommandieren.“

„Das wäre ein psychologisches Rätsel. Aber lieber Freund, ich will Ihnen durch mein Entgegenkommen Ihre Aufgabe erleichtern. Doch rate ich Ihnen trotzdem, die Hoffnung, Ihre Wette zu gewinnen, aufzugeben. Nächsten Sonntag ist Ihre Zeit um, abends findet das Theater statt, und andern Tags werden wir Sie mit dem Zuge da unten fortsausen hören. Wie wollten Sie in diesen wenigen Tagen noch das Kunststück fertig bringen, ihn verliebt zu machen? Studieren Sie die Balladen!"

Damit empfahl sich der Kommandant und ging schnurstracks in die Adjutantur. Otto sah ihm lächelnd nach.

„Der gute Mann wird jetzt, um das Versäumte nachzuholen, zu viel des Wohlwollens auf den Adjutanten ausgießen. Doch das schadet nichts; desto besser lernt und spielt er seine Rolle," sagte Bormann für sich. –

„Wir werden abends zum Thee einen neuen Gast bekommen," verkündete der Oberst während des Mittagstisches.

„Und wer ist das?" fragte die Oberstin.

„Der Adjutant," lautete die Antwort ihres Eheherrn.

„Der Adjutant?" riefen die Damen und Otto gleichzeitig, aber mit verschiedenen Gefühlsausdrücken. Otto lachte, Adele errötete und die Oberstin machte ein sehr erfreutes Gesicht – im Grunde genommen aber freuten sich alle darüber.

„Hat er bei uns Besuch gemacht?" fragte die Oberstin.

„Nein," antwortete der Oberst. „Ich habe ja vergessen, seinen ersten Besuch zu erwidern. Ich habe das heute gut gemacht und ihn gleich eingeladen. Kommt ihm freundlich entgegen! Er scheint mir in Damenkreisen sehr schüchtern zu sein."

Bormanns und Adelens Blicke begegneten sich.

„Das ist Ihr Werk!" schien ihm Adele zuzurufen.

Als dann abends im Garten der Thee eingenommen wurde, erschien der Adjutant am Arme des Hauptmanns Bergen und wurde von den Damen aufs beste empfangen. Auch der Oberst gab sich sichtlich Mühe, den bis jetzt Zurückgesetzten auszuzeichnen. Er bot ihm fortwährend mit Butter bestrichenen Pumpernickel und Napfkuchen an, hatte ihm zwei- und dreimal Arak in das Getränk gegossen, so daß dem Adjutanten allmählich ganz ängstlich zu Mute wurde. Der Oberst rückte gar nicht mehr von seiner Seite, zumal der Adjutant jetzt gestand, daß er durch die Güte Bormanns die poetischen Produkte des Herrn Obersten zum Lesen erhalten habe und diese seine Lieblingslektüre geworden seien. Er zitierte auch einige Stellen aus einem Gedichte, worüber dem Oberst vor Freude die Augen übergingen.

Nach dem Thee machte man einige Gänge durch den Garten und die jungen Herren wußten die Sache so einzurichten, daß der Adjutant mit Adele allein sein konnte, und ihr flüchtig die Hand drücken durfte.

„So ist es freilich bequemer, als durch die Schießscharte," meinte er.

„Und so soll es bleiben," entgegnete Adele. „Papa ist ja ganz entzückt von dir."

„Thee und Arak sollen mich seines neuen Wohlwollens versichern. Doch mag es sein! Ich habe mich auf Gnade und Ungnade Herrn Bormann ergeben, und jetzt glaube ich selbst, daß er hält, was er versprochen."

„Und was versprach er dir?" fragte Adele.

„Daß du mein Weibchen werden sollst, liebste Adele."

„Bst!" wehrte sie, als er ihr wieder die Hand drücken wollte, da sie merkte, daß ihr Papa in diesem Augenblicke aufmerksam zu ihnen herüber sah.

„Der spricht ja mit meiner Tochter ganz kouragiert," sagte der Oberst verwundert zu Otto.

„Kein Wunder!" entgegnete letzterer. „Ich habe ihm sehr eingeschärft, sich recht liebenswürdig zu machen und sich keinen Zwang anzuthun."

„Daran thaten Sie wohl," versetzte der Oberst, und er beobachtete aufmerksam, in wie weit der Schüler seinem Lehrmeister gehorsam war.

„Aber erlauben Sie mir," wandte er sich plötzlich zu Otto, „haben Sie Ihrem Schüler auch gesagt, daß er meiner Tochter die Hand küssen soll? Jetzt schon wieder!"

Bormann sah mit Entsetzen, daß der Adjutant, wahrscheinlich infolge des starken Arakgenusses, dort ganz ungeniert Adelen ein über das anderemal die Hand küßte.

„Meine Tochter ist ja blutrot vor Verlegenheit – sie weiß sich nicht mehr zu helfen," sagte der Oberst.

„Ich befahl ihm, beim Abgange die Hand zu küssen. Da hat er mich eben mißverstanden," antwortete Otto. „Ich mache dieser Ritterlichkeit sogleich ein Ende." Und er eilte zu den Liebenden.

„Herr Adjutant – nicht so galant!" rief er ihm zu, und leise sagte er: „Der Oberst hat Sie im Auge. Er bemerkte die Handküsse; nehmen Sie sich zusammen. Küssen Sie lieber der Frau Oberstin die Hand. Noch ist unsere Sache nicht reif."

In der nächsten Minute war der Adjutant an der Seite der Oberstin.

„Wer die Tochter haben will, halte sich an die Mutter," dachte er, und jetzt gab er sich wirklich Mühe, liebenswürdig zu sein. Es fiel ihm auch bei, daß man der Mutter am besten schmeichelt, wenn man die Tochter lobt, und so sagte er denn ganze Episteln her, wie schön und liebenswürdig das Fräulein sei, wie es ganz der Frau Oberstin gleiche, und es währte nicht lange, so drückte er die Hand der Oberstin ebenfalls an seine Lippen, und nicht nur einmal, sondern öfter.

„Der Mensch küßt fürs tägliche Brot!" rief der Oberst lachend.

„Jetzt kommen Sie an die Reihe!" sagte Bormann. „Er küßt die ganze Familie."

„Im Stande wäre er's!" versetzte der Oberst. „Aber thun Sie ihm Einhalt; meine Frau ist geniert."

Otto war sofort an der Seite der Oberstin und bat um ihren Arm, den Adjutanten einladend, den Herrn Oberst aufzusuchen. Dieser that das mit Vergnügen. Sein Gesicht strahlte vor Freude und war hochgerötet.

„Ich habe ihm wahrhaftig zu viel Arak gegeben!" dieser Gedanke kam dem Obersten jetzt selbst. „Herr Kamerad," sagte er zu dem Adjutanten, „Sie sind erhitzt, wahrscheinlich an Thee und Arak nicht gewöhnt. Kommen Sie; es wird Bier serviert. Lassen Sie uns ein Glas trinken und eine Havanna dazu rauchen."

„Herr Oberst sind zu gütig," entgegnete der Offizier und folgte ihm freudig, denn er sehnte sich in der That nach einem erfrischenden Trunke. Seine Zunge war wie gelöst. Der Oberst staunte über diese plötzliche Veränderung.

„Sie werden uns jetzt wohl öfter die Ehre schenken," sagte er zu seinem Gaste. „Um diese Zeit nehmen wir täglich Thee und trinken dann unser Abendbier. Kommen Sie, so oft es Ihnen beliebt. Sie sind willkommen!"

„Dann werde ich mir schon erlauben, hie und da *nach* dem Thee zu kommen. Er regt mich zu sehr auf; ich bin nicht daran gewöhnt."

„Das nächste Mal werde ich Ihnen weniger Arak eingießen;" versprach der Oberst lächelnd.

„Das allerdings möchte für mich gut sein, Aber Herr Oberst,. ich weiß wirklich nicht – dieses Wohlwollen – fast möchte ich wagen –"

„Aha!“ dachte der Oberst, „jetzt möchte er mir die Hand küssen.“ Und um diesem Schicksal zu entgehen, sagte er, rasch aufstehend: „Sehen Sie nur, wie prächtig heute die Abendbeleuchtung ist!“

„Sehr wohl!“ rief der Adjutant, sich vergessend, und sich ermannend, fügte er bei: „Prachtvoll!“

„Der Strom fließt wie glühendes Gold,“ sagte der Oberst, zu dem Flusse hinabdeutend. „Es ist etwas Erhabenes in diesem Zauber der Natur, nicht wahr?“

„Zu Befehl!“ erwiderte der Adjutant verwirrt, denn seine Sinne waren bei Adele, welche im mittleren Gange mit dem Hauptmann promenierte.

„Was sagen Sie?“ fragte der Oberst überrascht. „Wir sind jetzt nicht im Bureau.“

„Herr Oberst,“ fing jetzt der Adjutant von neuem an, „Ihr Wohlwollen, welches Sie – nachdem und da –“

„Ich muß die Sache abschneiden,“ sagte der Oberst zu sich. „Wenn ich ihn ausfaseln lasse, küßt er mir wahrhaftig die Hand.“ Und er rief: „Meine Herren, trinken wir unser Bier; es wird sonst matt!“

Die Gerufenen folgten der Einladung, und man versammelte sich um den Tisch.

„Um Gotteswillen, nehmen Sie den Adjutanten für den Abend in Beschlag,“ sagte der Oberst zu Otto. „Es geht sonst in Erfüllung, was Sie vorhin im Spaß gesagt.“

Bormann fand selbst, daß es an der Zeit sei, den Empfindungen des Adjutanten einen Hemmschuh anzulegen. Dies war zwar schwer, so lange die Damen zugegen, denn so oft von der Pracht der Abendbeleuchtung die Rede war und alles in die Landschaft hinausblickte, wandte der Adjutant seinen Kopf und suchte Adelens Augen, die er auch immer auf sich gerichtet fand. Bormann war froh, als es endlich dunkelte, noch froher aber, als die Damen sich zurückzogen.

Natürlich setzte es noch einige Handküsse von seiten des Adjutanten ab. Glücklicherweise zwangen auch diesen bald dienstliche Obliegenheiten, sich zu entfernen. Der Oberst reichte ihm die Hand und geleitete ihn bis an die Ausgangsthüre und als hier der Adjutant wieder einen Anlauf zur Rede nahm, schnitt sie der Oberst rasch ab, indem er ihm „gute Nacht!“ wünschte und eiligst zu den Freunden zurückkehrte.

Bormann und Bergen waren wie von einem Lachkrampf befallen. Sie hatten sich alle Gewalt angethan, das Lachen über die komischen Szenen zurückzuhalten, aber jetzt war ihnen das nicht mehr möglich. Der Oberst lachte natürlich auch mit. Er ahnte nicht, daß er selbst zum großen Teil diese Heiterkeit hervorgerufen.

„Aber die Balladen deklamieren Sie doch!“ rief er Bormann zu.

„Ich glaube,“ erwiderte dieser, „der Kuß gewinnt mehr an Wahrscheinlichkeit.“

„Anlage zum Küssen hat er!“ bemerkte der Oberst, „aber daran waren nur Sie und der Arak schuld.“

„Ich und der Arak werden bald einer höheren Ursache weichen,“ versetzte Otto.

„Wieso?“ fragte der Oberst.

„Spielen wir einen Tarok und lassen wir für heute den Adjutanten in Ruhe,“ sprach der Hauptmann ausweichend.

Der Oberst blickte die beiden Gäste verdutzt an und mischte die Karten.

IV.

Die nächsten Tage brachte der Adjutant meistens auf Bormanns Zimmer zu, und auch bei den Proben, welche jetzt fast täglich abgehalten wurden, war er gegenwärtig, um genau zu studieren, wie Otto seine Rolle spielte. Bald hatte er so viel abgesehen und alles so gelernt, daß er jeden Augenblick imstande gewesen wäre, statt Ottos auf den Brettern zu erscheinen und als erster Liebhaber zu figurieren. Natürlich ahnte der Oberst nicht den wirklichen Grund, der den Adjutanten zu einem so eifrigen Beobachter machte. In das Geheimnis war nur Adele eingeweiht.

Aber die Beziehungen zu dem sonst so oberflächlich behandelten Adjutanten wurden täglich angenehmere. Die Unterhaltung im Bureau war nicht mehr bloß auf Rapporte und „Sehr wohl!“ beschränkt, der Oberst ließ sich auf einen Stuhl nieder und plauderte in kameradschaftlicher Weise mit ihm.

„Warum heiraten Sie nicht?“ fragte ihn einmal der Oberst. „Das kanonische Alter haben Sie erreicht, und das Leben hat doch einen höhern Reiz, wenn man sich dessen in der Familie erfreuen kann." Der Oberst wollte bei dieser Frage nur auf den Busch klopfen, um sich wegen seiner Wette zu orientieren.

„Ich hätte wohl Lust dazu," meinte der Adjutant, „aber –"

„Setzen Sie weg über das „Aber" – die Sporen in die Weichen – Zügel frei lassen – Hopp! drüber sind Sie!"

„So schnell geht es nicht," erwiderte lächelnd der Adjutant. „Ich habe kein Vermögen und –" er stockte.

„Nun, will der Alte nicht beistimmen?" fragte der Oberst.

„Ich glaube – verschiedene Umstände – Adelsstolz –" stotterte der Adjutant.

„Bah!" machte der Oberst. „Die Hauptsache ist das Mädchen. Der Adel macht nicht glücklich, sondern die gegenseitige Zuneigung, die Zufriedenheit. Mit dem Adel kann man sich keine Wassersuppe schmalzen, wenn man sich nicht sonst etwas zu verdienen weiß. Das habe ich auch an mir erfahren. Ich stamme auch von altadeligen, aber armen Eltern. Da war auch Schmalhans Küchenmeister, und ich hielt, als ich zum Militär kam, die Soldatenmenage für eine Table d'hôte. Nach meines Vaters Tode schickte ich lange Zeit meiner Mutter unter dem Vorwand, daß sie dieselbe für die Aufwärterin benötige, eine Menage nach Hause, für die ich täglich sechs Kreuzer einlegte. Davon lebte die gute Frau; vom Adel hatte sie nichts. Als ich Junker und Leutnant wurde, da ging es schon besser, obwohl ich, wenn ich zurückdenke, nicht mehr begreifen kann, wie es mit dem geringen Gehalt, an dem noch alle möglichen Abzüge für Equipierung, Unterstützung und oft auch für Gläubiger zehrten, möglich war, ihr doch so manche Freude zu machen. Aber es ging. Dabei lebte ich vergnügt, war so zu sagen der Hans in allen Gassen, opferte mich für die tanz- und vergnügungssüchtige Welt auf und die reichsten Partien hätten mir zur Verfügung gestanden, wenn ich das Geld dem Glücke vorgezogen. Ich aber ließ mein Herz wählen, und ob ich ein glückliches Familienleben führe, das sieht man wohl auf den ersten Blick. Doch ich schwafle Ihnen da vor und im Theatersaale erwartet man mich zur Probe." Bei diesen Worten erhob sich der Oberst und schickte sich zum Gehen an.

Der Adjutant hielt jetzt die Zeit für gekommen, einen weiteren Schritt vorwärts zu thun.

„Herr Oberst würde also die Gnade haben, mich zu protegieren?" fragte er.

„Bei dem Vater Ihrer Auserwählten? Meine Hand darauf!" entgegnete der Gefragte.

„Dieses Wohlwollen –" stotterte der Adjutant, unwillkürlich des Obersten Hand festhaltend; doch dieser erinnerte sich an das Handküssen beim Thee und zog schnell seine Hand zurück.

„Weder Gnade, noch Wohlwollen!" rief er lachend, „alles aus Kameradschaft!" nahm seine Mütze und eilte aus dem Zimmer. – –

Der Adjutant versäumte nicht, Bormann von dem stattgehabten Zwiegespräch in Kenntnis zu setzen, und beide hielten nun den Weg zu dem Wagestück für geebnet. Auf den nächsten Tag war nämlich die Vorstellung angesetzt. Otto studierte mit dem Adjutanten noch die halbe Nacht durch und sprach ihm seine Zufriedenheit über seine theatralischen Fortschritte aus.

Der Oberst hatte allerdings Hauptmann Bergen gefragt, wer die Auserwählte des Adjutanten sei, und ob sie unter den Geladenen sich befinde; aber Bergen verriet nichts.

So war denn der Tag der Vorstellung herangekommen, welcher zugleich Bormann seine Freiheit brachte. Der Oberst kam schon in aller Frühe auf dessen Zimmer und kündigte ihm seine Freilassung an.

„Ich zerbreche Ihre Fesseln," sagte er. „Von dieser Stunde an sind Sie unser lieber Gast."

Otto wollte ihm in einigen gewählten Worten danken, aber der Oberst ließ ihn nicht ausreden.

„Wenn es Ihnen recht ist, machen wir einen Spaziergang in die Stadt hinab," sagte er, „denn ich lasse Sie nicht los, so lange Sie noch in unserer Nähe weilen. Benutzen wir den Vormittag. Gleich nach Tisch ist die Hauptprobe, und dann heißt es arbeiten, um vor unsern Gästen zu bestehen."

Bald darauf gingen sie Arm in Arm den Festungsberg hinab und der Stadt zu. –

Gegen Mittag kamen beide in der heitersten Stimmung nach der Festung zurück, denn sie hatten sich im „wilden Mann" für die bevorstehende Anstrengung gestärkt. Gleich nach dem Diner begann die Hauptprobe. Nachdem die Fenster bedeckt worden, um das Eindringen des Tageslichtes zu verhindern, wurde das Theater beleuchtet. Der Oberst rannte hin und her, schaffte Requisiten herbei, ordnete dies und jenes, und nachdem der Souffleur hinter der Coulisse Posto gefaßt, gab er mit der Glocke das Zeichen zum Beginn.

Der Vorhang rauschte auf, und die erste Szene wurde abgespielt. Otto hatte mit Adele aufzutreten. Letztere sollte sich setzen – da fehlte der Stuhl. Otto sprang, um einen solchen zu holen, über die Rampe, fiel – ein Schrei – er konnte sich nicht mehr erheben; er hatte sich den Fuß verrenkt.

Der Oberst sprang entsetzt heraus, ihm folgten alle Mitspielenden. Hauptmann Bergen trug den Beschädigten mit Hilfe des Obersten in ein an den Saal grenzendes Zimmer.

Bormann war nicht mehr imstande, aufzutreten. Es schmerze ihn fürchterlich, sagte er. Zu allem Unglücke war der Gefängnisarzt nirgends zu finden. So übernahm es Bergen, seinem Freunde die ärztliche Hilfe angedeihen zu lassen. Er machte Einreibungen und Umschläge – aber Otto konnte nicht mehr auftreten, weder auf den Boden, noch als Schauspieler.

„Was fangen wir an?“ rief der Oberst in halber Verzweiflung. „Die Einladungen sind nicht mehr rückgängig zu machen und wir haben keinen ersten Liebhaber.“

„Es muß ein anderer die Rolle übernehmen,“ erwiderte der Hauptmann. „Gespielt muß heute werden!“

„Wer soll sie übernehmen? Jetzt noch, so spät!“

„Ich weiß jemand, der ein ganz eminentes Gedächtnis hat und die Rolle Ottos ohnedies schon halbwegs kann, weil er diesen einigemale auf die Schlagwörter prüfen mußte,“ sagte Bergen.

„Doch nicht der Adjutant?“ rief der Oberst überrascht.

„Herr Oberst befehlen?“ ließ sich in diesem Augenblicke des eintretenden Adjutanten Stimme vernehmen.

„Kamerad Bergen meinte soeben, Sie könnten statt des Herrn Bormann die Rolle des Liebhabers übernehmen. Ist das möglich?“

„Warum nicht?“ entgegnete der Adjutant. „Wenn ich dem Herrn Oberst damit einen Dienst erweise, so spiele ich die Rolle.“

„Ja, nicht bloß lesen,“ sagte der Oberst, „auswendig – da steckt das nisi.“

„Natürlich auswendig,“ erwiderte lächelnd der Adjutant;“ich glaube sofort für Herrn Bormann einspringen zu können.“

Der Oberst schüttelte ungläubig den Kopf.

„So lassen Sie uns die unterbrochene Probe wieder aufnehmen," schlug Bergen vor.

„Der ganze Spaß ist mir verdorben!" sagte der Oberst.

Bormann bat jetzt, man möchte ihn doch in den Saal hinaustragen, damit er wenigstens die Probe mit anhören könne. Bergen und der Adjutant kamen seinem Wunsche sofort nach und setzten ihn die vorderste Reihe.

Nun klingelte es wieder und das Spiel begann von neuem. Der Adjutant sprach seine Rolle ganz vorzüglich. Des Obersten Mienen erheiterten sich von Satz zu Satz; er wußte in der That nicht, ob er träume oder wache. War denn dies der „lederne" Adjutant? Und wie zärtlich er zu Adele sprach, ihr die Hand drückte und jetzt feurig den Kuß markierte!

Der erste Akt ging anstandslos vorüber. Der Oberst drückte dem Adjutanten die Hand.

„Sie sind ja ein prächtiger Mensch!" sagte er. „Das hätte ich mir nicht träumen lassen, daß ich gleich über zwei erste Liebhaber verfügen kann. Aber wie wird es mit dem zweiten Akt gehen?"

„Wie mit dem ersten," entgegnete der Adjutant. „Jetzt bin ich schon im Zuge; lassen der Herr Oberst nur beginnen."

Und, gleichwie im ersten Akte, spielte der Adjutant seine Rolle anstandslos zu Ende. In der letzten Szene, wo der geprellte Alte einsieht, daß er der Liebe seiner Tochter zu ihrem Auserwählten nicht mehr steuern kann, macht er zum bösen Spiel gute Miene und überrascht die Liebenden in dem Augenblicke, als der junge Mann gerade vor seiner Tochter kniet und ihr ewige Treue schwört, mit dem Ausruf: „An meine Brust, mein Sohn!"

Der Liebhaber in Gestalt des Adjutanten läßt sich das nicht zweimal sagen, springt auf und küßt unter dem Jubel seiner Braut den versöhnten Schwiegerpapa.

„Die Küsse nur markieren!" sagte der Oberst leise. Und laut sprach er nach seiner Rolle: „Habt meinen Segen – seid glücklich!"

„Bravo!" rief Bormann laut und sprang plötzlich frisch und gesund auf die Bühne.

„Was ist das?" rief der Oberst erstaunt.

„Der Verlust Ihrer Wette hat mich wieder gesund gemacht," entgegnete Otto.

„Wieso?" fragte der Oberst. „Ich hätte die Wette verloren?"

„Mit Pauken und Trompeten. Sie sahen den Adjutanten knieend vor seiner Herzenskönigin und Sie selbst umarmten und küßten ihn bereits."

„Ja, das ist nur Theater gespielt. Das gilt nicht."

„Nein, nein, das ist schon Ernst," sagte Otto. „Sehen Sie nur, da knieen die beiden wiederholt. Markieren Sie diesesmal nicht und geben Sie den Liebenden Ihren Segen."

Der Oberst sah erstaunt nach dem jungen Paare.

„Ja, was soll denn das sein?" rief er. „Adele, ist es wahr?"

„Ach ja, Papa!" sagte diese. „Wir lieben uns schon über zwei Jahre. Mama hat nichts dagegen."

„Schon über zwei Jahre." Dann wandte er sich zum Adjutanten: „Also, das ist sie – die –"

„Ja," sprach dieser lächelnd, „die ich meinte."

„Sonach bin ich eigentlich der geprellte Alte," sagte der Oberst, „und alles hat mitgeholfen – sogar Sie, Otto!"

„Es wird wohl so sein," entgegnete dieser. „Aber Herr Oberst, das Liebespaar kniet noch immer. Sprechen Sie doch den Schlußsatz Ihrer Rolle."

Der Oberst sah einen Moment zu seiner Frau, die ihm bejahend zunickte, dann drehte er sich zu dem jungen Paare und sagte erfreut: „Habt meinen Segen – seid glücklich! An meine Brust! Aber diesesmal nicht markieren!"

Und er küßte herzhaft den Adjutanten und dann sein Töchterlein. Alle Anwesenden gratulierten sofort.

Man begab sich dann in des Obersten Wohnung und später in den Garten. Bormann erklärte sich natürlich bereit, bei der Abendvorstellung seine Rolle wieder zu übernehmen, da der Adjutant doch nicht mehr die nötige Ruhe finden würde. Die Vorstellung ging vor einer zahlreichen Zuhörerschaft zum Entzücken des Obersten ganz prächtig von statten. Alles unterhielt sich köstlich, und nach dem Spiele gab Otto auch noch die drei Balladen zum besten, was dem Oberst um so mehr schmeichelte, als die Zuhörer in offenen Applaus darüber ausbrachen, und alles wissen wollte, wer der geniale Dichter dieser schönen Verse sei. Otto nannte den Oberst und dieser schwamm in einem Meere von Wonne und Vergnügen. Souper und Tänzchen folgten dem Theater. Des Abschieds Bormanns wurde bei einem Toaste in warmen Worten gedacht, und Adele nahte sich mit ihrem Bräutigam, ihm ganz speziell zuzutrinken.

„Jetzt brauchen Sie keine so gefährlichen Ronden mehr zu machen!“ sagte Otto lächelnd zu letzterem.

„Nein, jetzt bleibe ich auf festem Boden,“ entgegnete dieser. „Aber die Spukgeschichten, die bleiben unter uns?“ „Wenn der Profoß nicht plaudert,“ versetzte Otto lachend. „Dem Ärmsten müssen wir doch ein Glas Wein schicken.“ – –

„Sapperment!“ rief der Profoß, als er die Flasche am Licht prüfte. „Rheinwein! Donnerwetter! Braut und Bräutigam! Hurra!“ Und er hörte nicht eher zu trinken auf, als bis die Flasche leer war.

Andern Tags nahm Bormann von der Familie des Obersten Abschied. Diesem standen die Thränen in den Augen, als er Otto die Hand reichte. Auch die Oberstin und Adele weinten.

„Gedenken Sie freundlich unser!“ sagte die Oberstin; „wir werden Sie nie vergessen. Sie waren ein guter Geist in unserm Hause.“

„Sie ließen es mich sein,“ entgegnete Otto, den Damen die Hand küssend. „Im Himmelreich hält es nicht schwer, einen Engel zu spielen. Werde ich wieder einmal eingesperrt, so bitte ich um gleiches Wohlwollen,“ setzte er lächelnd hinzu.

Alle, auch der Adjutant und Hauptmann Bergen, gaben dem Scheidenden das Geleite zum Bahnhofe, und nach nochmaligem herzlichen Abschiede fuhr Otto von dannen. Er winkte noch zurück, so lange es anging, und sah dann mit grüßendem Blick zu der stolzen Feste hinauf, wo er zur Strafe einen lustigen Monat verlebt und glückliche Menschen zurückgelassen hatte. –

Der Regimentskadett

Ist nichts so schön und nichts so nett,
Als ein Regimentskadett,
Und seine Silhouett' – Silhouett'
Hängt über mein Bettstatt'l weg.

Hat das zweierlei Tuch ohnehin schon eine unbestrittene Anziehungskraft auf das weibliche Geschlecht, so waren vor der Armeereorganisation die Regimentskadetten fast überall Hahn im Korbe. Jetzt giebt es keine solchen mehr. Nur die Söhne des Adels, der Offiziere und der im Kollegialratsrange stehenden Beamten genossen das Vorrecht, bei ihrem Zugange zum Militär diese bevorzugte Stellung einzunehmen. Sie mußten von Unteroffizieren und Soldaten mit „Herr" angesprochen werden, waren von den sogenannten „Fatiguen" frei und durften Uniformen aus „feinem Tuche" tragen. So ein schmucker Regimentskadett in flotter Uniform, mit mädchenhafter Taille, natürlich engem Beinkleid und fein lackierter weißer Kuppel um die Schulter, vielleicht auch mit grünseidenen Schützenschnüren geschmückt, an denen ein silbernes Pfeifchen hing, zog schon an und für sich die Augen aller auf sich, und entsprach seinem gefälligen Anzuge und seiner schönen Figur auch noch sein sonstiges Äußeres, so durfte er gewiß sein, daß sich viele schöne Augen wohlgefällig und mit freundlichem Blicke nach ihm wandten.

Das wußte auch der Regimentskadett und Korporal Alfred von Stock, der hochgewachsen, von adeligen Manieren und ein schöner junger Mann mit einem spitzen dunklen Schnurrbärtchen und dunklen Augen war. Wenn er so in den Straßen herumschlenderte, das Haubajonett, welches auf den Schützenstutzen gepflanzt wurde, im linken Arm tragend, mit der schneeweißbelederten Rechten nach rechts und links salutierend, mochte sich mancher Vorübergehende denken: „Ein hübscher Mann! Gerade wie einst sein Vater, der Major!"

Major von Stock lebte in Pension, ein kleines Häuschen mit Garten vor dem Thore der Stadt war sein Eigentum. Er war einst ein fescher Kavallerieoffizier gewesen, hatte die griechische Expedition mitgemacht und sich bei den Kämpfen in der Maina so tapfer geschlagen, daß er mit dem griechischen Erlöserorden dekoriert wurde.

Dieser letztere brachte ihm, nachdem er glücklich in die Heimat zurückgekehrt war, die Beförderung zum Major. Doch mußte er infolge eines Sturzes vom Pferde, der ihm einen steifen Arm eintrug, den Dienst verlassen.

Es war hart für den noch rüstigen Mann, zur Ruhe verdammt zu sein, und um sich einigermaßen die Zeit zu vertreiben, kaufte er sich das Häuschen und verrichtete Taglöhnerdienste in seinem Garten, den er selbst bearbeitete. Dabei trug er stets die Abzeichen des Stabsoffiziers, die Sporen, welche er wohlgefällig klirren hörte, wenn er auf das Grabscheit trat, mit dem er die Gartenbeete umstach.

Seine Familie bestand aus Frau und Sohn, der etwas Latein- und etwas Gewerbeschule besuchte, aber außer einer schönen Handschrift wenig sein eigen nennen konnte. Doch genügte das Wenige, was er wußte; er wurde mit achtzehn Jahren Regimentskadett und hatte damit eine gewisse Stellung in der Welt und in der Armee.

Der biedere Hauptmann Joseph Dirschl war sein Kompagniekommandant, ein gutmütiger alter Herr, der sich zufrieden fühlte, seine „Pfarrei" erreicht zu haben, nämlich den Hauptmann 1. Klasse mit eintausendzweihundert Gulden jährlichem Gehalt. Er hatte ein echtes Hauptmannsbäuchlein, das sich bei der damaligen Frackuniform sehr auffällig bemerkbar machte. Dabei war er von kleiner Statur, die von dem großen, hohen Helm mit dem mächtigen Bärenschweif fast erdrückt wurde.

Dieser Hauptmann Dirschl erfreute sich einer hübschen Frau und eines reizenden Töchterchens mit Namen Laura. Seine Wohnung lag in der Nachbarschaft des Stockschen Hauses, ebenfalls in einem kleinen Familienhause, aus welchem die Kaution seiner Frau bestand. Gleich dem Major hatte er sein Gärtchen am Hause, in welchem er nach pflichtgetreuer Diensterfüllung als Gärtnermeister und Geselle sich bewährte, welche Stellungen er in sich vereinte, wenn er in weißem Sommerrock und großem Strohhute in seinem Garten hantierte. Er konnte über die Gartenplanke zum Major hinübersprechen, wenn er sich auf einen Schemel stellte. Täglich wurde da im Gespräche der Barometerstand verglichen, über die Salat- und Kohlrabipflanzen und dann schließlich um das gegenseitige Wohlbefinden der Familien Nachfrage gehalten.

Es kann nicht Wunder nehmen, daß bei diesen freundnachbarlichen Verhältnissen der Väter auch die Frauen und folgerichtig auch die Kinder sich gegenseitig angezogen fühlten. Diese Anziehung führte bei den Müttern zur Freundschaft, bei den Kindern aber, von denen das eine ein Regimentskadett, das andere ein hübsches, heiteres siebenzehnjähriges Mädchen war, zu einem viel innigeren Verhältnisse.

So über die Bretterwand hinüber oder auch durch eine Spalte derselben zu grüßen und zu lispeln und Briefchen auszutauschen, das machte den jungen Leuten ein unaussprechliches Vergnügen; es bildete ihr süßes Geheimnis. Aber Lauras Papa kam alsbald dahinter und fand es für gut, mit Daumen und Zeigefinger, wie er sich gerne sprichwörtlich ausdrückte, die noch zu bewältigende Flamme auszulöschen. Er machte ein Kreuz bei der Erinnerung an die Jugend des nachbarlichen Majors – denn der Apfel, dachte er, fällt nicht weit vom Stamm.

Er konnte in dienstlicher Beziehung nicht über Alfred von Stock klagen. Dieser hatte seit Jahren keine Strafe, war seit langem zum Offizier vorgeschlagen und mußte beim nächsten Armeebefehl endlich an die Reihe kommen. Alfred war in Gesellschaft sehr beliebt, hatte sich auf seiten des schönen Geschlechts mancher Siege, selbst über Offiziere, zu erfreuen, doch mußte er sich stets wieder zeitig zurückziehen unter dem Vorwande seiner noch bescheidenen Stellung.

Aber von Laura zog er sich nicht mehr zurück – höchstens wenn er die Stimme ihres Vaters hörte. Dann sausten die Liebenden auseinander, als wäre eine Natter zwischen sie gefahren.

Des Hauptmanns Verdacht gewann jedoch trotzdem immer greifbarere Form. Eines Tages visitierte er das Kompagniezimmer, in welchem der eben andernorts beschäftigte Regimentskadett kommandierte. Er durchsuchte dabei die Betten, ließ die Bettpolster aufheben, ob sich unter denselben nichts verräumt fände, da er strenge darauf hielt, daß von der Mannschaft alle Gegenstände nur in dem Koffer unter der Bettlade aufzubewahren seien.

Bei dieser Untersuchung, die er auch auf des Kadetten Bett ausdehnte, fand er ein zierliches Heft, in welchem von Alfreds Hand mehrere Gedichte geschrieben standen. Er setzte seine Brille auf und las mit Entsetzen die Überschrift: „Die Entzückung an Laura!“

Hocherregt blätterte er. Das zweite Gedicht trug die Aufschrift: „An Laura!“

Ewig starr an deinem Mund zu hangen,
Wer enthüllt mir dieses Glutverlangen?
Wer die Wollust, deinen Hauch zu trinken

In dein Wesen, wenn sich Blicke winken,
Sterbend zu versinken? –

Weiter konnte der alte Hauptmann vor Entrüstung nicht mehr lesen.

„Eine solche Impertinenz ist mir noch nie vorgekommen!" rief er, hochrot vor Zorn. „Nun, warte, ich will dem Herrn Kadetten derartige Gedanken vertreiben!"

Ein drittes Gedicht war überschrieben: „Laura am Klavier!" und begann mit den Worten:

Wenn dein Finger durch die Saiten meistert,
Laura, itzt zur Statue entgeistert,
Itzt entkörpert steh' ich da.
Du gebietest über Tod und Leben,
Mächtig, wie von tausend Nervgeweben
Seelen fordert Philadelphia.

„Der Mensch ist verrückt!" sagte der Hauptmann zu sich. „Mir thun die Ohren weh, wenn mein Mädel auf dem alten Flügel herumklimpert, und der Mensch will davon entkörpert werden. Ein solcher Unsinn! Ich werde sorgen, daß er seine freie Zeit zu etwas Besserem benützt. Ich lasse ihn täglich einige Kapitel aus den Dienstvorschriften abschreiben, dann hat er keine Zeit mehr zu solchen Hirngespinsten."

Er wollte das Heft soeben konfiszieren, als der Regimentskadett in der Stube erschien und dem Hauptmann pflichtschuldigst sein Honneur machte.

Der erzürnte Kapitän suchte ihn mit seinen Blicken zu durchbohren und hielt ihm dabei das verhängnisvolle Heft vor die Augen.

„Kadett von Stock," herrschte er ihn an, „haben Sie Ihre Zeit zu nichts Besserem zu verwenden, als solches Geflunker zu versifizieren?"

Alfred kam nicht aus der Fassung. Der Zusammenhang war ihm sofort klar.

„Entschuldigen, Herr Hauptmann," sagte er, „ich suche mich hie und da zur Erholung aus den Klassikern zu bilden. Diese Gedichte sind Abschriften von den gedruckten Exemplaren –"

„Was, gedruckt ist der Unsinn auch noch?“ schrie der Hauptmann. „Sie haben die Unverfrorenheit, solchen Blödsinn drucken zu lassen und –“ sprach er jetzt leise, „erlauben sich, damit meine Tochter zu kompromittieren?“

„Aber Herr Hauptmann –“

„Ruhig!“ donnerte der Hauptmann. „Was haben Sie darauf zu sagen?“

„Aber Herr Hauptmann, Sie verwechseln Schiller –“

„Ruhig! Wenn Sie eine solche Schreibwut haben, so schreiben Sie lieber einige Kapitel aus den Dienstvorschriften ab, da machen Sie einen Vers darauf, das steht Ihnen besser an. Wenn ich das gewußt hätte, würde ich Sie beim Regimentskommando nicht zur Erlaubnis für heute Abend begutachtet haben. Sie wollen natürlich den Maskenball in der Ressource besuchen?“

„Natürlich! Herr Hauptmann mit Familie sind ja auch dort –“

„Das geht Sie nichts an – das kann unter Umständen geändert werden –“

„Der Maskenball?“

„Ihr Hinkommen!“ versetzte der Hauptmann scharf. „Sie sind noch nicht dort –“

„Es geht ja erst um acht Uhr an und jetzt ist es erst vier Uhr,“ erlaubte sich der Kadett zu bemerken.

Der Hauptmann biß sich auf die Lippen, dann sagte er: „Sie wissen, daß man in Uniform dort nicht erscheinen darf –“

„Ich komme ja als Türke!“ fiel Alfred lachend ein.

„Als Türke?“ rief der Hauptmann. Jetzt fiel es ihm ein, daß seine Tochter sich auch als Türkin verkleide; es war also abgekartet.

Das mußte vereitelt werden; da mußte er ein Hindernis schaffen.

„Wer hat Kompagniejour?“ fragte er den ihn auf den Gang geleitenden Feldwebel.

„Vizekorporal Meindl,“ antwortete der Gefragte.

„Also der jüngste Unteroffizier. Nach ihm trifft die Reihe den ältesten Korporal –“

„Zu Befehl – den Kadetten von Stock.“

„War denn Vizekorporal Meindl nicht erst im Lazarett?"

„Zu Befehl! Er wurde vor fünf Tagen aus demselben entlassen – er hatte eine Halsentzündung."

„Gut," entgegnete der Hauptmann. „Ich will, daß, wenn Sie es für rätlich finden, der Vize für heute noch geschont wird. Ich ließ mir sagen, sein Leiden sei ansteckend. Sie verstehen. Ich möchte nicht, daß der Kompagnie dadurch Schaden erwüchse. Es ist auch die Witterung heute so rauh. Er soll sich unwohl melden! Ich meine es ihm gut. Die Jour übernimmt eben dann, wer an die Tour kommt."

„Das ist Kadett von Stock. Aber entschuldigen, Herr Hauptmann, der hat heute Freinacht."

„Nur, wenn es der Dienst erlaubt!" fiel der Hauptmann rasch ein. „Der Dienst geht vor."

„Würden Herr Hauptmann vielleicht genehmigen, daß ein Tausch –"

„Ich dulde keinen Tausch – prinzipiell nicht! Ich möchte mich keiner Parteilichkeit verdächtig machen, weil Korporal Stock Kadett ist. Ich verlasse mich auf Sie, Feldwebel, ich verlasse mich auf Sie."

„Zu Befehl!" entgegnete die Kompagniemutter, und der Hauptmann ging siegesbewußt von dannen.

Da lief ihm gerade der Vizekorporal in den Weg.

„Vizekorporal Meindl, wie geht's Ihnen?" fragte ihn der Hauptmann.

„Ich danke, Herr Hauptmann; es geht schon wieder so ziemlich."

„Ziemlich? Meiner Ansicht nach geht es Ihnen schlecht. Wie sehen Sie aus! Sie sind noch krank. Haben Sie keinen Reiz mehr im Hals?"

„Eigentlich nicht – nur beim Schlucken spüre ich noch –"

„Da haben wir's! Sie können also noch nicht schlucken –"

„Das nicht – aber –"

„Ruhig – kein Aber! Ich will nur ganz gesunde Leute im Dienste haben. Fühlen Sie beim Verlesen noch das Geringste, so melden Sie es dem Feldwebel; er wird Ihnen dienstfrei geben. Vierundzwanzig Stunden ruhigen Liegens auf dem Strohsack kurieren wieder. Schonen Sie sich."

„Zu Befehl, Herr Hauptmann!“

Dieser ging. Er wußte, daß der Feldwebel das Weitere verfügen und daß der Kadett Stock heute nicht auf den Maskenball kommen würde.

Vor dem Eintritt ins Kompagniezimmer faßte denn auch der Feldwebel den Vize ab.

„Wie geht's, Vizekorporal?“ fragte auch er.

„So ziemlich,“ antwortete jener wieder.

„›Ziemlich‹. Was heißt ziemlich? Der König will keine ›ziemlichen‹ Soldaten. Man sieht's Ihnen an, Sie sind noch Rekonvaleszent. Glauben Sie, der Herr Hauptmann schlägt ziemliche Vize zu wirklichen Korporälen vor? Ich rate Ihnen gut: Melden Sie sich unwohl; ich kommandiere einen andern für Sie. Vierundzwanzig Stunden Rast, und dann will ich von einem ›ziemlich‹ nichts mehr hören.“

Der Vizekorporal wußte diese plötzliche, allseitige Fürsorge gar nicht zu deuten.

„Ich möchte aber nicht,“ entgegnete er schüchtern, „daß wegen mir ein anderer Kamerad –“

„Ach was! das mache ich schon in Ordnung. Also melden Sie sich!“

„Zu Befehl, Herr Feldwebel! Ich melde gehorsamst, daß ich noch nicht ganz so bin, wie –“

„Sie sein sollen!“ ergänzte der Feldwebel energisch. „Es ist gut.“ Dann trat er ins Kompagniezimmer mit den Worten: „Herr Kadett von Stock!“

„Zu Befehl, Herr Feldwebel!“

„Sie haben die Jour von Vizekorporal Meindl zu übernehmen. Er ist krank geworden.“

„Wa-a-s“ rief der Kadett. „Aber ich habe ja Freinacht.“

„Der Dienst geht vor. Sie haben die Jour,“ wurde er kurz beschieden.

„Aber –“

„Ich bitte, kein Aber! Sie wissen –“

„Ich bitte, mich vertauschen zu dürfen.“

„Niemals!“ entgegnete der Feldwebel.

„Machen Sie heute eine Ausnahme, Herr Feldwebel!“ bat der Kadett.

„Ich habe gesagt: niemals. Gehorchen Sie sofort!“

Bleich vor Wut meldete Kadett von Stock mit zitternder Stimme, daß er die Jour vom Vize übernommen.

Er durchsah die Intrigue; es war des Hauptmanns Werk. Er warf sein schneeweißes Hemd, das er sich schon für den Ball zurechtgerichtet, in seinen Koffer und ärgerte sich.

Aber auch der Hauptmann ärgerte sich, als er nach Hause kam. Fortwährend mußte er an die Gedichte denken, die der Kadett nach seiner Meinung auf seine Tochter gemacht.

„Was er nur mit dem ›Philadelphia‹ wollte,“ fragte er sich immer wieder, „und ›sterbend will er versinken‹?“ Am Ende gar auf dem Ozean? Sie werden doch nicht durchbrennen wollen nach Amerika!“

Einmal diesen Gedanken erfaßt, konnte er ihn nicht mehr los werden. Beschleunigten Schrittes steuerte er seiner Wohnung zu.

Die Damen waren in Lauras Zimmer mit der Toilette zum Maskenball beschäftigt. Laura ließ sich soeben von der Mutter den Turban festmachen. Er kleidete sie vortrefflich. Sonst war sie noch im Schlafrocke.

Die Mutter dagegen war bereits im Galaanzuge. Nur das Spitzenhäubchen mit den blauen Bändern lag noch auf dem Tische.

Laura saß mit dem Gesichte gegen ihr Bett gewendet, über welchem das Bild des heiligen Joseph hing, angethan mit einem lilafarbigen Gewande aus Seidenstoff. Jedoch entsprachen die Züge des Bildchens ganz und gar nicht denen des hl. Joseph. Ein kleines Schnurrbärtchen zierte die Lippen dieses Heiligen, der dem Regimentskadetten auffallend ähnlich sah.

Die Eltern hatten von dieser Verwandlung keine Ahnung. War Laura allein, so nahm sie das mit einer Stecknadel befestigte Seidenkleid ab, und der hübsche Kadett zeigte sich in seiner schmucken Uniform. Sie blickte gerne nach ihm. Auch jetzt waren ihre Augen auf das Bild des Heiligen gebannt, als der Vater polternd eintrat.

„Eine Schande ist es, daß du ihm nur im mindesten Hoffnung gabst," rief er ganz unvermittelt statt des üblichen Grußes.

„Was ist geschehen?" fragte die Mutter.

„Meinst du, ich weiß nicht alles?" schrie der Vater die Tochter an.

„Aber warum denn, Papachen?" fragte Laura.

„Ihr habt etwas geplant!" examinierte der Vater strenge.

„Wer denn?" fragte die Mutter.

„Wer? Laura und der Alfred von drüben. Er will sie entführen – sie läßt sich entführen – nach Amerika – nach Philadelphia – weiß Gott, wohin!"

Die Mutter lachte jetzt laut auf.

„Ja, lache nur," fuhr sie der Gatte an. „Lache, wenn man dir dein Kind entführt!"

„Aber was willst du denn, Papachen?" fragte Laura.

„Dir die Faxen aus dem Kopfe treiben, du Regimentskadettin!" schrie sie der Vater an.

„Alfred –" fragte Laura schüchtern.

„Ja, Alfred!" donnerte der Vater. „Ich weiß, er liebt dich."

„So?" antwortete Laura schelmisch. „Das weiß ich ja schon längst."

„So, und du hast dich doch mit ihm verabredet?"

„Für heute abend, ja. Die Türkei ist unser Vaterland. Wir gehen beide –"

„In die Türkei?" rief der Hauptmann, die Hände zusammenschlagend. „Was soll ich von dir denken?"

„Als Türken auf den Maskenball," erklärte Laura. „Was ist da unrechtes dabei!"

„Nur auf den Ball?" fragte der Vater, das Gesicht seiner Tochter prüfend, die lächelnd zu ihm hinsah.

„Natürlich!" beteuerte diese.

„Nun bin ich in einer Beziehung beruhigt. Jetzt aber verlange ich von dir, daß du dir den Alfred ein für allemal aus dem Kopfe schlägst! Es schickt sich nicht für die Tochter eines Offiziers, mit einem Kadetten ein Verhältnis einzugehen – es schickt sich nicht!"

„Aber Alfred wird doch demnächst Offizier –“

„Demnächst? Das kann in zehn Jahren sein.“

„Du sagtest aber selbst, daß er Hoffnung habe, mit nächsten Armeebefehl befördert zu werden.“

„Sagte ich? Man sagt viel und es kommt anders. Ich will jetzt entschieden, daß du keine so dummen Gedichte mehr von ihm annimmst, wie ich sie heute gelesen.“

„An mich?“ fragte Laura mit freudiger Neugierde.

„Ja – auf dein Klaviergeklimper – wo vom Versinken auf der Reise nach Philadelphia die Rede ist. Donnerwetter, das muß ein Ende nehmen! Schwöre mir auf der Stelle, daß du keinen Brief mehr von ihm nimmst. Schwöre es mir bei diesem Bilde des heiligen Joseph, meines Namenspatrones, der über deinem Bette hängt – und dem du alle Augenblicke einen neuen Paletot machst, den du also verehrst als deinen Lieblingsheiligen, schwöre wir bei ihm, oder du sollst mich kennen lernen!“

„So wahr das Bild des hl. Josef ober meinem Bette hängt, so gewiß thue ich nach deinem Willen,“ versetzte Laura schelmisch.

Der Vater blickte jetzt nach dem angerufenen Heiligen.

„Merkwürdig!“ rief er erzürnt, „überall seh' ich nur das Gesicht des Kadetten. Sogar der heilige Joseph scheint mir seine Züge zu tragen.“ Er rieb sich die Augen.

Aber schon drehte ihn Laura sanft nach der andern Seite.

„Schau nur die Mutter an,“ sagte sie. „Nicht wahr, die Toilette steht ihr gut?“

Sie ging eingehend auf die Einzelheiten ein, und der Vater mußte über das und jenes seine Meinung äußern. So vergaß er allmählich das Bild und schien bald einigermaßen befriedigt zu sein. Er gab noch einige Verhaltungsbefehle und zog sich dann auf sein Zimmer zurück, um selbst die Uniform mit einem Zivilanzug für den Ball zu vertauschen.

Laura aber vertraute der Mutter, welche sich darüber wunderte, mit welcher Leichtigkeit sie den Schwur leistete, das Geheimnis des Bildes.

„Das Sprechen“, meinte Laura, „hat mir Papa ja nicht verboten, und so könnte ich wohl die Annahme seiner schriftlichen poetischen Ergüsse entbehren, von denen ich bis jetzt gar keine Ahnung hatte. Nun, er kommt ja auf den Ball. Einen Tanz mit ihm kann Papa nicht verbieten, und du wirst es gewiß auch nicht, süße Mama, nicht wahr?“

Die Gefragte küßte die Tochter auf die Stirne und schwieg. Sie wollte den Frühlingszauber dieser Liebe nicht zerstören, denn sie achtete Alfred, und es war längst ein stiller Wunsch der beiden Mütter, ihre Kinder einst vereint zu sehen.

Zur festgesetzten Zeit fuhr der Wagen vor und brachte den Hauptmann mit Familie nach der Ressource. Ersterer war ganz beglückt von dem Gehorsam seiner Tochter und über die Leichtigkeit, mit der sie den Schwur geleistet.

„Daran ist nur mein heiliger Namenspatron schuld,“ sagte er sich. „Der hat den Sinn des Mädchens so schnell gelenkt und ich bin ihm dafür ganz besonderen Dank schuldig. Ich mache ihm morgen ein goldenes Gewand, ich muß mich gut mit ihm halten.“

Aber auch Laura war vergnügt, denn sie hoffte sicher, den Geliebten auf dem Balle zu treffen, und sie war sich dessen bewußt, daß sie heute schön, sehr schön sei.

II.

Der Regimentskadett saß schmollend an seinem Tische. Außer ihm, dem Vize und der Zimmertour war niemand im Kompagniezimmer. Der Vize lag im Bette, die wollene Decke bis an die Nase hinaufgezogen, und sah mit scheuen, furchtsamen Blicken nach dem Kadetten. Körperlich fühlte er sich nicht nur ganz wohl, sondern im höchsten Grade hungrig und durstig. Die Hungerkur der letzten Wochen im Spital hatte seinen Magen leer gemacht, und heute hatte er außer der Menage noch nichts im Leibe. Er wollte sich's heute gütlich thun, sich mit Käse, Bier und Kommißbrot, von welch letzterem er heute erst einen neuen Laib gefaßt, erquicken, als er zu einem Kranksein befohlen wurde! Daß er den Regimentskadetten, der ihn bis jetzt so menschlich behandelte, von dieser Stunde an zum Feinde hatte, das war für ihn selbstverständlich. Und jetzt erschrak er heftig, als der Kadett mächtig von seinem Stuhle aufsprang und dann erregt die Stube auf- und abschritt. So oft er an dem Bette des Vize vorbeikam, stellte sich dieser schlafend.

Der Kadett blieb jetzt vor dem Bette stehen und blickte lange nach der, wenn auch unschuldigen Ursache seines Verhängnisses.

Und diese Ursache konnte schlafen, während er vor Ärger geradezu fieberte!

Der Vize fühlte die wütenden Blicke seines Vorgesetzten; er glaubte vor Angst vergehen zu müssen; ein Haar der wollenen Decke war ihm in die Nase gekommen, das sich bei jedem Atemzuge weiter und weiter in seine Nasenröhre hinaufschob und ihn kitzelte, und immer mehr kitzelte, so daß er endlich geradezu seinen Mund angelweit aufsperren und ein „Atsy!" herausschreien mußte, als sollte es ein Signal für das ganze Regiment sein.

„Alle Teufel! Zur Genesung!" rief der Regimentskadett. „Sie niesen ja ganz unreglementmäßig. Was ist Ihnen denn?"

„O je, o je" erwiderte der Vize und suchte sich das Haar aus der Nase zu ziehen – „Atsy! Atsy!" Und jetzt blickte er gefaßt, als wollte er den Todesstreich empfangen, nach dem vor ihm Stehenden.

„Wünschen Sie etwas?" fragte der Kadett. „Haben Sie nach etwas Verlangen?"

„Zu Befehl, Herr Regimentskadett!" mischte sich jetzt der Zimmertour habende Gemeine in das Gespräch. „Der Herr Vizekorporal hat mir Geld zu einer Maß Bier und einem Stück Limburger gegeben, aber da er gachs einen Anfall bekam – so –"

„So hast du die Lieferung sistiert," vollendete Alfred. „He, Vize, wie meinen Sie, soll das Abendbrot für Sie nach Ihrem Wunsche besorgt werden?"

„Ja, wenn ich mir trauet!" meinte der Vize. „Ach Gott, was verspür' ich für einen Heißhunger – und den Durst – ich glaub', ich trinket den ganzen Starnbergersee aus."

„Wenn er voll Bier wäre," versetzte der Kadett. „Das müßte ein sehr interessantes Bild abgeben, wenn der Vizekorporal Meindl sich daran machte, den Würmsee auszutrinken. Lassen wir lieber die Kirche beim Dorf – bleiben Sie für heute bei der Maß und speisen Sie immerhin ihren duftigen Limburger. Und damit Sie sich's bequemer machen können, stehen Sie auf. Lassen Sie uns bis zum Zapfenstreich ein Spiel machen! Wir wollen terteln, daß uns die Zeit vergeht."

Diese freundlichen Worte erfüllten den Vize mit großer Freude. Er hatte nichts Eiligeres zu thun, als sich in seinen Waffenrock zu werfen und sich ganz dem Regimentskadetten zur Verfügung zu stellen.

Die Zimmertour holte das Labsal des Vize, den durchweichten Limburger und die Maß Bier, der Brotlaib wurde dazu gelegt, und Meindl kaute jetzt mit einem Eifer, der eines bessern Soupers würdig gewesen wäre. Nach dessen Beendigung gab ihm der Kadett eine Zigarre, und nun wurde gespielt und getrunken. Der ersten Maß folgte natürlich die zweite, und der Vize wurde immer fideler, so daß er zu singen begann und die prächtigsten Schnadahüpferln zum besten gab, wobei ihn der Kadett mit der Guitarre begleitete.

In dieses Stadium wollte Alfred von Stock den zum Kranksein kommandierten Vize bringen, um dem Feldwebel den unwiderleglichsten Beweis von der vollkommenen Gesundheit des Ärmsten zu geben. Er wußte, daß der Feldwebel, ein großer Musikfreund, sofort zur Stelle sein würde, wenn er im Nachbarzimmer die Guitarre zupfen höre.

Und richtig, da stand er schon mit dem roten Fez auf dem Kopf, in der Joppe eine lange, mit Quasten verzierte Pfeife im Munde, unter der Thüre. Als er aber des singenden Vize ansichtig wurde, der dazu rauchte wie ein Dampfschlot, da rief er entsetzt: „Vizekorporal Meindl, sind Sie des Teufels?“

Der Vize sprang auf und stellte sich in Achtung. Aber Alfred that, als hätte er nichts gehört, spielte einen Akkord, und begann dann das Lied vom „toten Soldaten“ zu singen, welches er in der That ganz meisterhaft vorzutragen verstand.

Dieses Lied war das Lieblingslied des Feldwebels; der Kadett wußte, daß es ihn jedesmal zu Thränen rührte und daß dann alles von dem sonst Gestrengen zu erreichen war.

Dieser milderte auch sofort seine strenge Miene, und beim Licht der Unschlittkerze strahlte sein Antlitz bald wie mildes Sonnenlicht. Bei jeder Strophe rückte er weiter vor, und da der Vize immer noch mit Achtung dastand, winkte er ihm mit der Hand zu, bequem zu stehen. Er aber gab sich dem Gesange Alfreds hin, der heute eine Wärme hineinzulegen wußte, die dem Feldwebel durch Mark und Bein ging und verursachte, daß aus seinen Augen dicke Thränen in den großen Schnurrbart rollten.

Der Text des Liedes ist folgender:

Auf fremder ferner Aue,
Da liegt ein toter Soldat,

Ein ungezählter Vergessner,
Wie brav er gekämpft auch hat.

Es reiten viel Generäle
Mit Kreuzchen an ihm vorbei,
Denkt keiner, daß, der da lieget,
Auch wert eines Kreuzleins sei.

Es ist um manchen Gefallnen
Viel Frag' und Jammer dort,
Doch für den armen Soldaten,
Da giebt's nicht Thränen, noch Wort.

Und ferne, wo er zu Hause,
Da sitzet im Abendrot
Ein Vater voll banger Ahnung,
Und spricht: „Gewiß ist er tot!"

Da sitzt die weinende Mutter,
Die seufzet laut: „Gott helf'!
Er hat sich angemeldet:
Die Uhr blieb stehn um elf."

Dort starrt ein blasses Mädchen
Hinaus in das Dämmerlicht:
„Und ist er dahin gestorben,
Meinem Herzen stirbt er nicht!"

Drei Augenpaare schicken,
So heiß das Herz es kann,
Für den geliebten Toten
Die Thränen zum Himmel hinan.

Und der Himmel nimmt die Thränen
Im schimmernden Wölkchen auf,
Und führt es zur fernen Aue
Hinüber in raschem Lauf.

Gießt dann aus der Wolke die Thräne
Aufs Haupt des Toten als Tau,
Daß er unbeweint nicht liege
Auf fremder ferner Au.

„Bravo! Bravo!“ rief jetzt der Feldwebel, als der Kadett zu Ende. „Wundervoll! Magnifik! Excellent!“

Alfred that überrascht. „Wie, Herr Feldwebel?“

„Ja, ja, Sie haben mir eine sehr große Freude gemacht mit meinem Leiblied.“

„Hab' ich das?“ fragte der Regimentskadett.

„Auf Ehre – ja, eine große. Ich wollte, ich könnte mich revanchieren!“

„Das können Sie!“ versicherte der Kadett rasch. „Sehen Sie, der Vize ist wieder ganz wohl auf. Gestatten Sie, daß er seinen Dienst wieder übernimmt; es ist ja so bald Zeit zum Zapfenstreich. Lassen Sie mich meine Freinacht ausnützen, die mir vom Regimentskommando zugesagt!“

„Aber der Hauptmann! Und der Vize –“

„O, ich bin kreuz- und kerngesund!“ rief dieser. „Herr Feldwebel, ich melde gehorsamst, daß mir rein gar nichts mehr fehlt.“

„Ja, aber wie kam das so schnell?“ fragte der Feldwebel.

„Das hat der Limburger und die zweite Maß Bier gemacht, Herr Feldwebel, und das schöne Lied vom Herrn Kadetten und –“

„Da hören Sie's ja selbst!“ warf der Kadett ein. „Der Herr Hauptmann hat doch nur den kranken Vize im Kopf gehabt. Er wird ihn doch nicht krank befohlen haben?“

„Das schon – vielmehr das nicht – der Herr Hauptmann haben nur gemeint, wenn ich es für rätlich finde –“

„Und Sie haben es für rätlich gefunden, aber doch nur so lange, bis Sie sich überzeugten, daß dieser Vize von Gottesgnaden Kommißbrot und Bier vertilgt für eine ganze Kompagnie – da kann doch von Kranksein nicht mehr die Rede sein. Er will es ja selbst nicht sein, nicht wahr?“

„O, ich war niemals gesunder!“ pflichtete der Gefragte bei.

„Ich, ich weiß nicht recht, was ich thun soll? Hm, hm!“ machte der Feldwebel.

Der Kadett wußte, daß es jetzt nur noch eines Liedes bedürfe, um den Feldwebel ganz nach seinem Sinne zu lenken. Seine Finger strichen durch die Saiten und er begann:

Der Sänger hält im Feld die Fahnenwacht,
In seinem Arme ruht das Schwert, das scharfe,
Er grüßt mit hellem Lied die stille Nacht
Und spielt dazu mit blut'ger Hand die Harfe:
Die Dame, die ich liebe, nenn' ich nicht,
Doch hab' ich ihre Farben mir erkoren,
Ich streite gern für Freiheit und für Licht,
Getreu der Fahne, der ich zugeschworen.

Jetzt war des wackern Feldwebels Herz zu Butter geschmolzen und er konnte nicht umhin, zu Alfred zu sagen: "Die Dame, die Sie lieben, heißt Laura! Ich befehle Ihnen jetzt, sie auf dem Ball sofort aufzusuchen und mich ihr respektvollst zu empfehlen. Wenn mich ihr Vater schimpft, so mag sie mir ein gutes Wort reden. Vizekorporal Meindl, Sie übernehmen die Jour! Herr Kadett, viel Vergnügen." – Er ging.

Der Kadett versorgte freudig die Guitarre an einem Nagel neben dem Fenster. Dann befahl er der Zimmertour, die Reste des Limburgers zum Fenster hinauszuwerfen. Das Fenster war aber in diesem Falle der Magen des Soldaten. Bald dufteten Veilchen und Patchouli im Kompagniezimmer, das sich nach und nach mit den heimkehrenden Soldaten füllte, die alle ob des ungewohnten Duftes die Nasenflügel riechend in die Höhe zogen.

Alle waren dem Regimentskadetten sofort zu Diensten. Der eine half ihm die Glanzstiefeletten anziehen, der andere hielt ihm das Handtuch zum Abtrocknen entgegen, ein dritter leuchtete mit dem spärlichen Kerzenlicht an den kleinen Wandspiegel, während Alfred mit Kamm und Bürste hantierte, ein vierter holte die Droschke, mit welcher der Kadett in seine elterliche Wohnung fuhr, um sich in sein Türkenkostüm zu werfen, ein fünfter reichte ihm das Haubajonett hin und der sechste den Mantel. Allgemeine Bewegung herrschte im Zimmer. Und als der Regimentskadett, dasselbe verlassend, siegesstolz wie ein Pascha die Reihe seiner Getreuen durchschritt, da riefen sie ihm alle zu. „Viel Vergnügen, Herr Regimentskadett! Viel Vergnügen, Herr Baron!"

III.

Die Droschke brachte Alfred von Stock alsbald in das Haus seiner Eltern. Doch war er nicht wenig überrascht, den Türkenanzug nicht mehr in seinem Zimmer vorzufinden.

„Zum Kuckuck!“ herrschte er das Dienstmädchen an, „wo ist denn mein Maskenanzug?“

„Den Anzug hat der Herr Major angezogen, weil Herr Kadett sagen ließen, Sie hätten Dienst und könnten nicht auf den Ball gehen,“ berichtete das Mädchen.

„Was, mein Vater?“ staunte Alfred. „Wohin ist er denn gegangen?“

„Auf den Ball in die Ressource. Der gnädige Herr sieht als Türke ganz himmlisch aus. Ich hab' gelacht – ha, ha, ha, – so ein flotter Türke, Sie hätten ihn nur sehen sollen, Herr Kadett!“ Und sie lachte wieder laut hinaus.

„Aber wo nehme ich jetzt einen Türkenanzug her?“ fragte Alfred ärgerlich.

„Ja, gehn denn der Herr Kadett auch auf den Ball?“ erwiderte das Mädchen verwundert.

„Wie kommt nur mein Vater auf einen solchen Einfall!“ meinte Alfred, mehr zu sich, als zu dem Mädchen sprechend.

„Wie mir schien, hat der Herr Major eine freudige Nachricht mit nach Hause gebracht. Und dann hat es ja geheißen, Sie hätten Dienst,“ erklärte dasselbe wiederholt. „Da hat der gnädige Herr gemeint, als Türke müßte er sich doch besser ausnehmen, wie in der alten schwarzen Kutte, die in seinem Zimmer liegt.“

„Ein Domino!“ rief Alfred. „Wo ist ein Domino?“

„Im Zimmer des Herrn Majors.“

Alfred war sofort entschlossen, sich denselben anzueignen. War es auch nur eine „alte schwarze Kutte“, wie das Mädchen sich verächtlich ausdrückte, so war sie ihm jetzt doch ein hochwillkommenes Gewand, das ihm gestattete, sich unerkannt seiner Geliebten zu nähern. Er vertauschte die Uniform mit einem Zivilanzuge und hüllte sich in den Domino.

Die Droschke brachte ihn alsbald nach der Ressource, wo der Maskenball im besten Zuge war.

Hauptmann Dirschl mit Gattin und Tochter saßen an dem Ehrentische des Vorstandes der Gesellschaft, eines charakterisierten Majors, eines alten, kreuzbraven kleinen Herrn, bei dem der Titel „Herr Major!“ immer ein Fersenzittern herbeirief, weil ihm dadurch die süße Musik des Sporenklirrens an sein Ohr drang, die ihm schöner dünkte, als Aeolsharfenklang, wie er sich oft selbstbewußt ausdrückte. Diese Sporen waren aber auch von ungewöhnlichem Umfange, und da der Major wie gesagt, sehr klein war, so hörte man öfters die boshafte Frage: „Wo gehen denn heute die Sporen wieder mit ihrem Major hin?“

An dem Ehrentische hatten noch zwei Personen Platz genommen, nämlich Major von Stock in seiner Türkenkleidung und dessen Gattin. Laura erfuhr erst durch diese beiden, daß Alfred dienstlich am Kommen verhindert sei. Die beiden Mütter lispelten zusammen und reichten sich zum Einverständnis die Hand.

Major von Stock aber fragte den Hauptmann geradezu: „Hätten Sie denn die Sache nicht arrangieren können? Es wäre doch viel hübscher, wenn Alfred als Türke neben der schönen Türkin säße, als ich. Finden Sie das nicht auch, Fräulein Laura?“

Diese drückte dem Major die Hand. „Es ist recht schade!“ meinte sie.

Der Hauptmann aber erklärte kategorisch: „Dienst ist Dienst! Das Vergnügen kommt in zweiter Reihe. In erster Reihe steht die Pflicht!“

„Dienstzopf!“ raunte Herr von Stock dem Hauptmann ins Ohr. „Was haben Sie damit erreicht? Glauben Sie, der General schlägt Sie deshalb eher vor zum Major?“

„Ich weiß's nicht,“ entgegnete der Hauptmann. „Verdient hätt' ich's so gut wie jeder. An der Tour wär' ich auch – aber ich weiß im Voraus, es wird höchstens einmal so etwas Charakterisiertes herauskommen, um die Pension weniger herb zu machen. Doch wie es sei, ich habe das Bewußtsein, meine Pflicht gethan zu haben im Dienste und – in der Familie.“ Bei den letzten Worten blickte er vielsagend auf Herrn von Stock und dann auf seine Tochter, die durchaus nicht in heiterster Laune darüber war, den so sehnlich Erwarteten vermissen zu müssen.

„Je nun,“ meinte von Stock lachend, „man kann nicht wissen! Mancher legt sich als Hauptmann zu Bett und als Major steht er wieder auf. Wissen Sie denn, daß der Kurier, welcher nach Kairo zum König gereist, heute wieder zurückgekehrt ist?“

„Bringt er einen Armeebefehl?“ fragte der Hauptmann, über und über errötend.

„Kann sein!“ entgegnete der Major, sich den Schnurrbart drehend.

„Sie wissen etwas davon!“ sagte der Hauptmann drängend. „Ja, ja, Sie kommen mir schon den ganzen Abend so vor, als wenn Sie etwas im Hintergrund hätten “

„Nichts weiß ich,“ versicherte der Major, „als daß ich jetzt mit Ihrer Tochter die Masurka tanzen werde. Nehmen Sie mit mir vorlieb, Fräulein Laura?“

„Es ist mir eine große Ehre und eine wirkliche Freude,“ erwiderte Laura, sofort den Arm des galanten Türken ergreifend, der sich im nächsten Augenblick mit dem Mädchen so zierlich im Saale drehte, daß man hätte denken können, er sei ein flotter Leutnant.

„Wenn jetzt nur Alfred an meiner Stelle wäre!“ meinte der Major. „Das wäre Ihnen auch lieber, nicht wahr?“

„Es wäre mir lieber, wenn der Herr Kadett auch Anteil nehmen könnte!“ sagte Laura.

„Es wird ihm schwer genug fallen, daß er nicht hier sein kann. Nun, es ist wohl heute das letzte Mal, daß er als Unteroffizier zur Jour kommandiert wurde.“

„Wieso?“ fragte Laura, überrascht zu ihm aufblickend.

„Sie sollen es erfahren,“ erwiderte der Major, „aber unter dem Siegel der strengsten Verschwiegenheit. Niemand darf noch ein Wort davon erfahren! Alfred ist Leutnant geworden.“

„Ah!“ rief Laura so laut, daß die Nächsttanzenden stehen blieben und nach dem Türkenpaare sahen. „Und weiß er's schon?“ fragte sie dann.

„Niemand weiß es noch. Mir hat es mein intimster Freund, Rat S., der als Kurier fort war, als strengstes Geheimnis mitgeteilt. Der Armeebefehl wird erst morgen veröffentlicht. Also stillgeschwiegen!“

„Und mein Papa?“ fragte Laura neugierig. „Wissen Sie –“

„Von gar nichts weiß ich sonst,“ unterbrach sie der Major. „Aber um wieder von Alfred zu sprechen – wenn es Ihnen lieb ist –“.

„Nichts lieber, als das!“ rief Laura unwillkürlich.

Der Major lächelte.

„Und wenn er Sie nun zur Frau Leutnant machen möchte –"

„Ich erwarte das gar nicht anders von ihm," entgegnete Laura offenherzig.

„Sie sind also schon einig miteinander?" lachte der Major.

Laura nickte nur errötend mit dem Köpfchen. Aber ihre Augen strahlten von Glück.

Die Masurka war zu Ende. Der Major führte seine Tänzerin an ihren Platz. War sie vor dem Tanze nachdenkend, fast traurig gewesen, so strahlte jetzt ihr Gesicht vor Vergnügen.

„Sonderbar," sagte der Vorstand zu Hauptmann Dirschl, „der Schwerenöter weiß noch in seinen alten Tagen die jungen Mädchen zu verhexen. Schau nur, wie umgewandelt dein Töchterchen plötzlich ist. Ich glaube, wenn ich die ganze Nacht mit deiner Laura tanzte, ich könnte sie zu keiner solchen Fidelität bringen."

„Das glaub' ich auch!" erwiderte der Hauptmann schmunzelnd. „Die ganze Nacht mit dir tanzen, das hieße ein übersattes Vergnügen."

„Jetzt tanz' ich extra mit ihr!" entgegnete der Geneckte. „Ich weiß auch, was Galanterie heißt, wenn ich auch nicht bei der Kavallerie bin."

„Du trägst ja doch Sporen," lachte der Hauptmann.

„Leider nur zu Fuß –"

„Sei doch froh, daß du sie nicht im Kopfe hast, denn da würden sie nicht klirren."

Der Major verstand den Hieb.

„Aus dir spricht der Neid!" sagte er. „Aber jetzt sollst du Wunder sehen!"

Er bemühte sich, seine steifen waschledernen Handschuhe anzuziehen, denn die Musik hatte das Zeichen zum Walzer gegeben. Er wollte Laura eben engagieren, als ein Domino herankam und dem Mädchen einige Worte ins Ohr flüsterte.

Laura war sichtlich, aber freudig erschrocken.

„Papa, du erlaubst?" fragte sie den Vater, und ohne eine Antwort abzuwarten, eilte sie davon und mischte sich mit dem Domino in die Reihe der Tanzenden.

Der alte Major nahm die halbangezogenen Handschuhe wieder ab und warf sie verdrießlich auf seinen Stuhl.

„Wer ist der Domino?“ fragten die Mütter und die Väter wie aus einem Munde.

„Laura muß ihn kennen,“ meinte die Majorin.

Ihres Gatten bemächtigte sich eine Art Eifersucht. Nach den vorhin gemachten Erklärungen des Mädchens wußte er sich diese sichtliche Freude bei Ankunft dieses Dominos nicht recht zu deuten.

„Dem Domino muß ich auf die Spur kommen,“ sagte er sich. Er stand auf und ging, die Reihen der zum Tanze Schreitenden zu beobachten.

Alsbald hatte er die schöne Türkin mit ihrem Domino gefunden. Beide waren im lebhaftesten Gespräche begriffen. Sie standen vor einer Säule, hinter welcher sich nun Major von Stock postierte. Er gab sich alle Mühe etwas zu erlauschen, doch wollte es ihm nicht gelingen. Endlich aber hörte er doch, wie Laura sagte: „Dein Papa hat's gesagt.“

Sofort war ihm alles klar. Er trat rasch vor und fragte: „Was hat der Papa gesagt?“

„Ich bin Offizier geworden, ist das wahr?“ fragte Alfred dagegen.

„Gottlob, daß es so ist!“ antwortete der alte Herr. „Aber schweig – ich bitte dich. Erst morgen wird es expediert. Nimm für heute noch als Kadett bei uns Platz.“

„Ich möchte den guten Feldwebel nicht in Verlegenheit bringen,“ sagte Alfred. „Er hat mich auf seine Verantwortung hin fortgelassen. Setze ich mich an euern Tisch, so wird man fragen, wer ich bin, und – man wird mich auch erkennen.“

Der Major dachte einen Augenblick nach.

„Da ist zu helfen,“ sagte er dann. „Wir wechseln die Kostüme. Dann setzest du dich als Türke an den Tisch und stellst mich als einen Bekannten vor, der unerkannt bleiben will. Natürlich tragen wir von jetzt an beide die Maske.“

„ Aber das wird auffallen, wenn du dich plötzlich vermummst,“ meinte der Sohn.

„Ich ersinne schon eine passende Ausrede,“ lachte der Major. „Man sagt, man habe ein Wimmerl auf der Nase bekommen, oder sonst etwas Poetisches.“

Alle drei lachten vor Vergnügen.

Der Tanz war zu Ende. Der Domino führte seine Tänzerin an ihren Platz und entfernte sich rasch.

Gleich darauf trat Major von Stock an den Tisch. Die Maske vor das Gesicht nehmend, gab er lachend vor, er wolle jetzt auf Abenteuer ausgehen und ein wenig intriguieren. Dann entfernte er sich.

Kaum waren die beiden fort, als Vater und Mutter auf Laura einstürmten, wer der Domino gewesen. Die Tochter aber versicherte mit dem glücklichsten Lächeln, daß sie nur wisse, daß es ein Offizier sei.

„Ein Offizier," sagte der Hauptmann, erleichtert aufatmend.

„Ich dachte es sogleich," setzte seine Frau hinzu. „Man sieht es an seiner Haltung. Du leuchtest ja förmlich vor Vergnügen. Du mußt dich sehr amüsiert haben."

„O gewiß!" versicherte die Tochter.

Eine Française begann. Laura ward zum Tanze geführt, und zwar diesesmal vom Herrn Vorstande selbst, der endlich seine beiden Hände in die Waschledernen gezwängt hatte.

„Gieb acht, daß du dich nicht in die Sporen des Herrn Majors verwickelst," rief der Hauptmann seiner Tochter nach.

Nach glücklich vollendeter Tour forderte der Hauptmann den Major-Vorstand auf, mit ihm ins Rauchstübchen zu gehen, wo sie sicher auch den Major von Stock treffen würden, um dort ein Glas Bier zu trinken. In der nächsten Minute saßen sie mit mehreren andern alten Herrn im Bierlokal.

Inzwischen hatten Alfred und sein Vater die Kleider getauscht und ersterer kam als Türke zurück. Sie waren sich beide so ähnlich in Gestalt und Haltung, daß die Majorin selbst in ihrem Sohne den Vater vermutete.

„Die beiden Herren sind ins Rauchzimmer, Hermann," sagte sie. „Sie hofften dich dort zu treffen."

„Hab' keine Lust!" gab der Türke zur Antwort. Dafür engagierte er jetzt Laura abermals zum Tanze und eilte mit ihr davon.

Frau von Stock wunderte sich nicht wenig über diese Lebhaftigkeit ihres Gemahls. Sie wußte wohl, daß ihn die Zahl seiner Jahre nicht abhielt, noch mit jungen Mädchen zu kokettieren, aber der Turban trieb es doch gar zu toll. Bald war er hier, bald dort, aber immer in Bewegung.

„Ihre Laura hat meinen Mann rein verhext," sagte sie zu ihrer Nachbarin. „Sehen Sie nur, wie unermüdlich er tanzt."

„Sie hat ihn wirklich verhext! Er ist in sie verliebt bis über die Ohren."

Der schwarze Domino hatte diese Worte gesprochen.

„Mein Herr!" sagte die Majorin gereizt, sich nach ihm umwendend. „Woher vermuten Sie das?"

„Das sieht man doch," meinte der Schwarze.

„Sie erlauben sich da einen derben Spaß," entgegnete Frau von Stock. „Das heißt die Maskenfreiheit mißbrauchen. Wer sind Sie?"

„Ein guter Bekannter," gab der Major zur Antwort und lüftete die Maske.

„Du?" rief seine Frau.

„Sie sind's?" sekundierte die Freundin.

„Wie Sie sehen."

„Und wer ist denn der dort, der Türke?"

„Das ist mein Alfred! – Aber nicht verraten! Er darf nicht erkannt werden, sonst kommt er mit seinem Hauptmann in Konflikt."

Das junge Paar kam heran und die beiden Mütter begrüßten Alfred aufs freudigste. Er berichtete in flüchtigen Umrissen, wie es ihm doch noch gelungen, den Ball besuchen zu können, und als dann der Hauptmann heran kam, mischte er sich eiligst mit Laura wieder unter die Tanzenden.

Der Hauptmann fand es allerdings auffallend, daß der Türke die Larve nicht mehr vom Gesichte nahm, ebenso wunderte er sich über die plötzliche Tanzwut seines Freundes, aber an eine Verwechslung dachte er nicht. Auch hielt er sich fast ausschließlich nur mehr im Rauchstübchen auf, dem Eldorado der Ballväter, wo er mit dem Vorstand und einigen andern Herrn ein Spielchen machte und sich deshalb um die Masken wenig kümmerte.

Als er sich aber anschickte, mit seiner Familie nach Hause zu fahren, da konnte der Domino sich's nicht versagen, ihm auf die Schulter zu klopfen und ihm zuzuflüstern: „Dirschl, die Geschichte mit dem Regimentskadetten hast du sehr gut gemacht!"

Der Hauptmann sah ihn erstaunt und forschend an.

„Wer bist denn du?" fragte er.

„Der Beschützer deiner Tochter," gab jener geheimnisvoll zur Antwort. „Hast ihr den Tanz mit ihm mißgönnt, der so schöne Gedichte schreibt."

„Ja – Eseleien!" rief der Hauptmann. „Alle Wetter! Der Vize ist zur rechten Zeit krank geworden!"

„Schlau! Sehr schlau!"

Der Domino lachte und huschte davon.

Der Hauptmann sah ihm etwas verblüfft nach.

„Ich glaube, der will sich über mich lustig machen," sagte er zu sich. „Gleichviel! Ich habe meinen Zweck erreicht, und meine Tochter scheint ihn nicht einmal vermißt zu haben. Der heilige Joseph bekommt morgen sein goldenes Gewand."

Alfred eilte, nachdem er sich im Hause seiner Eltern schon vor deren Heimkehr umgekleidet, in die Kaserne zurück, als eben Tagreveille geschlagen wurde. Siegesbewußt, trunken vor Freude, legte er sich auf das Bett, das er so lange benützt und dem er heute adieu sagen mußte. Aus seinem Schlafe weckte ihn der Adjutant mit den Worten: „Herr Kamerad, wachen Sie als Leutnant auf! Der Armeebefehl ist erschienen." –

Der Hauptmann aber hatte am nächsten Morgen nichts Eiligeres zu thun, als sein Versprechen dem Heiligen gegenüber zu erfüllen. Er schlich sich leise in Lauras Zimmer, nahm vorsichtig, um die noch Schlafende nicht zu wecken, das Bild von der Wand und mit auf sein Zimmer.

Dort schnitt er aus Goldpapier, das er immer vorrätig hatte, (er beschäftigte sich gerne mit Buchbinderarbeiten), einen hübschen Mantel zurecht und machte sich dann daran, den Heiligen seines alten Kleides zu entledigen. Andächtig sprach er dabei: „Lieber heiliger – Regimentskadett!"

Das letzte Wort glich einem Entsetzensschrei. Er hatte das lilafarbige Gewand abgenommen und – der schmucke Kadett zeigte sich seinen Blicken.

Wutentbrannt wollte er mit diesem corpus delicti zu seiner Tochter eilen, da klopfte es und der Feldwebel trat ins Zimmer.

„Guten Morgen, Herr Major!"

„Was, Major!" donnerte ihn Dirschl an und schwang drohend das Bildchen in der Luft.

Der Feldwebel glaubte nicht anders, als sein Vorgesetzter wisse schon von dem Vorfall des gestrigen Abends und er beschloß, ihn als „Hauptmann" nicht mehr zu Wort kommen zu lassen.

„Herr Major werden verzeihen! Ich gratuliere, Herr Major! Der Armeebefehl ist erschienen."

„Waaas?" rief Dirschl. „Ich? Ich bin –"

„Wirklicher Major beim Monturdepot," berichtete jetzt der Feldwebel.

Frau Dirschl und Laura erschienen jetzt auch. Sie gratulierten und küßten den neuen Major aufs herzlichste.

„Und der Regimentskadett?" fragte dieser, beim Anblick seiner Tochter wieder an ihn erinnert.

„Ist Leutnant geworden, Herr Major!"

„Da ist er schon!" rief Laura.

An der Thüre erschienen Major von Stock und Alfred, letzterer schon in der Uniform eines Leutnants, die sein Vater vorsorglich hatte herrichten lassen.

Die beiden Väter küßten sich.

Der junge Offizier meldete sich vorschriftsmäßig als avanciert.

Dem neugebackenen Major standen die Thränen in den Augen.

„Wenn ich das gewußt hätte," sagte er zu Alfred, „würde ich Sie gestern auf den Ball –"

„Es ist gut, wenn man nicht alles weiß," lachte Major von Stock, „sonst hätten Sie auch gewußt, daß der so fleißig tanzende Türke nicht ich, sondern Alfred gewesen."

„Waaas?" rief der Überlistete.

„Der Vize ist wieder gesund, Herr Major," meldete der Feldwebel.

„Die Kompagnie geht Sie nichts mehr an, Sie sind jetzt Major beim Monturdepot," sagte Herr von Stock, den Feldwebel beiseite schiebend. „Aber eine andere Pflicht haben Sie. Die jungen Leute hier lieben sich, lieben sich sehr, und es ist unsere Pflicht, sie glücklich zu machen. Ich bitte Sie in aller Form für meinen Alfred um die Hand Ihrer Tochter."

„Und wenn ich nein sage?" fragte der Vater scherzend.

„Dann brenn' ich mit Alfred durch nach Philadelphia!" rief Laura lachend.

„So weit lassen wir's nicht kommen. Da – nehmt euch!" sagte Dirschl, unter Thränen lachend. Und zu seiner Frau sich wendend, fuhr er fort: „Laß den besten Wein aus dem Keller holen! Und Sie, Feldwebel, trinken auch ein Glas auf das Wohl des Brautpaares!"

„Zu Befehl, Herr Major!" sagte dieser, die Hand an die Mütze legend. Er war froh, daß die Sache so gut abgelaufen.

Doppelter Jubel war nun im Hause, die Gläser wurden mit Steinwein gefüllt und gaben guten Klang.

Das Bild des Regimentskadetten hing von jetzt an ohne verhüllenden Mantel über Lauras Bett, und sie zitierte auch als glückliche Frau oft das bekannte Lied:

> Ist nichts so schön, ist nichts so nett
> Als ein Regimentskadett,
> Und seine Silhouett', Silhouett'
> Hängt über mein' Bettstatt'l weg!